プリント形式のリアル過去問で本番の臨場感！

山梨県

駿台甲府中学校

2025年春受験用 解答集

本書は，実物をなるべくそのままに，プリント形式で年度ごとに収録しています。
問題用紙を教科別に分けて使うことができるので，本番さながらの演習ができます。

■ 収録内容

・解答集（この冊子です）

書籍ＩＤ番号，この問題集の使い方，最新年度実物データ，リアル過去問の活用，
解答例と解説，ご使用にあたってのお願い・ご注意，お問い合わせ

・2024（令和６）年度 ～ 2022（令和４）年度　学力検査問題

JN132492

○は収録あり　年度	'24	'23	'22			
■ 問題(専願入試･一般入試)	○	○	○			
■ 解答用紙		※	○			
■ 配点						

算数に解説があります

※2023年度一般入試の解答用紙は非公表
注)問題文等非掲載:2022年度一般入試社会の2

資料の非掲載につきまして

著作権上の都合により，本書に収録している過去入試問題の資料の一部を掲載しておりません。ご不便をおかけし，誠に申し訳ございません。

教英出版

■ 書籍ＩＤ番号

入試に役立つダウンロード付録や学校情報などを随時更新して掲載しています。
教英出版ウェブサイトの「ご購入者様のページ」画面で，書籍ＩＤ番号を入力してご利用ください。

書籍ＩＤ番号　103117

（有効期限：2025年9月30日まで）

【入試に役立つダウンロード付録】
「要点のまとめ(国語／算数)」
「課題作文演習」ほか

■ この問題集の使い方

年度ごとにプリント形式で収録しています。針を外して教科ごとに分けて使用します。①片側，②中央のどちらかでとじてありますので，下図を参考に，問題用紙と解答用紙に分けて準備をしましょう（解答用紙がない場合もあります）。

針を外すときは，けがをしないように十分注意してください。また，針を外すと紛失しやすくなりますので気をつけましょう。

① 片側でとじてあるもの

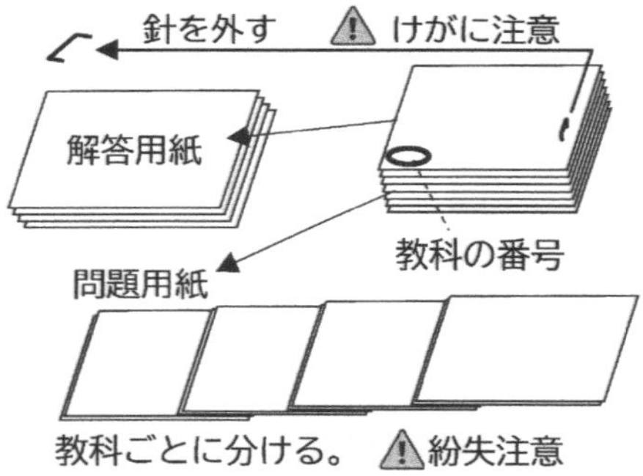

② 中央でとじてあるもの

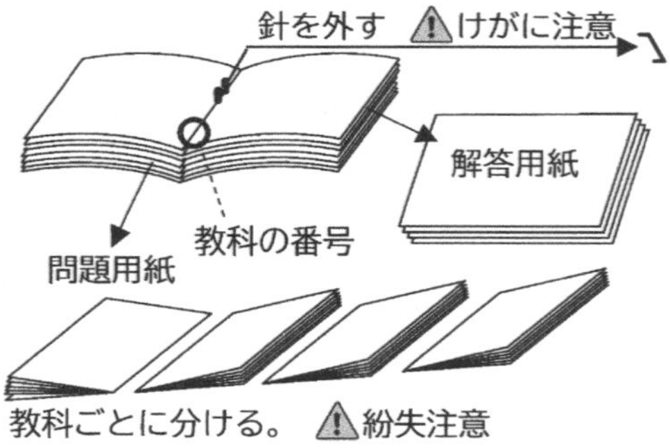

※教科数が上図と異なる場合があります。
解答用紙がない場合や，問題と一体になっている場合があります。
教科の番号は，教科ごとに分けるときの参考にしてください。

■ 最新年度 実物データ

実物をなるべくそのままに編集していますが，収録の都合上，実際の試験問題とは異なる場合があります。実物のサイズ，様式は右表で確認してください。

問題用紙	Ａ４冊子(二つ折り)
解答用紙	非公表

リアル過去問の活用

～リアル過去問なら入試本番で力を発揮することができる～

本番を体験しよう！

問題用紙の形式（縦向き / 横向き），問題の配置や余白など，実物に近い紙面構成なので本番の臨場感が味わえます。まずはパラパラとめくって眺めてみてください。「これが志望校の入試問題なんだ！」と思えば入試に向けて気持ちが高まることでしょう。

入試を知ろう！

同じ教科の過去数年分の問題紙面を並べて，見比べてみましょう。

①　問題の量

毎年同じ大問数か，年によって違うのか，また全体の問題量はどのくらいか知っておきましょう。どのくらいのスピードで解けば時間内に終わるのか，大問ひとつにかけられる時間を計算してみましょう。

②　出題分野

よく出題されている分野とそうでない分野を見つけましょう。同じような問題が過去にも出題されていることに気がつくはずです。

③　出題順序

得意な分野が毎年同じ大問番号で出題されていると分かれば，本番で取りこぼさないように先回りして解答することができるでしょう。

④　解答方法

記述式か選択式か（マークシートか），見ておきましょう。記述式なら，単位まで書く必要があるかどうか，文字数はどのくらいかなど，細かいところまでチェックしておきましょう。計算過程を書く必要があるかどうかも重要です。

⑤　問題の難易度

必ず正解したい基本問題，条件や指示の読み間違いといったケアレスミスに気をつけたい問題，後回しにしたほうがいい問題などをチェックしておきましょう。

問題を解こう！

志望校の入試傾向をつかんだら，問題を何度も解いていきましょう。ほかにも問題文の独特な言いまわしや，その学校独自の答え方を発見できることもあるでしょう。オリンピックや環境問題など，話題になった出来事を毎年出題する学校だと分かれば，日頃のニュースの見かたも変わってきます。

こうして志望校の入試傾向を知り対策を立てることこそが，過去問を解く最大の理由なのです。

実力を知ろう！

過去問を解くにあたって，得点はそれほど重要ではありません。大切なのは，志望校の過去問演習を通して，苦手な教科，苦手な分野を知ることです。苦手な教科，分野が分かったら，教科書や参考書に戻って重点的に学習する時間をつくりましょう。今の自分の実力を知れば，入試本番までの勉強の道すじが見えてきます。

試験に慣れよう！

入試では時間配分も重要です。本番で時間が足りなくなってあわてないように，リアル過去問で実戦演習をして，時間配分や出題パターンに慣れておきましょう。教科ごとに気持ちを切り替える練習もしておきましょう。

心を整えよう！

入試は誰でも緊張するものです。入試前日になったら，演習をやり尽くしたリアル過去問の表紙を眺めてみましょう。問題の内容を見る必要はもうありません。どんな形式だったかな？受験番号や氏名はどこに書くのかな？…ほんの少し見ておくだけでも，志望校の入試に向けて心の準備が整うことでしょう。

そして入試本番では，見慣れた問題紙面が緊張した心を落ち着かせてくれるはずです。

※まれに入試形式を変更する学校もありますが，条件はほかの受験生も同じです。心を整えてあせらずに問題に取りかかりましょう。

駿台甲府中学校【専願】

《国　語》

一 ①こころざし　②もう　③お　④てかがみ　⑤みき　⑥保険　⑦水性　⑧航海
⑨夫人　⑩札

二 問一．X．い　Y．あ　問二．あ　問三．ここらへんに用事があった／時間つぶしに電話しただけだ
問四．い　問五．え　問六．う　問七．祖母の容体が急変して救急車を呼んだと予想したから。

三 問一．X．あ　Y．い　問二．A．え　B．い　問三．1．排中　2．容中　問四．う　問五．う
問六．え　問七．え　問八．人間と自然を一体化して捉える　問九．う

四 ＜作文のポイント＞
・最初に自分の主張、立場を明確に決め、その内容に沿って書いていく。
・わかりやすい表現を心がける。自信のない表現や漢字は使わない。
さらにくわしい作文の書き方・作文例はこちら！→https://kyoei-syuppan.net/mobile/files/sakupo.html

《算　数》

1 (1)118　(2)6.24　(3)4　(4)31.4

2 (1)時速 18 km　(2)3.6 m²　(3)264 円　(4)8 : 9　(5)33

3 (1)5人　(2)4台　(3)2026　(4)228 cm²　(5)29670 トン

4 (1)36 分後　(2)150m　(3)84 分後

5 (1)6 cm²　(2)9 cm²　(3)1.5 cm²

《理　科》

1 問1．1と4　問2．水，適切な温度　問3．種子にふくまれるでんぷんを使って発芽するから。
問4．②　問5．光があたらないと，成長に必要なでんぷんをつくることができないから。

2 問1．(1)④　(2)右図　(3)③　問2．他の気体と混ざらない点。
問3．(1)③　(2)味や品質を保つため。

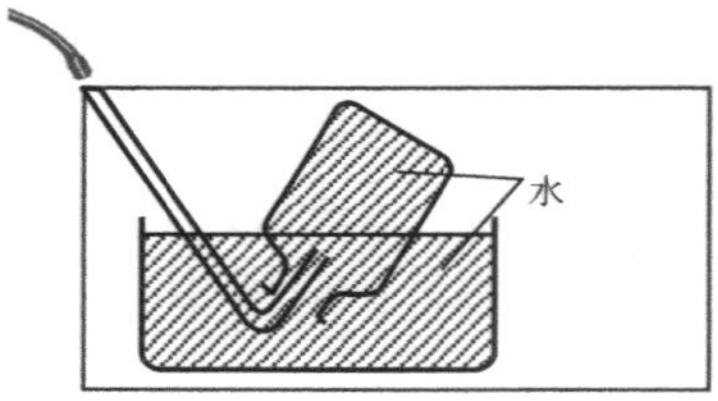

3 問1．A．たい積　B．しん食　問2．せん状地　問3．④
問4．②，③　問5．ダムに水をためることで，下流に流れる水の量を調節し，こう水を防ぐはたらき。

4 問1．②　問2．④　問3．④　問4．ア．電流　イ．強　ウ．多　問5．S極

5 問1．鉄　問2．②　問3．(1)オリオン座　(2)④　問4．④

《社　会》

1 問1．(1)④　(2)敵が広島城へ攻め入りにくくするため。　問2．④　問3．④　問4．②　問5．①／長崎県
問6．③

2 問1．③　問2．オリンピック・パラリンピック　問3．新型コロナウイルス感染症の感染拡大を防ぐため。
問4．国民主権　問5．②　問6．衆議院　問7．③　問8．②

3 問1．徳川家康　問2．(1)①　(2)a．⑥　b．③　c．④　(3)①，④　問3．応仁の乱　問4．将軍の住む江戸から離れたところに置かれた。　問5．④　問6．①，②，⑦　問7．渡来人　問8．②

駿台甲府中学校【一般】

《国　語》

一　①ひたい　②こころよ　③かま　④ぼうえき　⑤じょうぎ　⑥衛生　⑦採集　⑧小麦粉　⑨精度　⑩茨

二　問一．X．え　Y．え　問二．あ　問三．え　問四．え　問五．う　問六．葵がいないとやっぱり無理だよ、もどって来て　問七．い　問八．最初…彼女はノー　最後…か使わない

三　問一．X．あ　Y．え　問二．A．お　B．え　問三．物理的に一人では生活できない時代　問四．え　問五．え　問六．あ　問七．う

四　〈作文のポイント〉
・最初に自分の主張、立場を明確に決め、その内容に沿って書いていく。
・わかりやすい表現を心がける。自信のない表現や漢字は使わない。
さらにくわしい作文の書き方・作文例はこちら！→https://kyoei-syuppan.net/mobile/files/sakupo.html

《算　数》

1　(1)17　(2)1.9　(3)1　(4)$\frac{1}{21}$

2　(1)408　(2)3時間20分　(3)225mL　(4)350匹　(5)2000円

3　(1)6％　(2)24°　(3)48㎤　(4)78.5㎠　(5)54番目

4　(1)1，2，4　(2)B．1　E．5　(3)C．2　F．6

5　(1)65.94㎠　(2)54.54㎠　(3)72.13㎠

《理　科》

1　問1．③　問2．1，2，3　問3．ア．でんぷん　イ．消化　問4．①㋒／小腸　②㋐／かん臓

2　問1．食塩…182g　ホウ酸…18g　問2．水の温度が下がっても，とける食塩の量が変化しないから。
問3．ビーカーからそそぐ液はガラスぼうを伝わらせる。／ろうとのあしの長い方をビーカーのかべにつける。
問4．①

3　問1．①　問2．右図　問3．右図　問4．オ　問5．約15度

4　問1．④，⑤　問2．ア．作用点　イ．力点　ウ．支点
問3．ばねばかりの示す値…100g　番号…②　問4．②

5　問1．冷たい空気は下に移動し，あたたかい空気は上に移動するから。
問2．②，③，⑥　問3．太陽の光を反射しているから。　問4．②，④

3問2の図

3問3の図

《社　会》

1　問1．(1)名古屋市　(2)木曽川　問2．(1)福岡県　(2)水俣　(3)大規模な開発を行う際には，事前に環境への影響を調査する環境アセスメントが義務付けられた。　問3．(1)知床　(2)④　(3)③

2　問1．①　問2．②　問3．(1)①，④　(2)③　問4．(1)教育を受ける権利が保障され，国民の誰もが学習する機会を等しく与えられている。　(2)あ．②　い．③　う．⑤　問5．A．③　B．②

3　問1．①　問2．②　問3．聖武天皇／仏教の力で国を安定させるため。　問4．Ⅰ．④　Ⅱ．②
問5．①　問6．④　問7．キリスト教　問8．武家諸法度／④　問9．②　問10．②

1 (1) 与式＝120－(20－18)＝120－2＝**118**

(2) 与式＝30.24－24＝**6.24**

(3) 与式＝(3.125－0.125)÷$\frac{3}{14}$－10＝3×$\frac{14}{3}$－10＝14－10＝**4**

(4) 与式＝3.14×(1.6×3＋1.3×4)＝3.14×(4.8＋5.2)＝3.14×10＝**31.4**

2 (1) **【解き方】分速は，1分間に進むきょり，時速は，1時間に進むきょりである。**

分速300mで1時間＝60分進むと，300×60÷1000＝18(km)進む。よって，**時速18km**である。

(2) **【解き方】1㎡＝10000㎠である。**

36000÷10000＝3.6より，**3.6㎡**である。

(3) **【解き方】消費税が5％であるときの税込252円の商品は，5％＝0.05より，税ぬき252÷(1＋0.05)＝240(円)である。**

税ぬき240円の商品に，消費税が10％かかると，10％＝0.1より，税込み240×(1＋0.1)＝**264(円)**である。

(4) **【解き方】A：B，B：Cを，Bの重さが3と4の最小公倍数の12となるようにして考える。**

A：B＝2：3＝8：12，B：C＝4：3＝12：9より，A：B：C＝8：12：9なので，A：C＝**8：9**である。

(5) **【解き方】12－9＝3，18－15＝3より，12でわると9余る整数は，12でわり切れるのに3足りない整数であり，18でわると15余る数は，18でわり切れるのに3足りない数である。**

求める整数は，12と18の最小公倍数に3足りない数である。12と18の最小公倍数は36なので，求める整数は36－3＝**33**である。

3 (1) **【解き方】過不足算を利用する。1人に配る個数を8－3＝5(個)増やすと，全体で必要な個数は20＋5＝25(個)増える。**

子どもの人数は25÷5＝**5(人)**となる。

(2) **【解き方】つるかめ算を利用する。**

バイクと自動車が12÷2＝6(台)ずつあるとすると，タイヤの合計は2×6＋4×6＝36(本)になり，実際より48－36＝12(本)少なくなる。バイク1台をトラック1台におきかえると，台数が同じである自動車も1台トラックにおきかわり，タイヤの合計は(6－2)＋(6－4)＝6(本)多くなる。このように，バイク1台，自動車1台をそれぞれトラックにおきかえることを12÷6＝2(回)行えばよいので，トラックの台数は(1＋1)×2＝**4(台)**である。

(3) **【解き方】小さい方から㋐，㋑，㋒，㋓，㋔とし，左から順に数の増減を考える。**

㋐＋㋑－㋒＋㋓－㋔＝2024であり，㋑は㋐よりも1大きく，㋒は㋐よりも2大きいので，㋐＋㋑－㋒は，㋐よりも1小さい数になる。また，㋔は㋓よりも1大きい数である。したがって，2024は㋐よりも2小さい整数になるので，㋐は，2024＋2＝**2026**である。

(4) **【解き方】図の中にある右の部分の面積を考える。**

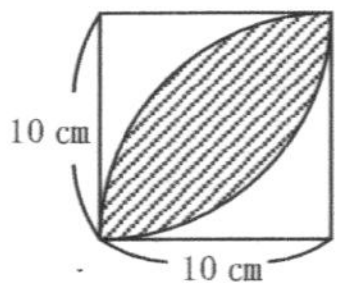

右図の斜線部分の面積は，10×10×3.14÷4×2－10×10＝157－100＝57なので，求める面積は57×4＝**228(㎠)**である。

(5) **【解き方】円グラフより，山梨県の生産量は，長野県の生産量の$\frac{30}{11}$である。**

山梨県の生産量は，10879×$\frac{30}{11}$＝**29670(トン)**である。

4 (1) **【解き方】Ａ君が１周走って地点Ｇにもどるのに 600÷200＝３(分)，Ｂ君が１周走って地点Ｇにもどるのに 200÷50＝４(分)かかる。**

Ａ君とＢ君の２人が１回目に地点Ｇで出会うのは３分と４分の最小公倍数の 12 分後である。３回目に出会うのは，12×３＝**36(分後)**である。

(2) **【解き方】Ａ君が 11 回目に地点Ｇに着くのは，３人が出発してから３×11＝33(分後)である。**

(1)より，Ｂ君は１周走るのに４分かかるから，33÷４＝$8\frac{1}{4}$より，33 分間で$8\frac{1}{4}$周走った地点にいる。あと$\frac{3}{4}$周で地点Ｇに到着するから，あと 200×$\frac{3}{4}$＝**150(m)**である。

(3) **【解き方】(1)より，Ａ君とＢ君は 12 分ごとに地点Ｇに同時に到着する。Ｃ君は，200÷100＝２(分後)，さらに２分後，さらに 600÷100＝６(分後)に地点Ｇに到着する。**

Ｃ君の地点Ｇの到着時間は，２分後→４→10→12→14→20→22→24→30→32→34→40→…→60→…→72→…→84→…であり，そのうち 12 の倍数である下線の時に，Ａ君とＢ君も同時に地点Ｇに到着している。したがって，３人が５回目に同時に地点Ｇに着くのは **84 分後**である。

5 (1) **【解き方】四角形ＡＥＣＤは平行四辺形より，ＡＤ＝ＥＣ＝1.5 ㎝である。**

ＢＥ：ＥＣ＝２：１より，ＢＥ＝1.5×$\frac{2}{1}$＝３(㎝)なので，三角形ＡＢＥは底辺ＢＥ＝３㎝，高さＡＨ＝４㎝の三角形であり，面積は３×４÷２＝**６(㎠)**である。

(2) **【解き方】四角形ＡＥＣＤは平行四辺形なので，ＡＥとＣＤは平行であり，三角形ＡＥＦと三角形ＡＣＥの面積は等しくなる。**

四角形ＡＢＥＦの面積は，三角形ＡＢＣの面積に等しい。(1)より，ＢＥ＝３㎝，ＥＣ＝1.5 ㎝なので，ＢＣ＝３＋1.5＝4.5(㎝)である。したがって，三角形ＡＢＣは底辺ＢＣ＝4.5 ㎝，高さＡＨ＝４㎝の三角形で，面積は 4.5×４÷２＝**９(㎠)**である。

(3) **【解き方】ＡＢとＤＣの長さが同じであるとき，右図のように，四角形ＡＨＥＤは長方形になる。**

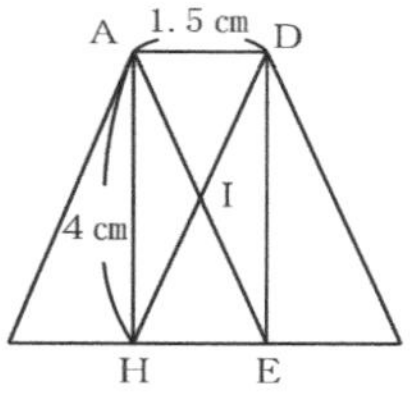

長方形の対角線は，おたがいの真ん中で交わるので，三角形ＡＨＩは底辺をＡＨにしたときの高さが 1.5÷２＝0.75(㎝)になる。したがって，求める面積は，４×0.75÷２＝**1.5(㎠)**である。

1 (1) 与式＝26－12＋３＝**17**

(2) 与式＝(1.52－0.92)＋(2.37－1.07)＝0.6＋1.3＝**1.9**

(3) 与式＝$\frac{78-44+2}{36}=\frac{36}{36}=$**1**

(4) 与式＝$\frac{1}{8}\times(\frac{1}{5}+\frac{13}{35})-(\frac{1}{4}-\frac{1}{12})\div 7=\frac{1}{8}\times\frac{4}{7}-\frac{1}{6}\times\frac{1}{7}=\frac{1}{14}-\frac{1}{42}=\mathbf{\frac{1}{21}}$

2 (1) **【解き方】400÷17＝23余り９より，400は17×23と17×24の間の数である。**

17×23＝391，17×24＝408より，391と408では，408の方が400に近いので，求める整数は**408**である。

(2) **【解き方】１時間15分＝$1\frac{1}{4}$時間より，時速４kmで$1\frac{1}{4}$時間移動した道のりは，４×$1\frac{1}{4}$＝５(km)である。**

５km＝5000mより，5000mを分速25mで移動すると，5000÷25＝200(分)かかる。200分＝**３時間20分**である。

(3) **【解き方】水と液体①を５：３で混ぜた混合液の液体①の分量は，混合液の$\frac{3}{5+3}=\frac{3}{8}$である。**

液体①は，600×$\frac{3}{8}$＝**225(mL)**必要である。

(4) **【解き方】６％＝0.06より，昨年の金魚の数を１としたときの今年の金魚の数は，１＋0.06＝1.06である。**

昨年の金魚の数は，371÷1.06＝**350(匹)**である。

(5) **【解き方】２割＝0.2より，この品物の定価は仕入れ値の１＋0.2＝1.2(倍)で，１割＝0.1より，売った値段は，定価の１－0.1＝0.9(倍)である。**

売った値段は，仕入れ値の1.2×0.9＝1.08(倍)であり，利益は1.08－１＝0.08(倍)である。よって，仕入れ値は，160÷0.08＝**2000(円)**である。

3 (1) **【解き方】食塩水の問題は，うでの長さを濃度《のうど》，おもりを食塩水の重さとしたてんびん図で考えて，うでの長さの比とおもりの重さの比がたがいに逆比になることを利用する。**

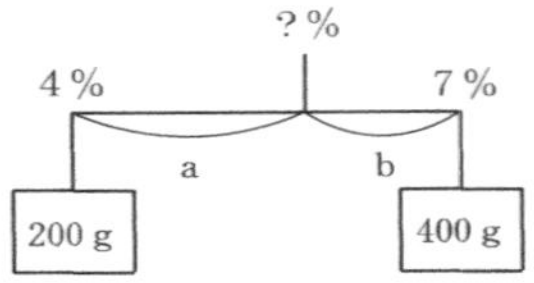

右のようなてんびん図がかける。ａ：ｂは，食塩水の量の比である200：400＝１：２の逆比になるので，ａ：ｂ＝２：１となる。これより，ａ：(ａ＋ｂ)＝２：３となるから，ａ＝(７－４)×$\frac{2}{3}$＝２(％)なので，求める濃度は，４＋２＝**６(％)**である。

(2) **【解き方】図より，●＋○＝180°－102°＝78°である。**

三角形ＡＢＣで，角Ａ＝180°－(●＋●＋○＋○)＝180°－78°×２＝**24°**である。

(3) **【解き方】底面の面積は４×６＝24(㎠)なので，側面積の大きさは88－24×２＝40(㎠)である。**

側面を広げると，直方体の高さと同じ縦の長さをもつ大きな長方形になる。長方形の横の長さは６＋４＋６＋４＝20(cm)なので，側面の長方形の縦の長さは40÷20＝２(cm)である。直方体の体積は，24×２＝**48(㎤)**である。

(4) **【解き方】右図の斜線の部分(半径13cmの円から半径12cmの円を取り除いた図形)の面積を求めればよい。**

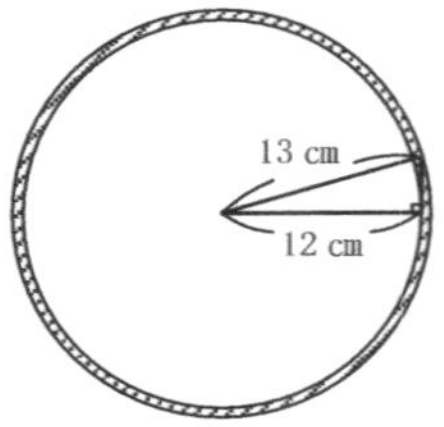

13×13×3.14－12×12×3.14＝**78.5(㎠)**である。

(5) **【解き方】１｜１，２｜１，２，３｜１，２，３，４｜…のように，グループ分けをする。グループ内の数字の個数は，１個，２個，３個，…のように，ｎ番目のグループにｎ個ある。１回目に９があらわれるのは，「１，２，…，８，９」がある９番目のグループの最後，２回目に９があらわれるのは，「１，２，３，４，５，６，７，８，９，10」がある10番目のグループの最後から２番目である。**

最初から数えると，１＋２＋３＋４＋５＋６＋７＋８＋９＋10－１＝**54(番目)**である。

4　⑴　１回目の結果より，３，５，６はＡとは異なるカードであることがわかるので，Ａのうらに書かれている可能性のある数字は，**1**，**2**，**4**である。

⑵　１回目と２回目で，どちらもＢの面が出て，２，３，４，５，６は１回目または２回目で出ているから，Ｂは**1**とわかる。それにより，１回目の結果からＡとＣのうらに書かれた数字は２と４，２回目の結果からＤとＦのうらに書かれた数字は３と６だから，残る**5**はＥのうらに書かれているとわかる。

⑶　⑵と１回目の結果より，ＡとＣのうらに書かれた数字は２と４であり，３回目で４が出ていることから，Ｃは４ではないので**2**とわかる。これより，Ａは４である。ＤとＦのうらに書かれた数字は３と６で，３回目に３が出ていることから，Ｆは３ではないので**6**とわかる。Ｄは３である。

5　⑴　**【解き方】右の図で，長方形の部分の横の長さは，半径１㎝の円の円周の５つ分の長さである。**

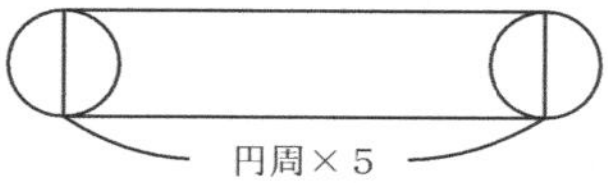

求める面積は，１×１×3.14÷２×２＋２×(１×２×3.14×５)＝3.14＋62.8＝**65.94(㎠)**である。

⑵　**【解き方】右の図の円が通過する部分の面積を求める。**

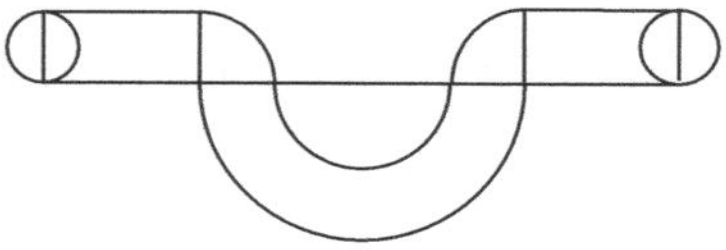

求める面積は，半径１㎝の半円２個分と，たて２㎝横５㎝の長方形２個分と，半径２㎝の円を$\frac{1}{4}$にしたおうぎ形２個分と，半径５㎝の半円から半径３㎝の半円を取りのぞいた図形の面積の合計だから，

１×1×3.14÷２×２＋２×５×２＋２×２×3.14÷４×２＋(５×５×3.14÷２－３×３×3.14÷２)＝3.14＋20＋6.28＋25.12＝**54.54(㎠)**である。

⑶　**【解き方】円が転がったときに通過した部分は，右のように作図できる。**

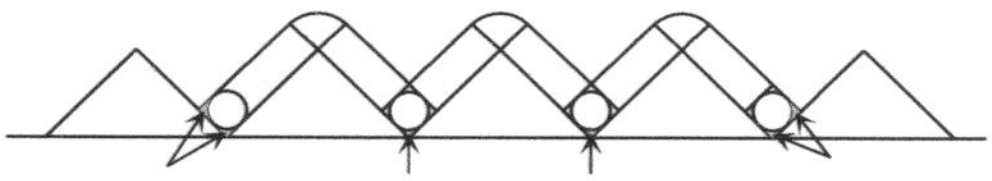

求める面積は，たて２㎝横６㎝の長方形４個分と，たて２㎝横４㎝の長方形２個分と，半径２㎝の円を$\frac{1}{4}$にしたおうぎ形３個分の面積の合計から，矢印がさした部分の面積をひいたものである。矢印がさした部分の１個の面積は，１辺が２㎝の正方形から半径１㎝の円を切り取った図形の$\frac{1}{4}$なので，(２×２－１×１×3.14)÷４＝0.215(㎠)であり，図中に６カ所あるから，矢印でさした部分の面積の合計は，0.215×６＝1.29(㎠)である。

したがって，求める面積は，２×６×４＋２×４×２＋２×２×3.14÷４×３－1.29＝**72.13(㎠)**である。

2023 解答例 駿台甲府中学校【専願】

令和5年度

《国　語》

一　①なご　②けんぶん　③とうかく　④うみべ　⑤あぶらえ　⑥日用　⑦移住　⑧感受　⑨手芸　⑩算出

二　問一．X．い　Y．う　問二．え　問三．い　問四．A．上　B．下（AとBは順不同）　C．肉体　D．精神（CとDは順不同）　問五．え　問六．あ　問七．運動会で人間タワーをやることに反対する　問八．い

三　問一．X．え　Y．あ　問二．㈠う　㈡い　問三．新型コロナウイルス　問四．え　問五．あ　問六．え　問七．う

四　〈作文のポイント〉

・最初に自分の主張、立場を明確に決め、その内容に沿って書いていく。

・わかりやすい表現を心がける。自信のない表現や漢字は使わない。

さらにくわしい作文の書き方・作文例はこちら！→https://kyoei-syuppan.net/mobile/files/sakupo.html

《算　数》

1　(1)27　(2)5　(3)$\frac{1}{4}$　(4)2023

2　(1)50　(2)48　(3)1800　(4)75　(5)340

3　(1)21　(2)39　(3)4　(4)116　(5)180

4　(1)0.6　(2)14.4　(3)16

5　(1)30.56　(2)33.98　(3)51.485

《理　科》

1　問1．記号…A／だ液がデンプンを別のものに変える。　問2．ア．④　イ．②　ウ．①　エ．③
問3．ア．かん臓　イ．養分をたくわえる　ウ．じん臓　エ．にょう　オ．ぼうこう

2　問1．ホウ酸　問2．液をガラス棒に伝わらせないで注いでいる。／ビーカーのかべにろうとの先をつけていない。　問3．(1)食塩　(2)加熱して水を蒸発させる。　問4．⑤

3　問1．①　問2．③　問3．地球が自転しているから。
問4．ア．はくちょう　イ．デネブ　ウ．天の川　エ．わし　オ．こと　問5．北極星

4　問1．ア＞イ＝ウ　問2．導線があつくなるから。　問3．オ
問4．記号…エ　理由…2つの乾電池が逆向きにつながれているから。　問5．右図

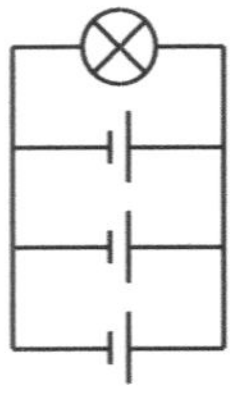

5　問1．(1)水蒸気　(2)A．③　B．②　問2．燃料電池　問3．②　問4．(1)受粉　(2)③，④

《社　会》

1 問１．(1)佐賀　(2)④　　問２．(1)3483　(2)番号…③　山脈の名称…赤石　　問３．(1)①　(2)あ．冬　い．スキー　う．冬の降水量が多い　(3)④　　問４．①

2 問１．①減少　②増加　③減少　　問２．(1)②　(2)②　　問３．(1)９　(2)②　　問４．(例文)負担するため，あらゆる世代が公平に分かち合い，税収が景気の変化に左右されにくく安定しているから。　　問５．③
問６．家庭

3 問１．②　　問２．(例文)中国の皇帝だけに使われる天子という言葉を日本の天皇が使っていたから。
問３．古事記　　問４．②　　問５．④　　問６．(1)天草四郎　(2)④　　問７．(1)②　(2)武家諸法度　　問８．①
問９．③→④→②→①

2023 解答例 令和5年度　駿台甲府中学校【一般】

《国　語》

一　①ぎょうそう　②せきむ　③じいん　④なか　⑤れっきょ　⑥造船　⑦風土　⑧千差
⑨燃料　⑩綿花

二　問一．A．あ　B．え　問二．い　問三．あ　問四．みんなに思いっきり走ってもらうために、今まで以上にみんなに声をかけ、チームを盛り上げようとした。　問五．え　問六．え　問七．う

三　問一．A．え　B．あ　問二．自分や家族が災害に巻き込まれない、巻き込まれても極力、被害が少なくなるような社会。　問三．一日の行動のほぼすべてが、自分以外の複数の人間に把握されているような環境を作るという対策。　問四．人それぞれに違い、対策も異なるから。　問五．火事　問六．自分が被災する可能性を考え、常に対策をとっておく生き方。　問七．え

四　〈作文のポイント〉
・最初に自分の主張、立場を明確に決め、その内容に沿って書いていく。
・わかりやすい表現を心がける。自信のない表現や漢字は使わない。
さらにくわしい作文の書き方・作文例はこちら！→https://kyoei-syuppan.net/mobile/files/sakupo.html

《算　数》

1　(1)24　(2)4.8　(3)$\frac{11}{12}$　(4)70

2　(1)50分　(2)0.035㎥　(3)300円　(4)289　(5)160m　(6)55

3　(1)148㎠　(2)111°　(3)10㎠　(4)8cm

4　(1)6.28cm　(2)7.85cm　(3)7.065㎠

5　(1)187L　(2)$2\frac{2}{3}$倍　(3)150分

《理　科》

1　問1．葉の緑色を脱色するため。　問2．ヨウ素液　問3．葉のデンプンがなくなったため，ヨウ素液にひたしても色は変化しなかった。　問4．二酸化炭素を取り入れて，酸素を出す光合成を行っている。
問5．酸素を取り入れて，二酸化炭素を出す呼吸を行う。

2　問1．酸性　問2．気体ア…二酸化炭素　気体イ…水素　問3．最初に出てくる気体には，試験管に入っていた空気が多くふくまれるから。　問4．地球温暖化　問5．C．石灰水　E．炭酸水　F．アンモニア水

3　問1．③　問2．あたたかく浅い海だった。　問3．断層　問4．海底でできた地層が陸上に現れてしん食された後，再び海底にしずんで土砂がたい積したから。　問5．④

4　問1．アとウ　問2．①B　③E　問3．誤差を小さくするため。　問4．0.88秒
問5．イ．C　ウ．A

5　問1．(1)A　(2)CとD　問2．2500mA　問3．③　問4．(1)バッタ…ふえる　モズ…へる
(2)外来生物のしん入／人間による乱かく　などから1つ

《社　会》

1 問１．⑴アイヌ(民族)　⑵雪や寒さが室内に入らないように玄関フードがあること。／室温を保つために窓が二重になっていること。などから１つ　問２．⑴長野　⑵②　問３．⑴②，③　⑵186.6 千人　⑶①，⑤
問４．⑴②　⑵土砂の流出を防ぐ働き。／洪水を防ぐ働き。／生き物のすみかとなる働き。／レクリエーションなどを通じてやすらぎの場となる働き。などから１つ

2 問１．1947 年５月３日　問２．③　問３．象徴　問４．⑴①　⑵①，⑤　問５．ａ．④　ｂ．④
問６．⑴③　⑵①３　②国民審査　問７．閣議　問８．理由…新型コロナウイルス感染症の感染拡大によって，他国・他地域との往来が制限されたから。　影響…沖縄県は，観光業を中心とした第３次産業に就いている人が多く，観光収入が減ることで，沖縄の産業は大きな打撃を受けた。

3 問１．記号…Ｅ　人物名…源頼朝　問２．②　問３．東海道　問４．③　問５．④　問６．東大寺
問７．②　問８．③，⑤，⑦　問９．(例文)自分の活躍を証明することで，恩賞として土地をもらうため。

2023 算数解説 令和５年度 ▶駿台甲府中学校【専願】

1 (1) 与式＝30－３＝**27**

(2) 与式＝0.5×(1.23＋8.77)＝0.5×10＝**5**

(3) 与式＝$\frac{3}{5}\times\frac{5}{4}-\frac{5}{3}\div\frac{10}{3}=\frac{3}{4}-\frac{5}{3}\times\frac{3}{10}=\frac{3}{4}-\frac{1}{2}=\frac{3}{4}-\frac{2}{4}=$ $\mathbf{\frac{1}{4}}$

(4) 与式＝$\{\frac{16}{7}\times63-(50-25)\}\times17=(144-25)\times17=$**2023**

2 (1) ４km＝4000mだから，求める時間は4000÷80＝**50**(分)である。

(2) ３つ以上の数の最小公倍数を求めるときは，右のような筆算を利用する。３つの数のうち２つ以上を割り切れる素数で次々に割っていき(割れない数はそのまま下におろす)，割った数と割られた結果残った数をすべてかけあわせれば，最小公倍数となる。よって，求める最小公倍数は，２×２×２×３×１×２＝**48**

```
2) 6  8  16
2) 3  4  8
2) 3  2  4
   3  1  2
```

(3) **【解き方】ｎ角形の内角の大きさの和は，180°×(ｎ－２)で求められる。**

正12角形の内角の大きさの和は，180°×(12－２)＝**1800°**

(4) **【解き方】水を蒸発《じょうはつ》させる前後で，食塩水にふくまれる食塩の量は変わらない。**

６%の食塩水300ｇにふくまれる食塩は300×0.06＝18(ｇ)だから，この食塩水には300－18＝282(ｇ)の水がふくまれる。水を蒸発させた後，18ｇの食塩が全体の８%にあたるので，ふくまれる水は全体の100－８＝92(%)だから，18×$\frac{92}{8}$＝207(ｇ)となる。よって，蒸発させた水の量は282－207＝**75**(ｇ)である。

(5) **【解き方】定価は原価の１＋0.2＝1.2(倍)の金額である。**

定価は398＋10＝408(円)だから，原価は408÷1.2＝**340**(円)である。

3 (1) **【解き方】分子と分母に同じ数を加えても，分子と分母の差は変わらない。**

$\frac{23}{45}$の分母の数と分子の数の差は，45－23＝22だから，$\frac{2}{3}$の約分する前の分数の分子と分母の差も22である。つまり，(３の倍数)－(２の倍数)＝22だから，22÷(３－２)＝22より，$\frac{2}{3}$の約分する前の分数は，$\frac{2\times22}{3\times22}=\frac{44}{66}$である。66－45＝21，44－23＝21となるから，整数Ａは**21**である。

(2) **【解き方】ＡＥ＝ＥＢより，三角形ＡＥＧと三角形ＥＢＦは底辺をそれぞれＡＧ，ＢＦとしたときの高さが等しく６÷２＝３(cm)である。また，ＡＧ＝ＢＦ＝３cmだから，面積は等しく３×３÷２＝$\frac{9}{2}$(㎠)である。**

(五角形ＥＦＣＤＧの面積)＝(台形ＡＢＣＤの面積)－(三角形ＡＥＧの面積)×２＝

$\{(3+7)+(3+3)\}\times6\div2-\frac{9}{2}\times2=48-9=$**39**(㎠)

(3) $\frac{11}{7}$＝11÷７＝1.571428571428…となり，小数第１位以降，５，７，１，４，２，８の６個の数字がくり返される。100÷６＝16余り４より，小数第100位の数は16回のくり返しの後，４個目の数だから，**4**である。

(4) **【解き方】６で割ると２余る数は，２，８，14，20，26，32，…，７で割ると４余る数は４，11，18，25，32，…となり，６で割ると２余り，７で割ると４余る最小の数は32だとわかる。**

６と７の最小公倍数は42だから，32に42の倍数を足した数が６で割ると２余り，７で割ると４余る数である。32＋42＝74，74＋42＝116より，求める数は**116**である。

⑸　**【解き方】向かい合う面上の切り口の線は平行になる(図ｉのＡＩとＪＫ，ＡＪとＩＫ)。**

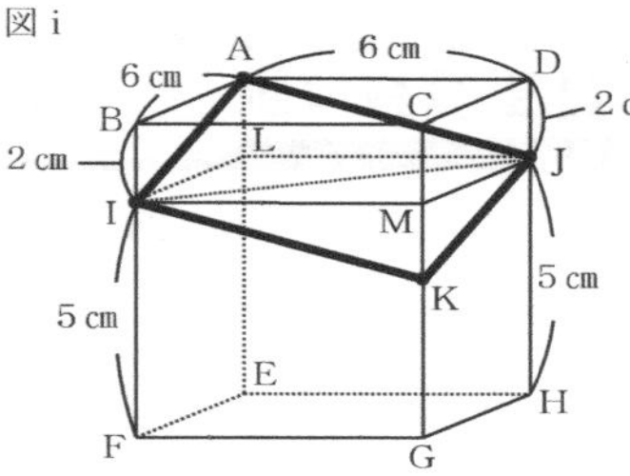

切り口は図ｉの平行四辺形ＡＩＫＪになる。三角すいＡ－ＬＩＪと三角すいＫ－ＭＪＩは合同だから，求める立体の体積は直方体ＩＭＪＬ－ＦＧＨＥの体積と等しい。よって，$6\times6\times5=$**180**(㎤)

4　⑴　**【解き方】川の流れが１秒間に進む道のりを①として考える。**

ＡＢ間の距離《きょり》は⑫と表せる。１人でボートをこぐとＡ地点からＣ地点まで 36 秒かかるので，Ａ地点からＢ地点までは $36\div2=18$(秒)かかる。１人でボートをこぐ速さは静水時で毎秒１ｍだから，$1\times18-$⑱＝⑫

⑫＋⑱＝18　　㉚＝18 より①＝0.6　　よって，川の流れる速さは毎秒 **0.6**ｍである。

⑵　ＡＣ間の距離は⑫×２＝㉔＝$0.6\times24=$**14.4**(ｍ)である。

⑶　２人でボートをこいで川を上るとき，１秒間に進む距離は $1.5-0.6=0.9$(ｍ)である。よって，求める時間は $14.4\div0.9=$**16**(秒)

図 i

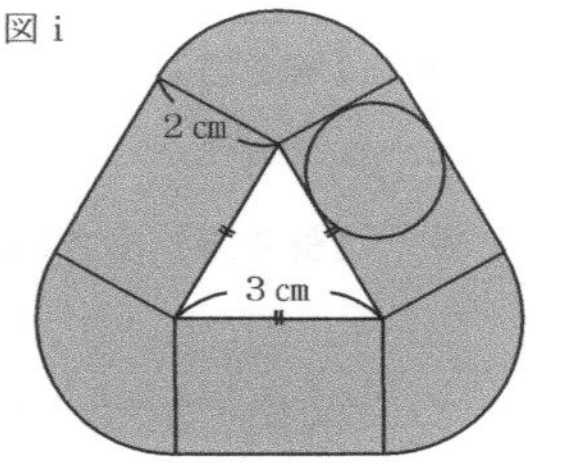

5　⑴　求める面積は図ｉの色つき部分の面積である。この面積は縦と横の長さが２㎝，３㎝の長方形の面積３つ分と，半径２㎝の円の面積の$\frac{1}{3}$が３つ分の和だから，$2\times3\times3+2\times2\times3.14\times\frac{1}{3}\times3=18+12.56=$**30.56**(㎠)である。

図 ii

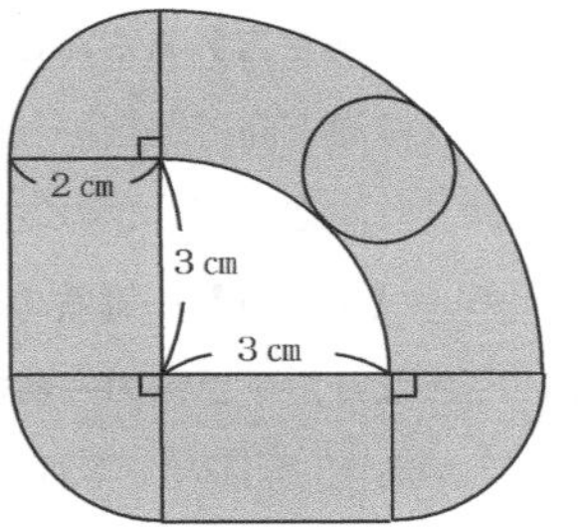

⑵　求める面積は図ⅱの色つき部分の面積である。この面積は縦と横の長さが２㎝，３㎝の長方形の面積２つ分と，半径２㎝の円の面積の$\frac{1}{4}$が３つ分と，半径 $3+2=5$(㎝)の円の面積の$\frac{1}{4}$の和から，半径３㎝の円の面積の$\frac{1}{4}$を引いた値《あたい》だから，

$2\times3\times2+2\times2\times3.14\times\frac{1}{4}\times3+5\times5\times3.14\times\frac{1}{4}-3\times3\times3.14\times\frac{1}{4}=$
$12+(3+\frac{25}{4}-\frac{9}{4})\times3.14=12+7\times3.14=12+21.98=$**33.98**(㎠)である。

図 iii

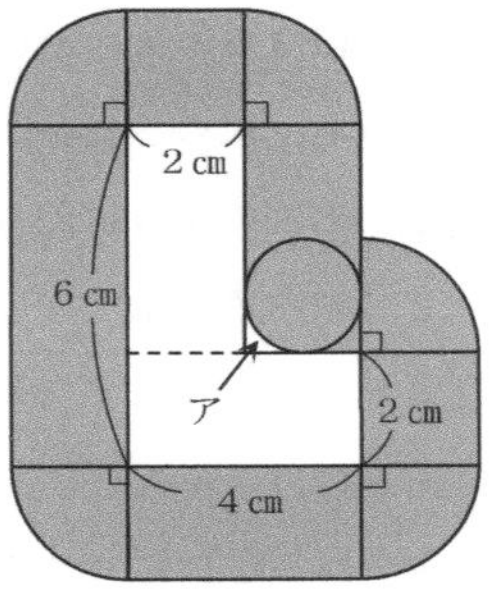

⑶　求める面積は図ⅲの色つき部分の面積である。この面積は縦と横の長さが２㎝，４㎝の長方形の面積２つ分と，縦と横の長さが２㎝，６㎝の長方形の面積と，１辺の長さが２㎝の正方形の面積２つ分と，半径２㎝の円の面積の$\frac{1}{4}$が５つ分の和から，１辺の長さが１㎝の正方形から半径１㎝の円の$\frac{1}{4}$を除いた部分(アの部分)の面積を引いた値だから，

$2\times4\times2+2\times6+2\times2\times2+2\times2\times3.14\times\frac{1}{4}\times5-$
$(1\times1-1\times1\times3.14\times\frac{1}{4})=16+12+8+15.7-0.215=$**51.485**(㎠)である。

1 (1) 与式＝23－８＋９＝**24**

(2) 与式＝2.16÷0.45＝**4.8**

(3) 与式＝$\frac{16}{36}+\frac{51}{36}-\frac{34}{36}=\frac{33}{36}=\mathbf{\frac{11}{12}}$

(4) 与式＝(７×３)×4.16－７×2.48＝７×12.48－７×2.48＝７×(12.48－2.48)＝７×10＝**70**

2 (1) **【解き方】時速 21 ㎞は分速(21×1000÷60)ｍ＝分速 350ｍである。**

分速 350ｍで 10 分移動したときに進む道のりは 350×10＝3500(ｍ)だから，求める時間は 3500÷70＝**50(分)**

(2) **【解き方】１ｍ＝100 ㎝だから，１ m^3＝(100×100×100)㎤＝1000000 ㎤である。**

35000 ㎤＝(35000÷1000000) m^3＝**0.035 m^3**

(3) **【解き方】３割引きをすると，もとの値段の１－0.3＝0.7(倍)になる。**

求める定価は，231÷(１＋0.1)÷0.7＝**300(円)**

(4) **【解き方】小さい方から４番目の数を□とすると，７つの連続する数は小さい方から□－３，□－２，□－１，□，□＋１，□＋２，□＋３となる。**

７つの連続する数の和は，(□－３)＋(□－２)＋(□－１)＋□＋(□＋１)＋(□＋２)＋(□＋３)＝７×□となる。

これが 2023 と等しいから，□＝2023÷７＝**289** である。

(5) **【解き方】ＡさんとＢさんの速さの比は 40：35＝８：７となることを利用する。**

２人は逆方向に進むから，スタートしてから再び出会うのは，２人合わせて 300ｍ走ったときである。

同じ時間進んだときの道のりは速さに比例するから，Ａさんが進んだ道のりは，$300\times\frac{8}{8+7}$＝**160(ｍ)**である。

(6) **【解き方】一番右の数は，１段目が１，２段目が３＝１＋２，３段目が６＝３＋３，４段目が 10＝６＋４，…となり，１つ前の一番右の数に段数を足した数になる。**

上から 10 段目の一番右の整数は，１＋２＋３＋…＋10＝**55**

3 (1) **【解き方】体積から，まず高さを求める。側面積の合計は，(高さ)×(底面の周りの長さ)で求められる。**

この直方体の縦と横は６㎝，４㎝だから，高さは 120÷(６×４)＝５(㎝)である。

底面積は６×４＝24(㎠)，底面の周りの長さは(６＋４)×２＝20(㎝)だから，側面積の合計は，５×20＝100(㎠)

よって，求める表面積は，24×２＋100＝**148(㎠)**

(2) 右図のように記号を定める。三角形の１つの外角は，これととなり合わない２つの内角の和に等しいから角ＡＣＤ＝48°＋90°＝138°

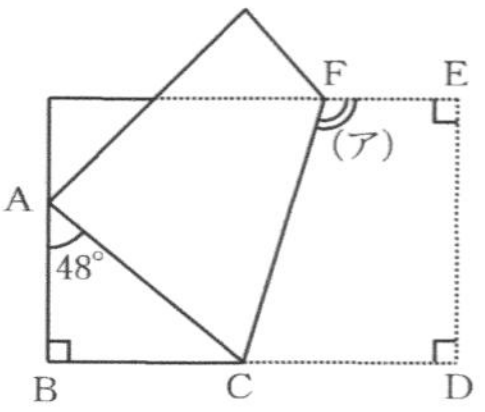

また，折り返してできた角の大きさは等しいから，

角ＦＣＤ＝角ＡＣＦ＝138°÷２＝69°

四角形ＦＣＤＥの内角の和より，角(ア)＝360°－(69°＋90°×２)＝**111°**

(3) **【解き方】ＡＣに補助線を引き，三角形ＡＦＤと三角形ＡＣＤの面積の比を考える。**

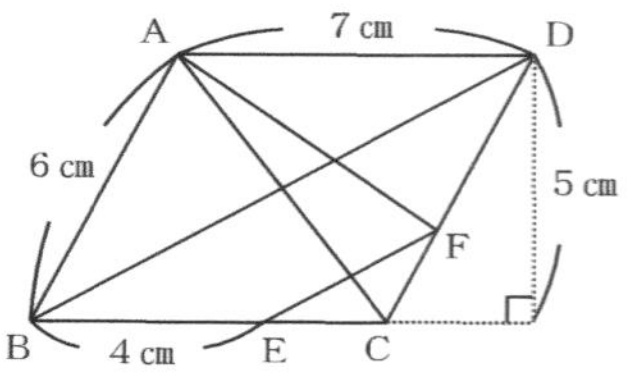

ＥＣ＝７－４＝３(㎝)であり，ＥＦとＢＤは平行だから，三角形ＣＥＦと三角形ＣＢＤは形が同じで大きさが異なる三角形である。

辺の長さの比はＥＣ：ＢＣ＝３：７だから，ＣＦ：ＣＤ＝３：７より，

ＦＤ：ＣＤ＝(７－３)：７＝４：７である。三角形ＡＦＤと三角形ＡＣＤで底辺をＦＤ，ＣＤとしたときの高さは

等しいから，面積の比は４：７である。よって，(三角形ＡＦＤの面積)$=\frac{4}{7}\times$(三角形ＡＣＤの面積)$=\frac{4}{7}\times\frac{1}{2}\times$(平行四辺形ＡＢＣＤの面積)$=\frac{2}{7}\times 7\times 5=$**10(㎠)**

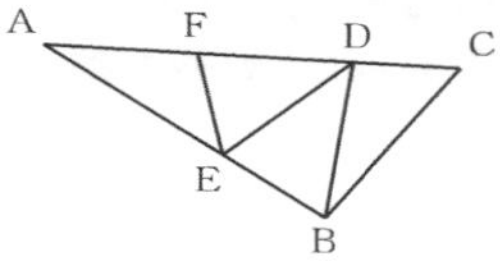

⑷　**【解き方】高さが等しい三角形を見つけ，底辺の長さの比を求める。**

三角形ＡＦＥと三角形ＦＤＥは面積が等しく，ＡＦとＦＤを底辺としたときの高さが等しいから，ＡＦ＝ＦＤ＝３㎝である。また，三角形ＡＤＢと三角形ＤＣＢは面積の比が３：１で，ＡＤとＤＣを底辺としたときの高さが等しいから，ＡＤ：ＤＣ＝３：１である。

したがって，ＡＤ：ＡＣ＝３：(３＋１)＝３：４

よって，ＡＣ$=(3+3)\times\frac{4}{3}=$**8(㎝)**

図ｉ

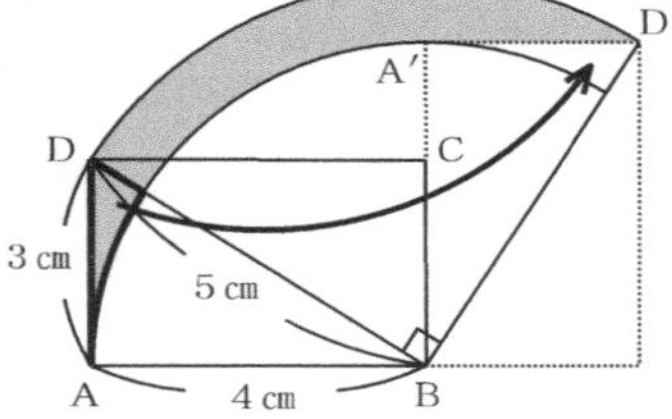

4　⑴　ＡはＢを中心とする半径４㎝の円の円周上を時計回りに90°だけ動く。よって，Ａが通った後にできる線の長さは半径４㎝の円周の$\frac{1}{4}$だから，$4\times 2\times 3.14\times\frac{1}{4}=$**6.28(㎝)**

⑵　ＤはＢを中心とする半径５㎝の円の円周上を時計回りに90°だけ動く。⑴と同様に考えると求める長さは，$5\times 2\times 3.14\times\frac{1}{4}=$**7.85(㎝)**

⑶　**【解き方】ＡＤは図ｉのＡ′Ｄ′まで移動する。よって，ＡＤが通ったあとにできる図形は図ｉの色つき部分であり，太線で囲った部分を矢印のように移動して考える。**

図ｉの色つき部分の面積は，半径５㎝の円の面積の$\frac{1}{4}$から半径４㎝の円の面積の$\frac{1}{4}$を引いた値《あたい》に等しい。

よって，$5\times 5\times 3.14\times\frac{1}{4}-4\times 4\times 3.14\times\frac{1}{4}=(25-16)\times 3.14\times\frac{1}{4}=$**7.065(㎠)**

5　⑴　ＡとＢの容積の比は11：６だから，Ａの容積は$102\times\frac{11}{6}=$**187(Ｌ)**である。

⑵　**【解き方】Ａ，Ｂにはじめに入っていた水の量をそれぞれ⑭，⑨とする。また，Ａ，Ｂの水が入っていない部分の容積の比は１：0.5＝２：１だから，それぞれ[2]，[1]とする。**

Ａ，Ｂの容積はそれぞれ⑭＋[2]，⑨＋[1]と表すことができる。よって，Ｂの２倍の容積とＡの容積の差は，(⑨＋[1])×２－(⑭＋[2])＝⑱＋[2]－⑭－[2]＝④となる。また，Ｂの２倍の容積とＡの容積の比は(６×２)：11＝12：11だから，比の数の12－11＝１が④にあたる。したがって，Ｂの容積は④×６＝㉔と表せるので，Ｂがいっぱいになったときの水の量は，はじめに入っていた水の量の$\frac{㉔}{⑨}=\frac{8}{3}=$**$2\frac{2}{3}$(倍)**である。

⑶　Ｂの容積は$340\times\frac{6}{11+6}=120$(Ｌ)だから，はじめにＢに入っていた水の量は，$120\div\frac{8}{3}=45$(Ｌ)である。

よって，求める時間は(120－45)÷0.5＝**150(分)**である。

★駿台甲府中学校【専願】

《国　語》

一　①ようもう　②びんじょう　③とうけい　④たぐ　⑤そうこ
⑥街灯　⑦旗　⑧鉱脈　⑨講師　⑩根菜

二　問一．X．う　Y．あ　問二．う　問三．え　問四．一つ…嫉妬にも、自己嫌悪にも苦しまないですむ
二つ…千鶴とふたり影のない光のなかだけにいられる　問五．あ　問六．え　問七．え

三　問一．い　問二．子どもや若者が家族の世話をする話　問三．あ　問四．い　問五．い
問六．い　問七．あ　問八．あ

四　〈作文のポイント〉
・最初に自分の主張、立場を明確に決め、その内容に沿って書いていく。
・わかりやすい表現を心がける。自信のない表現や漢字は使わない。
さらにくわしい作文の書き方・作文例はこちら！→
https://kyoei-syuppan.net/mobile/files/sakupo.html

《算　数》

1　(1)25　(2)0.9　(3)$\frac{5}{36}$　(4)$\frac{1}{21}$

2　(1)24　(2)50　(3)103　(4)7　(5)1500

3　(1)6　(2)111　(3)4.8　(4)600　(5)99

4　(1)1.8　(2)10.8　(3)3.75

5　(1)120　(2)56.52　※(3)A／9.42

※の考え方は解説を参照してください。

《理　科》

1　問1．ア．気管　イ．肺　問2．空気にふれる表面積が大きくなり，効率よく気体の交かんが行える。
問3．はく動　問4．はく息を石灰水に通し，石灰水が白くにごればよい。

2　問1．④　問2．メスシリンダーに水を入れて目もりを読みとり，その後水に粘土をしずめて目もりを読みとる。粘土を入れる前後の目もりの差を求める。　問3．3g　問4．A，C　問5．24㎤　問6．21㎤

3　問1．しん食／運ぱん／たい積 から2つ　問2．しん食するはたらきが強くなる。（下線部は運ぱんでもよい）
問3．雨が降ったとき。　問4．イ　問5．エ　問6．水の流れがおそいから。

4　問1．直進する性質　問2．②，③　問3．①　問4．光を集めて，明るく照らすことができる。
問5．細きんがふえるのをおさえることができる。

5　問1．(1)③　(2)イ　問2．電流を流すのをやめると，鉄がくっつかなくなる。　問3．⑤
問4．③，④，⑥

《社　会》

1　問１．④　問２．②　問３．首里城　問４．２　問５．④　問６．北西季節風の影響で冬に降雪が多い。　問７．地熱発電　問８．③　問９．⑴①　⑵太平洋ベルト　問10．地球温暖化の進行をおさえること。／土砂災害をおさえること。／生物の多様性を保全すること。などから１つ

2　問１．権力がらん用され，国民の権利がおびやかされるのを防ぐため。　問２．④　問３．⑴国民主権　⑵納税の義務　問４．③　問５．⑴④　⑵復興庁　問６．ア．４年　イ．○　問７．(例文)候補者の意見を知り，自分が賛成できる候補者に投票すること。

3　問１．聖武天皇　問２．③　問３．ユーラシア大陸　問４．出島　問５．②　問６．千　問７．密集　問８．知事

2022 解答例 令和4年度 ★駿台甲府中学校【一般】

《国　語》

一　①こころ　②くちょう　③しゅうぶん　④ぜっぱん　⑤まじ
⑥均等　⑦栄　⑧評判　⑨鹿　⑩漁港

二　問一．う　問二．X．い　Y．あ　問三．い　問四．い　問五．読んだ本には言葉があふれているのに、自分は、自分が感じたことを「すげえ」という一言でしか言いあらわせないから。　問六．い

三　問一．1．安全　2．効率　問二．(1)A．疫病　B．災害　(2)あ　(3)小さな建築群が、一気に焼失してしまった
問三．人々は「大きなハコ」の中で空間的にも時間的にも管理され、そこに通うために狭い箱に押し込まれるから。
問四．え　問五．自然と一体化するやわらかな建築　問六．う

四　〈作文のポイント〉
・最初に自分の主張、立場を明確に決め、その内容に沿って書いていく。
・わかりやすい表現を心がける。自信のない表現や漢字は使わない。
さらにくわしい作文の書き方・作文例はこちら！→
https://kyoei-syuppan.net/mobile/files/sakupo.html

《算　数》

1　(1)24　(2)0.06　(3)$\frac{1}{30}$　(4)$\frac{11}{12}$

2　(1)4　(2)60　(3)150　(4)4.8　(5)82

3　(1)360　(2)12　(3)8　(4)25.12　(5)149

4　(1)①3120　②35　(2)620

5　(1)60　(2)40　※(3)160

※の考え方は解説を参照してください。

《理　科》

1　問1．卵の中の養分をつかって育ちます　問2．ア．子宮　イ．羊水　ウ．へそのお　エ．たいばん
問3．③　問4．①，④

2　問1．A．ちっ素　B．酸素　C．二酸化炭素　問2．B．③　C．①　問3．石灰水　問4．水素
問5．①

3　問1．①　問2．ウ　問3．西　問4．キ　問5．15度

4　問1．　問2．②　問3．①，④　問4．光があればどこでも発電できる。　問5．①

5　問1．石の名前…ふっとう石　理由…液体が突然ふっとうするのを防ぐため。　問2．④　問3．川の左右にてい防をつくる。　問4．血液中から不要な物質を，余分な水分などとともにこしとる。

《社　会》

1 問１．盆地　問２．(1)①　(2)200　問３．群馬県／栃木県　問４．(1)台風がよくくるから。　(2)米軍基地
問５．(1)③　(2)②　問６．(1)公共交通機関が発達していないから。　(2)③

2 問１．(1)平和主義　(2)文化　(3)①　問２．(①の例文)商品を購入するとき，フェアトレードの商品を選ぶ。
(②の例文)３Ｒを意識した生活をする。　(③の例文)レジ袋を廃止する。　問３．ユニバーサルデザイン
問４．しくみ…三権分立　国会…③，⑤　内閣…②，④　裁判所…①，⑥

3 問１．あ．平泉　い．書院造　問２．北海道…札幌市　岩手県…盛岡市　問３．①，③　問４．④
問５．(①，②，④の例文)ハザードマップを見て，避難経路や避難場所を確認しておく。
(①，②，③，④の例文)水，食料，燃料を備蓄しておく。　問６．③　問７．鎖国　問８．３

←解答例は前のページにありますので，そちらをご覧ください。

1 (1) 与式＝30－12＋７＝37－12＝25

(2) 与式＝(1.41－0.91)＋(1.73－1.33)＝0.5＋0.4＝0.9

(3) 与式＝$2\frac{1}{12}+1\frac{1}{9}-3\frac{1}{18}=\frac{1}{12}+\frac{1}{9}-\frac{1}{18}=\frac{3}{36}+\frac{4}{36}-\frac{2}{36}=\frac{5}{36}$

(4) 与式＝$\frac{1}{8}\times(\frac{7}{35}+\frac{13}{35})-(\frac{1}{4}-\frac{1}{12})\times\frac{1}{7}=\frac{1}{8}\times\frac{4}{7}-(\frac{3}{12}-\frac{1}{12})\times\frac{1}{7}=\frac{1}{14}-\frac{1}{6}\times\frac{1}{7}=\frac{3}{42}-\frac{1}{42}=\frac{2}{42}=\frac{1}{21}$

2 (1) **【解き方】実際の道のりを求める方法もあるが，比を使って解く。**

速さと時間は反比例するから，速さが$\frac{80}{60}=\frac{4}{3}$(倍)になれば，かかる時間は$\frac{3}{4}$倍になる。

よって，分速80mで歩くと，$32\times\frac{3}{4}$＝24(分)かかる。

(2) **【解き方】正方形の面積は，ひし形の面積の公式で求めることができる。**

１本の対角線の長さが20÷２＝10(cm)だから，面積は，10×10÷２＝50(cm²)

(3) **【解き方】８で割ると７余る数は，８の倍数より７大きい数である。**

100前後の８の倍数を調べると，100÷８＝12余り４より，100－４＝96，96＋８＝104がある。

この２数に７を加えると，96＋７＝103，104＋７＝111になるから，もっとも小さい数は103である。

(4) **【解き方】角柱の頂点の数は，底面の頂点の数の２倍に等しい。**

10÷２＝５より，頂点の数が10の角柱は五角柱である。ｎ角柱の面の数は，側面にｎ面，底面が２面だから，五角柱の面の数は，５＋２＝７(面)

(5) **【解き方】仕入れ値を１として考える。**

定価は１×(１＋0.2)＝1.2，定価の１割引きは，1.2×(１－0.1)＝1.08だから，利益は1.08－１＝0.08である。

これが120円にあたるから，仕入れ値は，120÷0.08＝1500(円)

3 (1) **【解き方】配る本数のパターンを考える。**

配る本数のパターンは(１本，１本，３本)(１本，２本，２本)の２パターンがある。

(１本，１本，３本)を配るときの配り方は，３本を配る人を選ぶ場合の数に等しく３通りある。

(１本，２本，２本)を配るときの配り方は，１本を配る人を選ぶ場合の数に等しく３通りある。

よって，全部で，３＋３＝６(通り)

(2) **【解き方】角アの求め方は，三角形の内角の和から，(●＋○)の角度を引けばよい。**

三角形ＡＢＣの内角の和について，●●＋○○＋42°＝180°だから，●●＋○○＝180°－42°＝138°

よって，●＋○＝138°÷２＝69°になるから，角ア＝180－(●＋○)＝180°－69°＝111°

(3) **【解き方】それぞれの食塩水に入っている食塩の重さを考える。**

４％の食塩水400ｇの中には，400×0.04＝16(ｇ)の食塩が入っている。８％の食塩水100ｇの中には，100×0.08＝８(ｇ)の食塩が入っている。この２つの食塩水を混ぜると，食塩が16＋８＝24(ｇ)入った，400＋100＝500(ｇ)の食塩水ができるから，その濃度《のうど》は，24÷500×100＝4.8(％)

(4) **【解き方】水そうの60－50＝10(cm)の高さ分の体積が，おもりの体積に等しい。**

おもりの体積は200×30＝6000(cm³)だから，水そうの底面積は，6000÷10＝600(cm²)

(5) **【解き方】周期の問題として考える。**

５以下の数は１と４の２個であり，５の倍数になるまでに再び２個の数が現れる。40÷２＝20(番目)の５の倍数

は，５×20＝100 だから，100 以下に 40 個の数が並ぶ。よって，40 番目の数は，100－１＝99

4　⑴　秒速(18÷10)ｍ＝秒速 1.8ｍ

⑵　**【解き方】歩く速さは，秒速(18÷18)ｍ＝秒速１ｍ，横断歩道で走った時間は６－２＝４(秒間)である。**

走った道のりは，1.8×４＝7.2(ｍ)だから，走り始めたのは渡り始めてから，18－7.2＝10.8(ｍ)の地点

⑶　**【解き方】６秒ちょうどで，18÷２＝９(ｍ)進むように走る場合を考える。**

６秒間を歩くと１×６＝６(ｍ)進むから，９－６＝３(ｍ)足りない。１秒間を走ると進むきょりは，1.8－１＝0.8(ｍ)増えるから，３ｍ多く進むためには，３÷0.8＝3.75(秒)走ればよい。よって，最低 3.75 秒走ればよい。

5　⑴　**【解き方】多角形の外角の和は常に 360°であり，正ｎ角形のｎ個の外角は同じ大きさである。**

正六角形の１つの外角の大きさは，360°÷６＝60°だから，角ア＝180°－60°＝120°

⑵　**【解き方】右図の角アと角イの角度の和は 360°になるから，右図の太線を描《か》く２つのおうぎ形を合わせると，半径が２＋１＝３(㎝)の円になる。**

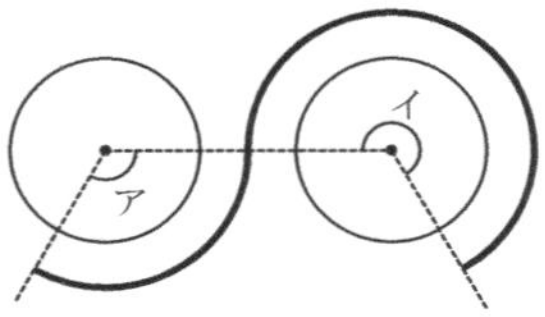

図３は，右図の太線が３回くり返されるから，求める長さは，

(３×２×3.14)×３＝56.52(㎝)

⑶　**【解き方】⑵と同様に図３の３分の１の図形で考える。ＡとＢの重なっていない，右図のカ，キ，クの部分の面積を求める。**

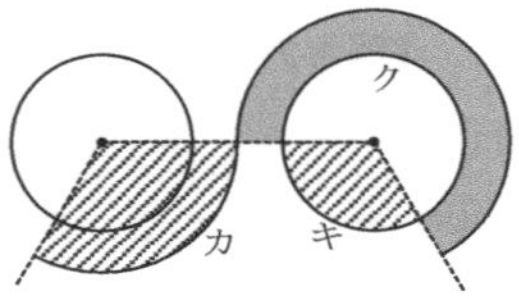

図形カは，半径が３㎝，中心角が 120°のおうぎ形だから，

面積は，$3\times3\times3.14\times\frac{120°}{360°}=3\times3.14$(㎠)…①

図形キは，半径が２㎝，中心角が 120°のおうぎ形だから，面積は，$2\times2\times3.14\times\frac{120°}{360°}=\frac{4}{3}\times3.14$(㎠)…②

図形クは，半径が３㎝，中心角が 360°－120°＝240°のおうぎ形から，半径が２㎝，中心角が 240°のおうぎ形を引いた図形だから，面積は，$3\times3\times3.14\times\frac{240°}{360°}-2\times2\times3.14\times\frac{240°}{360°}=\frac{10}{3}\times3.14$(㎠)…③

①＋②＝$3\times3.14+\frac{4}{3}\times3.14=\frac{13}{3}\times3.14$(㎠)だから，①＋②の方が③より，$\frac{13}{3}\times3.14-\frac{10}{3}\times3.14=3.14$(㎠)大きくなる。よって，正六角形Ａの方が，3.14×３＝9.42(㎠)大きい。

1 (1) 与式＝32－８＝24

(2) 与式＝0.3×0.2＝0.06

(3) 与式＝$\frac{16}{7}\times\frac{7}{5}-\frac{19}{7}\times\frac{7}{6}=\frac{16}{5}-\frac{19}{6}=3\frac{1}{5}-3\frac{1}{6}=\frac{6}{30}-\frac{5}{30}=\frac{1}{30}$

(4) 与式＝$\frac{1}{2022}\times337+\frac{3}{1348}\times337=\frac{1}{6}+\frac{3}{4}=\frac{2}{12}+\frac{9}{12}=\frac{11}{12}$

2 (1) **【解き方】かけて 96 になる２つの整数の組を探す。**

かけて 96 になる２つの整数の組は，（１，96）（２，48）（３，32）（４，24）（６，16）（８，12）がある。

この中で和が 20 になるのは８と 12 だから，姉と弟の年令の差は，12－８＝４（才）

(2) **【解き方】１㎡＝１ｍ×１ｍ＝100 cm×100 cm＝10000 ㎠である。**

600000 ㎠＝（600000÷10000）㎡＝60 ㎡

(3) **【解き方】ある本全体のページ数の$\frac{1}{3}$を読んだときの残りは，15＋85＝100（ページ）になる。**

本全体の$1-\frac{1}{3}=\frac{2}{3}$が 100 ページにあたるから，この本は，$100\div\frac{2}{3}=100\times\frac{3}{2}=150$（ページ）

(4) **【解き方】（往復の平均の速さ）＝（往復の道のり）÷（往復にかかった時間）で求める。**

行きは 12÷４＝３（時間），帰りは 12÷６＝２（時間）かかったから，12×２＝24（km）の道のりを３＋２＝５（時間）で歩いたことになる。その速さは，時速（24÷５）km＝時速 4.8 km

なお，行きと帰りの速さの数値の平均で時速$\frac{4+6}{2}$km＝時速５kmとするのは，よくある間違い。気をつけよう。

(5) **【解き方】（合計点）＝（平均点）×（テストの回数）で考える。**

１回目から５回目までのテストの合計点は，81×５＝405（点）だから，１回目から６回目までの合計点は，405＋87＝492（点）である。よって，平均点は，492÷６＝82（点）

3 (1) **【解き方】右図のように記号をおいて，角ａ＋角ｂ＋角ｃ＋角ｄ＋角ｅ＋角ｆの大きさを求める。**

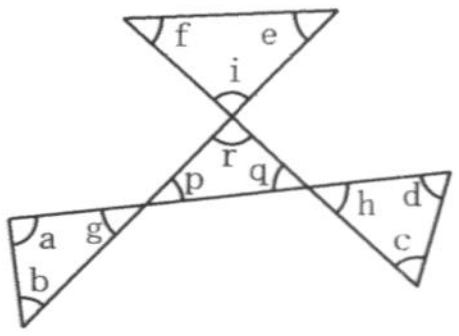

角ａ＋角ｂ＋角ｇは三角形の内角の和に等しく 180°だから，

角ａ＋角ｂ＋角ｇ＋角ｃ＋角ｄ＋角ｈ＋角ｅ＋角ｆ＋角ｉ＝180°×３＝540°

対頂角は等しいから，角ｇ＝角ｐ，角ｈ＝角ｑ，角ｉ＝角ｒで，角ｐ＋角ｑ＋角ｒ＝180°より，

角ｇ＋角ｈ＋角ｉ＝180°である。よって，角ａ＋角ｂ＋角ｃ＋角ｄ＋角ｅ＋角ｆ＋180°＝540°が成り立つから，

角ａ＋角ｂ＋角ｃ＋角ｄ＋角ｅ＋角ｆ＝540°－180°＝360°

(2) **【解き方】百の位→十の位→一の位の順に数字を決めていくとする。**

200 以上の整数にするとき，百の位には３と４のカードが選べる。

百の位に３のカードを選んだとき，十の位には０，１，４の３通り，一の位には十の位で使った数以外の２通りが選べるから，百の位が３である３けたの整数は，３×２＝６（個）できる。

百の位に４のカードを選んだときも６個の３けたの整数ができるから，全部で６×２＝12（個）できる。

(3) **【解き方】点Ｐが辺ＡＤ上にあるときと，辺ＣＤ上にあるときを考える。**

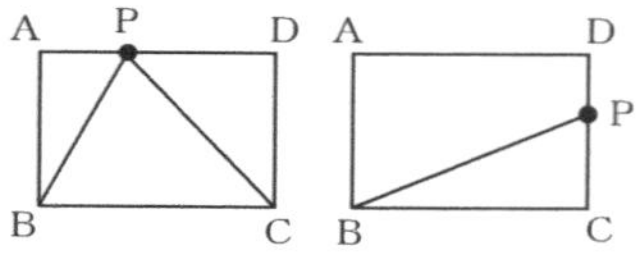

点Ｐが辺ＡＤ上にあるとき，三角形ＰＢＣの面積は，12×８÷２＝48（㎠）で一定の値になるので，24 ㎠になることはない。

点Ｐが辺ＣＤ上にあるとき，三角形ＰＢＣの面積が 24 ㎠になるのは，ＣＰ＝24×２÷12＝４（cm）になるときである。このとき，ＰはＡＤ＋ＤＰ＝12＋（８－４）＝16（cm）を進んだから，求める時間は，16÷２＝８（秒後）

⑷　【解き方】右のように作図し，記号をおく。

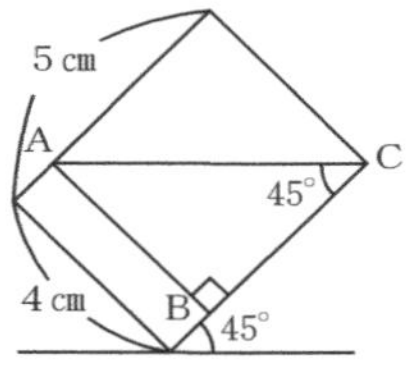

水面は地面と平行になるから，錯角《さっかく》が等しくなるため，角ＡＣＢ＝45°である。

三角形ＡＢＣは直角二等辺三角形になるから，ＢＣ＝ＡＢ＝２＋２＝４(cm)

こぼれた水の体積は，右図の直径がＡＢ，高さがＢＣの円柱の体積の半分に等しい。

求める体積は，２×２×3.14×４÷２＝25.12(cm³)

⑸　【解き方】２と３の最小公倍数は６だから，１から６までを調べ，周期の問題として考える。

６以下の数は１と５の２個であり，６の倍数になるまでに再び２個の数が現れる。50÷２＝25(番目)の６の倍数は，６×25＝150だから，150までに50個の数が並ぶ。よって，50番目は150－１＝149

$\boxed{4}$ **⑴①　【解き方】20％引きは100－20＝80(％)になる。**

割引券を利用すると大人１人は1200×0.80＝960(円)，こども１人は800×$\frac{1}{2}$＝400(円)になるから，

大人２人，こども３人が利用すると，960×２＋400×３＝3120(円)

②　【解き方】割り引かれる前の入館料の合計は，1200×２＋800×３＝4800(円)である。

団体割引で割り引かれた金額は，4800－3120＝1680(円)だから，入館料の合計の，1680÷4800×100＝35(％)にあたる。よって，団体割引は35％引きである。

⑵　【解き方】科学館の大人１人の割引前と割引後の入館料の比は100：80＝５：４，こども１人の割引前と割引後の入館料の比は２：１だから，科学館の大人１人の入館料を⑤，こども１人の入館料を$\boxed{2}$とする。

⑤×１＋$\boxed{2}$×２＝⑤＋$\boxed{4}$が2590円，④×２＋$\boxed{1}$×３＝⑧＋$\boxed{3}$が3090円になる。

(⑤＋$\boxed{4}$)×８＝㊵＋$\boxed{32}$で2590×８＝20720(円)，(⑧＋$\boxed{3}$)×５＝㊵＋$\boxed{15}$で3090×５＝15450(円)になるから，

$\boxed{32}$－$\boxed{15}$＝$\boxed{17}$は，20720－15450＝5270(円)にあたる。

よって，科学館のこども１人の入館料は，$\boxed{2}$＝5270×$\frac{2}{17}$＝620(円)

$\boxed{5}$ **⑴　【解き方】点Ｑの方が速いので，点Ｐが点Ｑの前を進んでいると考える。**

出発するとき点Ｐは点Ｑの240÷２＝120(cm)前にいる。出発すると，点Ｑは点Ｐに１秒あたり５－２＝３(cm)近づくから，20秒後の点Ｐと点Ｑの間の長さは，120－３×20＝60(cm)

⑵　【解き方】⑴をふまえて，追い越し算で解く。

点Ｑが，120 cm離《はな》れた点Ｐに追いつくのは，120÷３＝40(秒後)

⑶　【解き方】２点ＰとＱが初めて同じ位置になる点と，それ以降に同じ位置になる点を調べる。

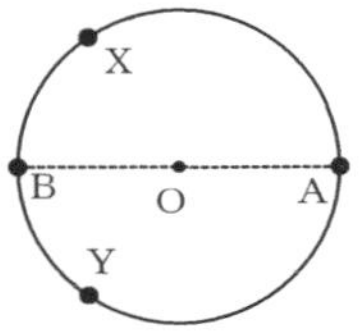

初めて同じ位置になるのは，点Ｐが２×40＝80(cm)進んだ地点である。この点をＸとする。

次に同じ位置になるのは，240÷３＝80(秒後)だから，２回目に同じ位置になるのは，

点Ｐが点Ｘから２×80＝160(cm)進んだ地点である。この地点は点Ａになる。

それ以降は点Ｐが160 cm進むたびに２点は同じ位置になるから，３回目に同じ位置になるのは，右図の点Ｙになる。したがって，同じ位置になる点は，Ｘ→Ａ→Ｙ→Ｘ→Ａ→Ｙ→…と変わっていく。2022÷３＝674余り０だから，2022回目の同じ位置はＹ地点である。

この点をＤとしたときのＡからＤまでの図３の太線部分の長さは，160 cmである。

■ ご使用にあたってのお願い・ご注意

（１）問題文等の非掲載

著作権上の都合により，問題文や図表などの一部を掲載できない場合があります。
誠に申し訳ございませんが，ご了承くださいますようお願いいたします。

（２）過去問における時事性

過去問題集は，学習指導要領の改訂や社会状況の変化，新たな発見などにより，現在とは異なる表記や解説になっている場合があります。過去問の特性上，出題当時のままで出版していますので，あらかじめご了承ください。

（３）配点

学校等から配点が公表されている場合は，記載しています。公表されていない場合は，記載していません。
独自の予想配点は，出題者の意図と異なる場合があり，お客様が学習するうえで誤った判断をしてしまう恐れがあるため記載していません。

（４）無断複製等の禁止

購入された個人のお客様が，ご家庭でご自身またはご家族の学習のためにコピーをすることは可能ですが，それ以外の目的でコピー，スキャン，転載（ブログ，ＳＮＳなどでの公開を含みます）などをすることは法律により禁止されています。学校や学習塾などで，児童生徒のためにコピーをして使用することも法律により禁止されています。
ご不明な点や，違法な疑いのある行為を確認された場合は，弊社までご連絡ください。

（５）けがに注意

この問題集は針を外して使用します。針を外すときは，けがをしないように注意してください。また，表紙カバーや問題用紙の端で手指を傷つけないように十分注意してください。

（６）正誤

制作には万全を期しておりますが，万が一誤りなどがございましたら，弊社までご連絡ください。
なお，誤りが判明した場合は，弊社ウェブサイトの「ご購入者様のページ」に掲載しておりますので，そちらもご確認ください。

■ お問い合わせ

解答例，解説，印刷，製本など，問題集発行におけるすべての責任は弊社にあります。

ご不明な点がございましたら，弊社ウェブサイトの「お問い合わせ」フォームよりご連絡ください。迅速に対応いたしますが，営業日の都合で回答に数日を要する場合があります。

ご入力いただいたメールアドレス宛に自動返信メールをお送りしています。自動返信メールが届かない場合は，「よくある質問」の「メールの問い合わせに対し返信がありません。」の項目をご確認ください。

また弊社営業日（平日）は，午前９時から午後５時まで，電話でのお問い合わせも受け付けています。

2025 春

株式会社教英出版
〒422-8054　静岡県静岡市駿河区南安倍３丁目 12-28
TEL　054-288-2131　　FAX　054-288-2133
URL　https://kyoei-syuppan.net/
MAIL　siteform@kyoei-syuppan.net

教英出版　2025年春受験用　中学入試問題集

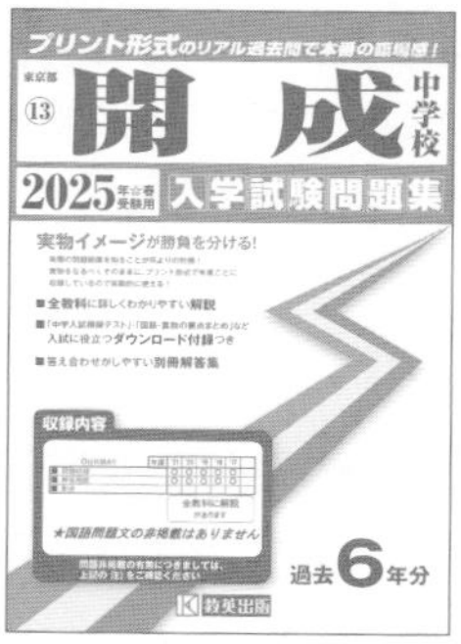

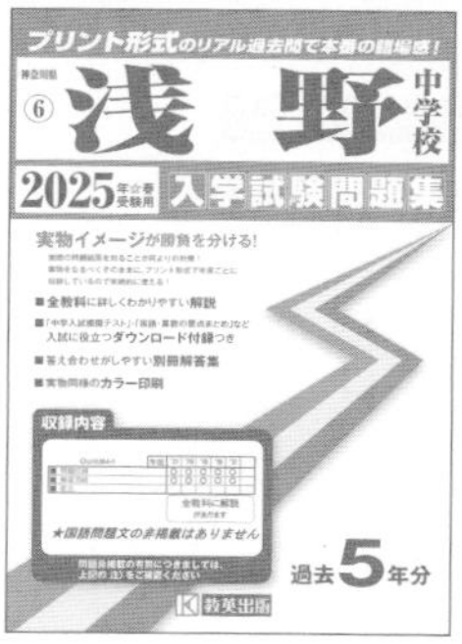

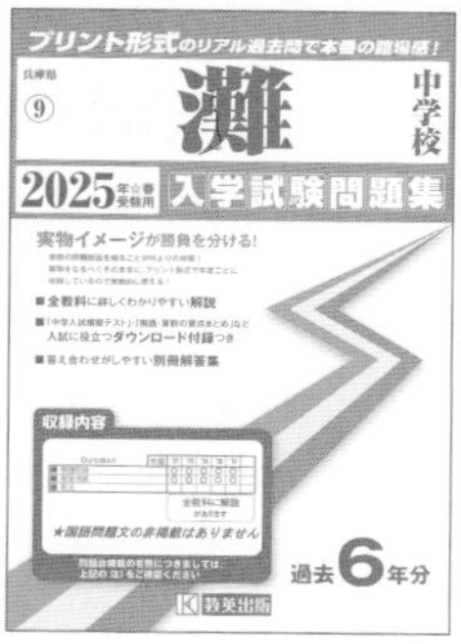

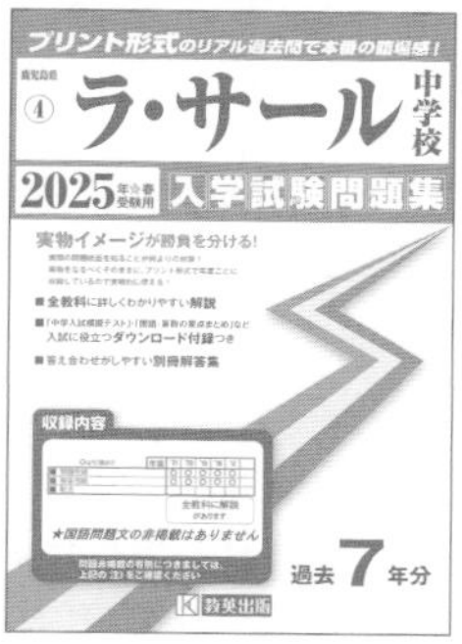

学校別問題集

✿はカラー問題対応

北海道

①[市立]札幌開成中等教育学校
②藤女子中学校
③北嶺中学校
④北星学園女子中学校
⑤札幌大谷中学校
⑥札幌光星中学校
⑦立命館慶祥中学校
⑧函館ラ・サール中学校

青森県

①[県立]三本木高等学校附属中学校

岩手県

①[県立]一関第一高等学校附属中学校

宮城県

①[県立]宮城県古川黎明中学校
②[県立]宮城県仙台二華中学校
③[市立]仙台青陵中等教育学校
④東北学院中学校
⑤仙台白百合学園中学校
⑥聖ウルスラ学院英智中学校
⑦宮城学院中学校
⑧秀光中学校
⑨古川学園中学校

秋田県

①[県立]
- 大館国際情報学院中学校
- 秋田南高等学校中等部
- 横手清陵学院中学校

山形県

①[県立]
- 東桜学館中学校
- 致道館中学校

福島県

①[県立]
- 会津学鳳中学校
- ふたば未来学園中学校

茨城県

①[県立]
- 日立第一高等学校附属中学校
- 太田第一高等学校附属中学校
- 水戸第一高等学校附属中学校
- 鉾田第一高等学校附属中学校
- 鹿島高等学校附属中学校
- 土浦第一高等学校附属中学校
- 竜ヶ崎第一高等学校附属中学校
- 下館第一高等学校附属中学校
- 下妻第一高等学校附属中学校
- 水海道第一高等学校附属中学校
- 勝田中等教育学校
- 並木中等教育学校
- 古河中等教育学校

栃木県

①[県立]
- 宇都宮東高等学校附属中学校
- 佐野高等学校附属中学校
- 矢板東高等学校附属中学校

群馬県

①
- [県立]中央中等教育学校
- [市立]四ツ葉学園中等教育学校
- [市立]太田中学校

埼玉県

①[県立]伊奈学園中学校
②[市立]浦和中学校
③[市立]大宮国際中等教育学校
④[市立]川口市立高等学校附属中学校

千葉県

①[県立]
- 千葉中学校
- 東葛飾中学校

②[市立]稲毛国際中等教育学校

東京都

①[国立]筑波大学附属駒場中学校
②[都立]白鷗高等学校附属中学校
③[都立]桜修館中等教育学校
④[都立]小石川中等教育学校
⑤[都立]両国高等学校附属中学校
⑥[都立]立川国際中等教育学校
⑦[都立]武蔵高等学校附属中学校
⑧[都立]大泉高等学校附属中学校
⑨[都立]富士高等学校附属中学校
⑩[都立]三鷹中等教育学校
⑪[都立]南多摩中等教育学校
⑫[区立]九段中等教育学校
⑬開成中学校
⑭麻布中学校
⑮桜蔭中学校
⑯女子学院中学校
✿⑰豊島岡女子学園中学校
⑱東京都市大学等々力中学校
⑲世田谷学園中学校
✿⑳広尾学園中学校（第2回）
✿㉑広尾学園中学校（医進・サイエンス回）
㉒渋谷教育学園渋谷中学校（第1回）
㉓渋谷教育学園渋谷中学校（第2回）
㉔東京農業大学第一高等学校中等部（2月1日 午後）
㉕東京農業大学第一高等学校中等部（2月2日 午後）

神奈川県

①[県立]相模原中等教育学校
　　　平塚中等教育学校
②[市立]南高等学校附属中学校
③[市立]横浜サイエンスフロンティア高等学校附属中学校
④[市立]川崎高等学校附属中学校
✿⑤聖光学院中学校
✿⑥浅野中学校
⑦洗足学園中学校
⑧法政大学第二中学校
⑨逗子開成中学校（1次）
⑩逗子開成中学校（2·3次）
⑪神奈川大学附属中学校（第1回）
⑫神奈川大学附属中学校（第2·3回）
⑬栄光学園中学校
⑭フェリス女学院中学校

新潟県

①[県立]村上中等教育学校
　　　柏崎翔洋中等教育学校
　　　燕中等教育学校
　　　津南中等教育学校
　　　直江津中等教育学校
　　　佐渡中等教育学校
②[市立]高志中等教育学校
③新潟第一中学校
④新潟明訓中学校

石川県

①[県立]金沢錦丘中学校
②星稜中学校

福井県

①[県立]高志中学校

山梨県

①山梨英和中学校
②山梨学院中学校
③駿台甲府中学校

長野県

①[県立]屋代高等学校附属中学校
　　　諏訪清陵高等学校附属中学校
②[市立]長野中学校

岐阜県

①岐阜東中学校
②鶯谷中学校
③岐阜聖徳学園大学附属中学校

静岡県

①[国立]静岡大学教育学部附属中学校
　　　（静岡·島田·浜松）
②[県立]清水南高等学校中等部
　[県立]浜松西高等学校中等部
　[市立]沼津高等学校中等部
③不二聖心女子学院中学校
④日本大学三島中学校
⑤加藤学園暁秀中学校
⑥星陵中学校
⑦東海大学付属静岡翔洋高等学校中等部
⑧静岡サレジオ中学校
⑨静岡英和女学院中学校
⑩静岡雙葉中学校
⑪静岡聖光学院中学校
⑫静岡学園中学校
⑬静岡大成中学校
⑭城南静岡中学校
⑮静岡北中学校
⑯常葉大学附属常葉中学校
　常葉大学附属橘中学校
　常葉大学附属菊川中学校
⑰藤枝明誠中学校
⑱浜松開誠館中学校
⑲静岡県西遠女子学園中学校
⑳浜松日体中学校
㉑浜松学芸中学校

愛知県

①[国立]愛知教育大学附属名古屋中学校
②愛知淑徳中学校
③名古屋経済大学市邨中学校
　名古屋経済大学高蔵中学校
④金城学院中学校
⑤椙山女学園中学校
⑥東海中学校
⑦南山中学校男子部
⑧南山中学校女子部
⑨聖霊中学校
⑩滝中学校
⑪名古屋中学校
⑫大成中学校
⑬愛知中学校
⑭星城中学校
⑮名古屋葵大学中学校
　（名古屋女子大学中学校）
⑯愛知工業大学名電中学校
⑰海陽中等教育学校（特別給費生）
⑱海陽中等教育学校（I·II）
⑲中部大学春日丘中学校
新刊⑳名古屋国際中学校

三重県

①[国立]三重大学教育学部附属中学校
②暁中学校
③海星中学校
④四日市メリノール学院中学校
⑤高田中学校
⑥セントヨゼフ女子学園中学校
⑦三重中学校
⑧皇學館中学校
⑨鈴鹿中等教育学校
⑩津田学園中学校

滋賀県

①[国立]滋賀大学教育学部附属中学校
②[県立]河瀬中学校
　　　守山中学校
　　　水口東中学校

京都府

①[国立]京都教育大学附属桃山中学校
②[府立]洛北高等学校附属中学校
③[府立]園部高等学校附属中学校
④[府立]福知山高等学校附属中学校
⑤[府立]南陽高等学校附属中学校
⑥[市立]西京高等学校附属中学校
⑦同志社中学校
⑧洛星中学校
⑨洛南高等学校附属中学校
⑩立命館中学校
⑪同志社国際中学校
⑫同志社女子中学校（前期日程）
⑬同志社女子中学校（後期日程）

大阪府

①[国立]大阪教育大学附属天王寺中学校
②[国立]大阪教育大学附属平野中学校
③[国立]大阪教育大学附属池田中学校

④[府立]富田林中学校
⑤[府立]咲くやこの花中学校
⑥[府立]水都国際中学校
⑦清風中学校
⑧高槻中学校（A日程）
⑨高槻中学校（B日程）
⑩明星中学校
⑪大阪女学院中学校
⑫大谷中学校
⑬四天王寺中学校
⑭帝塚山学院中学校
⑮大阪国際中学校
⑯大阪桐蔭中学校
⑰開明中学校
⑱関西大学第一中学校
⑲近畿大学附属中学校
⑳金蘭千里中学校
㉑金光八尾中学校
㉒清風南海中学校
㉓帝塚山学院泉ヶ丘中学校
㉔同志社香里中学校
㉕初芝立命館中学校
㉖関西大学中等部
㉗大阪星光学院中学校

兵庫県

①[国立]神戸大学附属中等教育学校
②[県立]兵庫県立大学附属中学校
③雲雀丘学園中学校
④関西学院中学部
⑤神戸女学院中学部
⑥甲陽学院中学校
⑦甲南中学校
⑧甲南女子中学校
⑨灘中学校
⑩親和中学校
⑪神戸海星女子学院中学校
⑫滝川中学校
⑬啓明学院中学校
⑭三田学園中学校
⑮淳心学院中学校
⑯仁川学院中学校
⑰六甲学院中学校
⑱須磨学園中学校（第1回入試）
⑲須磨学園中学校（第2回入試）
⑳須磨学園中学校（第3回入試）
㉑白陵中学校
㉒夙川中学校

奈良県

①[国立]奈良女子大学附属中等教育学校
②[国立]奈良教育大学附属中学校
③[県立]国際中学校
青翔中学校
④[市立]一条高等学校附属中学校
⑤帝塚山中学校
⑥東大寺学園中学校
⑦奈良学園中学校
⑧西大和学園中学校

和歌山県

①[県立]古佐田丘中学校
向陽中学校
桐蔭中学校
日高高等学校附属中学校
田辺中学校
②智辯学園和歌山中学校
③近畿大学附属和歌山中学校
④開智中学校

岡山県

①[県立]岡山操山中学校
②[県立]倉敷天城中学校
③[県立]岡山大安寺中等教育学校
④[県立]津山中学校
⑤岡山中学校
⑥清心中学校
⑦岡山白陵中学校
⑧金光学園中学校
⑨就実中学校
⑩岡山理科大学附属中学校
⑪山陽学園中学校

広島県

①[国立]広島大学附属中学校
②[国立]広島大学附属福山中学校
③[県立]広島中学校
④[県立]三次中学校
⑤[県立]広島叡智学園中学校
⑥[市立]広島中等教育学校
⑦[市立]福山中学校
⑧広島学院中学校
⑨広島女学院中学校
⑩修道中学校
⑪崇徳中学校
⑫比治山女子中学校
⑬福山暁の星女子中学校
⑭安田女子中学校
⑮広島なぎさ中学校
⑯広島城北中学校
⑰近畿大学附属広島中学校福山校
⑱盈進中学校
⑲如水館中学校
⑳ノートルダム清心中学校
㉑銀河学院中学校
㉒近畿大学附属広島中学校東広島校
㉓AICJ中学校
㉔広島国際学院中学校
㉕広島修道大学ひろしま協創中学校

山口県

①[県立]下関中等教育学校
高森みどり中学校
②野田学園中学校

徳島県

①[県立]富岡東中学校
川島中学校
城ノ内中等教育学校
②徳島文理中学校

香川県

①大手前丸亀中学校
②香川誠陵中学校

愛媛県

①[県立]今治東中等教育学校
松山西中等教育学校
②愛光中学校
③済美平成中等教育学校
④新田青雲中等教育学校

高知県

①[県立]安芸中学校
高知国際中学校
中村中学校

福岡県

①[国立] 福岡教育大学附属中学校（福岡·小倉·久留米）

②[県立]
- 育徳館中学校
- 門司学園中学校
- 宗像中学校
- 嘉穂高等学校附属中学校
- 輝翔館中等教育学校

③西南学院中学校
④上智福岡中学校
⑤福岡女学院中学校
⑥福岡雙葉中学校
⑦照曜館中学校
⑧筑紫女学園中学校
⑨敬愛中学校
⑩久留米大学附設中学校
⑪飯塚日新館中学校
⑫明治学園中学校
⑬小倉日新館中学校
⑭久留米信愛中学校
⑮中村学園女子中学校
⑯福岡大学附属大濠中学校
⑰筑陽学園中学校
⑱九州国際大学付属中学校
⑲博多女子中学校
⑳東福岡自彊館中学校
㉑八女学院中学校

佐賀県

①[県立]
- 香楠中学校
- 致遠館中学校
- 唐津東中学校
- 武雄青陵中学校

②弘学館中学校
③東明館中学校
④佐賀清和中学校
⑤成穎中学校
⑥早稲田佐賀中学校

長崎県

①[県立]
- 長崎東中学校
- 佐世保北中学校
- 諫早高等学校附属中学校

②青雲中学校
③長崎南山中学校
④長崎日本大学中学校
⑤海星中学校

熊本県

①[県立]
- 玉名高等学校附属中学校
- 宇土中学校
- 八代中学校

②真和中学校
③九州学院中学校
④ルーテル学院中学校
⑤熊本信愛女学院中学校
⑥熊本マリスト学園中学校
⑦熊本学園大学付属中学校

大分県

①[県立]大分豊府中学校
②岩田中学校

宮崎県

①[県立]五ヶ瀬中等教育学校

②[県立]
- 宮崎西高等学校附属中学校
- 都城泉ヶ丘高等学校附属中学校

③宮崎日本大学中学校
④日向学院中学校
⑤宮崎第一中学校

鹿児島県

①[県立]楠隼中学校
②[市立]鹿児島玉龍中学校
③鹿児島修学館中学校
④ラ・サール中学校
⑤志學館中等部

沖縄県

①[県立]
- 与勝緑が丘中学校
- 開邦中学校
- 球陽中学校
- 名護高等学校附属桜中学校

もっと過去問シリーズ

北海道

北嶺中学校
7年分（算数・理科・社会）

静岡県

静岡大学教育学部附属中学校
（静岡·島田·浜松）
10年分（算数）

愛知県

愛知淑徳中学校
7年分（算数・理科・社会）
東海中学校
7年分（算数・理科・社会）
南山中学校男子部
7年分（算数・理科・社会）
南山中学校女子部
7年分（算数・理科・社会）
滝中学校
7年分（算数・理科・社会）
名古屋中学校
7年分（算数・理科・社会）

岡山県

岡山白陵中学校
7年分（算数・理科）

広島県

広島大学附属中学校
7年分（算数・理科・社会）
広島大学附属福山中学校
7年分（算数・理科・社会）
広島学院中学校
7年分（算数・理科・社会）
広島女学院中学校
7年分（算数・理科・社会）
修道中学校
7年分（算数・理科・社会）
ノートルダム清心中学校
7年分（算数・理科・社会）

愛媛県

愛光中学校
7年分（算数・理科・社会）

福岡県

福岡教育大学附属中学校
（福岡·小倉·久留米）
7年分（算数・理科・社会）
西南学院中学校
7年分（算数・理科・社会）
久留米大学附設中学校
7年分（算数・理科・社会）
福岡大学附属大濠中学校
7年分（算数・理科・社会）

佐賀県

早稲田佐賀中学校
7年分（算数・理科・社会）

長崎県

青雲中学校
7年分（算数・理科・社会）

鹿児島県

ラ·サール中学校
7年分（算数・理科・社会）

※もっと過去問シリーズは国語の収録はありません。

教英出版
〒422-8054
静岡県静岡市駿河区南安倍3丁目12－28
TEL 054-288-2131
FAX 054-288-2133
詳しくは教英出版で検索
教英出版 検索
URL https://kyoei-syuppan.net/

専　願

2024
1

国語

（試験時間　五〇分）　※百点満点・解答用紙・配点非公表

注　意

一．開始の合図があるまでこの冊子《さっし》を開いてはいけません。

二．この冊子は一ページから十八ページまであります。解答用紙は中にはさんであります。

三．開始の合図があったら、問題冊子の表紙、解答用紙に受験番号および氏名を記入しなさい。

四．解答はすべて解答用紙に記入しなさい。解答を書き直す場合は、前に書いたものをきれいに消してから書き直しなさい。

五．最後に作文の問題があります。

六．終了《しゅうりょう》の合図があったら、ただちに筆記用具を置いて、指示に従《したが》いなさい。

受験番号						氏名	

2024(R6) 駿台甲府中　専願
教英出版

駿台甲府中学校

一　次の①～⑩の傍《ぼう》線のついた漢字をひらがなに、カタカナを漢字に直しなさい。

①彼は早くから外科医をめざす志をかためています。

②話し合いの場を設けることにします。

③本校の生徒が年老いた男性の手を引いて歩いていました。

④授業中に手鏡ばかり見ていてはいけません。

⑤木の幹にむらがる虫たち。

⑥生命ホケンに加入しています。

⑦スイセイのペンを使っています。

⑧遠洋までコウカイに出ています。

⑨キュリーフジンの伝記を読みました。

⑩名前を書いたフダを作ります。

二　次の文章を読み、後の問いに答えなさい。

中学一年生の井嶋杏里《いじまあんり》は、転校先の学校で美穂《みほ》・久邦《ひさくに》（ヒサ）・一真《かずま》（カズ）と仲良くなる。なかでも一真とは「絵のモデルになってほしい」と依頼されたのをきっかけに、急速に親密になっていく。ある日、休日に四人でいたところ、杏里の何気ない発言から美穂は急に態度を変え、杏里を一方的に非難した末に、その場から逃げてしまう。その後久邦から「美穂はずっと一真のことが好きだったこと」「美穂が小学校の時にクラスの女子から無視されていたこと」を聞く。翌日、母から祖母の看病を任されているときに、美穂から電話がかかってくる。

「美穂ちゃん」

受話器を強く握《にぎ》りしめる。耳に押《お》し当てる。

「今、ひま?」

美穂の声はいつもより少しだけ低いようだ。

「あ、うん、ひまだよ」

答える。ちょっとの間、ほんの一秒か二秒の沈黙《ちんもく》の後、美穂は、

「杏里さ、今、出てこられる?」

と、聞いてきた。杏里は顔を上げ、祖母《そぼ》が眠《ねむ》っている部屋に目をやった。そこは和室の六畳《じょう》間でふすまがぴたりと閉《し》まっている。ウグイスが白梅の枝《えだ》に止まっている絵が描《えが》かれていた。それまで住んでいたマンションにはふすまも障子《しょうじ》もなかったから、最初、その和風の建具《たてぐ》がとても珍《めずら》しく、何度も開け閉めしていて、**ア**祖母に笑われてしまった。梅は祖母の大好きな花なのだそうだ。

「控《ひか》え目だけれどきれいな花だろう。昔から好きでねえ。菊枝《きくえ》より梅子《うめこ》って名前にしてほしかったぐらいさ」

祖母は歳《とし》をとっても、色の白いきれいな肌《はだ》をしていた。それが白梅の花弁《かべん》みたいに思えたから、杏里は思ったままを口にした。

「そう言えば、おばあちゃん、梅の花みたいだよね」

祖母は目を見張り、頬《ほお》をほのかに染《そ》めた。それから、にっと笑った。少女みたいな笑い方だった。

「まぁ、杏里、ありがとうね。とっても嬉《うれ》しいよ」

今、祖母はふすまの向こうで床《とこ》についている。今朝から微熱《びねつ》があって、身体がだるいらしく、うつらうつらと眠っている。

おばあちゃん、今、眠ってるの。目を覚ましたら、薬を飲むように言ってくれる？

母の加奈子の言葉がよみがえってくる。

「美穂ちゃん、ごめん。今はちょっと……」

「あっ、やっぱ無理か」

美穂の声がぽんと軽く、高くなる。

「だよね。杏里だって忙《いそが》しいもんねっ。へへっ。ごめん、ごめん」

「美穂ちゃん、あの……」

「いいの、いいの。ぜーんぜんかまわないの。近くに来たから、杏里、いるかなって思って連絡《れんらく》しただけ。どーってことないの」

「近くにいるの？」

「え？　あ、うん。まあね。ここらへんに用事があったんだ。それが早く終わっちゃったから、時間、あまってさ。はは、まさに想定外でございました。あれ、ちょっと古いか。時代についていけてないね、あたし。ちょっと、かなり、ちょうヤバイかも。だから、えっと、ほら時間つぶし。そう、時間つぶしに電話しただけだから。はは、ごめんね。また、連絡するよ」

イ嘘《うそ》だ。美穂は嘘をついている。やたらY饒舌《じょうぜつ》な口調でわかる。美穂は心にないことを口にするとき、とてもおしゃべりになるのだ。用事なんてなかったはずだ。美穂は杏里に会おうとして、わざわざ、やってきたのだ。この近くで、携帯《けいたい》電話を使っているにちがいない。目を閉じると、携帯電話を耳にあて、一人佇《たたず》んでいる美穂の姿《すがた》が浮《う》かんできた。とても淋《さび》しそうだった。

とても弱々しくて、寒そうだった。ぽんと背中《せなか》を押したら、そのままへなへなと崩《くず》れてしまいそうだった。

「美穂ちゃん、あのね」

「ほんと、ほんと、どーってことないから。また、ガッコで会おうね。あたしもこれから、やらなくちゃいけないこととか、あるんだ。今、思い出した。宿題とか、やってないし、やばい、マジ、やばいっす。じゃあね、杏里」

「行けるよ」

受話器をさらに強く握る。指に力を込《こ》める。

「今から行くから。美穂ちゃん、どこにいるの」

美穂の息遣《いきづか》いが聞こえた。風の音も聞こえる。風に揺《ゆ》れる木々の枝の音だ。

「……いいの？」

ウ美穂の声音《こわね》がまた、すっと低くなる。さっきまでの陽気な調子はかげをひそめ、重く湿《しめ》った感じになる。この電話をかけてくるまで、美穂はどれほど迷ったのだろう。どれほど考えて、どれほど悩《なや》んだのだろう。杏里にはわからない。でも、迷って、考えて、悩んだすえに電話をかけてきてくれた。それだけは、確かだ。

「杏里、あたし……杏里に話したいこと、あるんだ」

「うん」

「杏里の家に行こうかとも思ったんだけど……でも、あたし、他人の家って苦手で、何かキンチョーしちゃって、上手《うま》くしゃべれなくなって……外の方がちゃんと話せるんだ」

美穂は杏里に、ちゃんと話そうとしている。ちゃんと話したいと思っているのだ。

「行くよ。美穂ちゃん、どこにいるの」

「水鳥《みずとり》公園」

（中略《ちゅうりゃく》）

「けど、杏里、ほんとうにいいの。出てこられる?」

「うん。すぐに行くから、待ってて」

「……待ってる」

美穂がほっと息を吐いた。その気配が伝わる。受話器を置いてから、祖母の部屋をそっとのぞいてみる。規則正しい寝息《ねいき》が聞こえた。ぐっすり寝入っているようだ。少しの時間ならだいじょうぶかな。ふすまを閉める。母に外出を伝えようかとも思ったけれど、仕事のじゃまになるだろうと、思いとどまった。エ二、三十分ならだいじょうぶ。すぐに帰ってくればだいじょうぶ。自分に言い聞かせて、杏里はそっと家をぬけ出した。水鳥公園までは自転車を全速力でこげば五分もかからない。門近くの駐輪場《ちゅうりんじょう》に自転車をつっこむと、杏里は翡翠《ひすい》池まで走った。美穂が池に向かってパンくずを投げていた。もう冬鳥はいなかったが、アヒルやカモたちが賑《にぎ》やかに鳴きながら群がっている。

「美穂ちゃん」

声をかけると美穂は黙《だま》って、パンくずを差し出した。杏里も黙って受け取り、水鳥たちに投げる。鳴き声がひときわ、騒《さわ》がしくなる。

「なんか、おもしろいよね。鳥にもいろんなやつがいてさ」

美穂がぽつりと言った。杏里はパンを投げながらうなずく。

「うん。そうだね。図々しいのや、おとなしいのや」

「意地悪なのや、欲張《よくば》りなのや、優《やさ》しいのや、弱いのや」

「調子のいいのや、要領《ようりょう》の悪いのや、強引《ごういん》なのや」

「人生いろいろ、鳥の性格もいろいろ、なんだ」

美穂と目が合う。同時にくすりと笑った。笑いをひっこめ、美穂が前を向く。

「ヒサが電話してきた。杏里に全部、しゃべっちまったぞって」

「うん」

「あいつ、けっこうシャベリだけど、口の堅《かた》いところもあるんだ。誰《だれ》にでもべらべらしゃべるキャラじゃないんだよね。そのヒサがさ、『井嶋にはちゃんとしゃべってもいいなって思ったから、全部、しゃべっちまったぞ』って……謝《あやま》るのかと思ったら、おれ、間違《まちが》ってないと思うって、へんにいばってんの」

「うん」

「おせっかいの大バカって怒鳴《どな》ってやったけどさ……なんか、やっぱ、そうかなって……杏里にだったら、全部、しゃべっちゃってもいいかなって……ううん、どっちかつーと、ぜーんぶ聞いてもらいたいかなって……そう思った」

「うん」

美穂がパンのかけらを投げる。ゆるい弧《こ》を描いて飛んだそれを一羽のアヒルが水面すれすれで捕《と》らえた。

「杏里、あたし、カズのことが好き。ずっと、好きだった」

「うん」

「でも、カズはあたしのこと、気の合うおさななじみとしか思ってないんだ。あたしが、どのくらいカズのこと好きなのか、考えたこと、ないんだと思う。カズは……カズはたぶん、杏里のことが好きなんだよ。最初に出会ったときから、好きだったんだよ」

美穂がこくりと息を飲みこんだ。力いっぱい、パンくずを放った。数羽《すうわ》が追いかけて、素早《すばや》く動く。

「あたし、ショックで寂《さび》しくて、辛《つら》くて……杏里が憎《にく》いって思ったこともある……。また、転校しちゃえって思ったりして……けど、ヒサから電話があって、杏里に全部知られたって思って、そしたら、そしたらさ」

美穂が杏里に顔を向けた。まっすぐな眼差《まなざ》しがぶつかってくる。

「そしたら、急にすっきりした気分になってたんだ。どうしてだろうって、自分でもびっくりしちゃった。びっくりなんだけどすっきりなんだ。あたし、それで……わかったんだ。あのさ、あたし、杏里のこと好きなんだよ。カズも好きだけど、友だちとしてさ、杏里のこととっても好きで、だから……だから、杏里がいなくなったら、友だちでなくなったら、ものすごく辛いって、思った。もしかしたら、カズに嫌《きら》われちゃうより辛いかもしれないなって……。あたし、杏里を失いたくないんだよ」

「美穂ちゃん」

美穂がパンのふくろを放し、杏里に抱《だ》きついてきた。

「杏里は、あたしにとって一番たいせつな友だちなんだ。杏里がいてくれたから、ガッコが楽しかった。毎日が楽しかった。杏里が友だちでなくなったら、あたし、困《こま》っちゃうよ。どうしていいかわかんなくなっちゃう。たいせつな友だちなんだよ」

「美穂ちゃん」

杏里は力いっぱい美穂を抱きしめた。嬉しかった。美穂の言葉が嬉しくてたまらなかった。美穂ちゃん、ありがとう、ありがとう。心を伝えてくれて、ありがとう。本気で告げてくれてありがとう。あたしも大好きだよ、美穂ちゃん。心がふわりと温かくなる。涙《なみだ》がほんの少しにじんだ。風の向きがかわる。救急車のサイレンが聞こえた。猛《もう》スピードで公園の前を過ぎていったようだ。杏里の家の方向だった。祖母の顔が過ぎる。え、まさか。**カ**胸《むね》の中で、心臓《しんぞう》が激しく鼓動《こどう》を刻《きざ》んだ。

（あさのあつこ『一年四組の窓から』光文社文庫より。出題にあたり省略《しょうりゃく》や表記を改めた部分があります。）

問一　文章中の二重傍《ぼう》線部**X**「目を見張り（目を見張る）」、**Y**「饒舌《じょうぜつ》」の言葉の意味として最も適切《てきせつ》なものを、次の**あ**～**え**の中からそれぞれ一つ選び、記号で答えなさい。

X　「目を見張る」

あ　不意を突かれるなどして、視点《してん》が定まらず揺《ゆ》れ動く。

い　とても驚《おどろ》いたり、感心したりして目を大きく見開く。

う　目にしたものに強く心を奪《うば》われて、判断力《はんだんりょく》がなくなる。

え　うれしさや目にするものの愛らしさに微笑《ほほえ》みを浮かべる。

Y　「饒舌」

あ　とてもよくしゃべること。

い　口数が非常《ひじょう》に少ないこと。

う　言葉巧《たく》みに人をだますこと。

え　人をばかにした態度《たいど》をとること。

問二　傍線部**ア**「祖母《そぼ》に笑われてしまった」とありますが、祖母はなぜ笑ったと考えられますか。最も適切なものを次の**あ**～**え**の中から一つ選び、記号で答えなさい。

あ　建具をくり返し開け閉めする孫の無邪気《むじゃき》な様子をかわいらしく思ったから。

い　和室の建具も見たことのない現代っ子の孫を馬鹿にし、無知だと思ったから。

う　自身の好きな梅の花を孫も気に入ってくれたことをとてもうれしく思ったから。

え　孫のはしゃぐ姿を見たことで自身の少女時代を思い出し、なつかしく思ったから。

問三　傍線部**イ**「嘘《うそ》」とありますが、杏里は何を嘘だと考えたのですか。本文中から「～ということ。」につながる形で二つ探し、十二字と十三字でそれぞれ書き抜《ぬ》きなさい。

問四　傍線部**ウ**「美穂の声音《こわね》がまた、すっと低くなる」とありますが、このときの美穂の心情の説明として最も適切なものを次の**あ**～**え**の中から一つ選び、記号で答えなさい。

あ　プレッシャーを感じさせまいとして声音を変え、杏里に配慮《はいりょ》していた。

い　ためらいながらも杏里の言葉をきっかけに、心の内を話す覚悟《かくご》を決めた。

う　杏里が一度会うのを断《ことわ》ったことに対して苛立《いらだ》ちを覚え、不機嫌《ふきげん》になった。

え　杏里にどうしても公園に来てほしいため、脇目《わきめ》もふらず必死になっていた。

問五　傍線部**エ**「二、三十分ならだいじょうぶ。すぐに帰ってくればだいじょうぶ」とありますが、どのようなことを「だいじょうぶ」だと考えていますか。最も適切なものを次の**あ**～**え**の中から一つ選び、記号で答えなさい。

あ　外出を禁《きん》じられているのに、こっそり家から抜け出《だ》すこと。

い　祖母の看病をするため、美穂をしばらくの間待たせること。

う　母の仕事の手伝いをするのに、少しばかり遅《おく》れてしまうこと。

え　母に任《まか》された祖母の看病《かんびょう》を一時的に中断《ちゅうだん》し、でかけること。

問六　傍線部**オ**「急にすっきりした気分になってたんだ」とありますが、美穂がこのように感じたのはなぜですか。最も適切なものを次の**あ**～**え**の中から一つ選び、記号で答えなさい。

あ　カズをめぐって杏里とは深く対立するまでになっていたが、ヒサに杏里との間に入ってもらったことがきっかけで、自分自身の心の弱い部分に気づき、精神《せいしん》的に成長することができたから。

い　杏里もカズのことが好きなことが受け入れられず、杏里を拒絶《きょぜつ》していたが、ヒサに勝手に全部話されたことがきっかけで、あらゆる人間関係がわずらわしく感じ、どうでもよくなったから。

う　人間関係のもつれから一時は友人である杏里を憎らしく思うまでになっていたが、ヒサの話で杏里に自身の想《おも》いを知られたことがきっかけで、杏里を大切に思う自分自身に気づき、気持ちに整理がついたから。

え　杏里とは理由もわからないまま疎遠《そえん》になっていたが、ヒサが仲を取り持ってくれたことがきっかけで、自分がカズを好きなことが原因《げんいん》だと気づき、杏里との仲を修復《しゅうふく》するためにカズのことを諦《あきら》めようと決意できたから。

問七　傍線部**カ**「胸《むね》の中で、心臓《しんぞう》が激しく鼓動《こどう》を刻《きざ》んだ」とありますが、杏里がこのように感じたのはなぜですか。「予想」という言葉を使って、二十五字以内で書きなさい。

三　次の文章を読み、後の問いに答えなさい。＊のついた言葉は後の〈注〉もよく読みなさい。

共感力は、人間同士《どうし》の信頼《しんらい》関係を構築《こうちく》するために、もしくは高めるために使われてきました。これによって社会の力は高まったのです。しかし、共感力の爆発《ばくはつ》は暴力《ぼうりょく》も生み出しました。特に集団《しゅうだん》間の暴力は、今、集団の結束力を高めるために使われています。敵《てき》をつくり出すことで結束力は高まる。それが、幸福につながるというア誤解《ごかい》が生じています。

どこかで制度《せいど》を改善《かいぜん》しないといけない。その際《さい》には、平等な社会という＊コンセプトだけではなく、「人間は一人一人違《ちが》う」を＊前提《ぜんてい》とした個性《こせい》と多様性《たようせい》を尊重《そんちょう》するコンセプトも取り入れていかないといけません。身体的、あるいは文化的な背景《はいけい》が違う人々が集まって平等な権利《けんり》を＊行使できる社会づくりをすべきです。

世界に再《ふたた》びグローバルな動きが広がったときに、重要になるのは、イ人と人とを結びつける接着剤をどうつくるかでしょう。宗教《しゅうきょう》も今は接着剤《せっちゃくざい》にならなくなりました。接着剤が失われたために、言い方を換《か》えれば、科学技術《ぎじゅつ》が人と人をつなぐ接着剤の役割《やくわり》を果たすどころか、バラバラにしてしまう方向に進んだために、＊一国主義《しゅぎ》が＊台頭しているのです。別の仕掛《しか》けをつくる必要があるのに、まだぼくたちはそれを手に入れていません。頭の中にさえ描けていないのかもしれません。早急《さっきゅう》にそれを考え出す必要があります。

今、日本でも欧米《おうべい》でも、西洋＊哲学《てつがく》と近代科学を唯一《ゆいいつ》のXよりどころとして文明を推《お》し進《すす》めてきたことを反省しようという動きが強まっています。早急にウ新たな発想を取り入れていかないと地球は崩壊《ほうかい》してしまう、と。西洋哲学は、主体性《しゅたいせい》をもっているのは人間だけであるというYスタンスです。近代科学にとって、環境《かんきょう》は人間が管理するものです。環境を変えることで人間に都合のよい世界をつくっていくことが大事であり、技術《ぎじゅつ》はそのためにあるという考えです。こうして主体と客体をはっきりと分け、自然を管理してきた結果、今日のような大規模《きぼ》な自然破壊《はかい》が起きました。プラネタリー・バウンダリーという言葉を聞いたことがあるでしょうか。これは、「地球の限界《げんかい》」ともいえるもので、「それを越《こ》えなければ人類は将来《しょうらい》も発展《はってん》と繁栄《はんえい》を続けられるが、越《こ》えると、急激《きゅうげき》な、[A]取り返しのつかない環境変化が生じる可能性《かのうせい》がある」境界のこと。今すでに九つの項目のうち四つが境界《きょうかい》を越えたとされています。

エこうした中で注目されているのが、東洋哲学の中にある「容中律《ようちゅうりつ》」（肯定《こうてい》でも否定《ひてい》でもなく、肯定でも否定でもある、とする論理《ろんり》）の＊概念《がいねん》なのです。これは0か1、その間を許《ゆる》さない西洋発の概念「排中《はいちゅう》律」（どのような命題も真か偽のいずれかであるとする論理）の逆を行くもので、わかりやすくいえば、オ両方の存在《そんざい》を許すことです。日本には、二十世紀《せいき》の前半から、西田幾多郎《きたろう》や和辻哲郎《わつじてつろう》ら、人間と自然を一体化して捉《とら》える学者が登場していました。ぼくの大師匠の＊今西さんも、人間以外の生物にも主体《しゅたい》性があり、環境と生物種は相互《そうご》に影響《えいきょう》を与《あた》え合って「生活の場」をつくっていると主張《しゅちょう》していました。

「移民《いみん》か、移民でないのか」「アメリカに利するものかそうでないか」「敵か味方か」「お前はどっちか」と迫るアメリカのトランプ大統領《だいとうりょう》の発想はまさに[1]律です。「どちらでもある」ということが言えれば世界は変わるのに、それができずに、世界は行《ゆ》き詰《づ》まりを見せています。だから、それを解決《かいけつ》する手段《しゅだん》として「[2]律」という哲学、科学のあり方が＊模《も》索《さく》されているのでしょう。

今、世界はとことん正解《せいかい》しか求めません。それが分断《ぶんだん》につながっています。世界は本来、「実は正解がいくつもある」というものに満ちています。たった一つの正解に至《いた》らなくても、決定的に不正解に陥《おちい》らなければ、戦争も起きないし、命も失われません。

考えてみれば、今のデジタル社会も、0か1かという発想でつくられています。その中間も、「どちらも」という考え方も許されません。それも排中律の概念に基づくもので、**B** デジタル空間には「間」がありません。「仲間なのか、仲間ではないのか」と迫《せま》るＳＮＳの世界がまさにそうでしょう。仲間でありつつ仲間でないという発想がなぜできないのか。どちらにも属するかもしれないし、どちらにも属さないかもしれないという「間」の発想が世間一般《いっぱん》に広がれば、**カ**もっといろいろなことが楽になるはずです。ネットワーク社会の特徴である点と点のつながりを、弱点ではなく利点として応用《おうよう》すればいいのです。

（山極寿一《やまぎわじゅいち》『スマホを捨てたい子どもたち』より。出題にあたり省略《しょうりゃく》や表記を改めた部分があります。）

〈注〉

＊コンセプト……全体をつらぬく、基本的な考え方。
＊前提……ある物事が成り立つためのもととなる条件。
＊行使……（権利や手段などを）実際に使うこと。
＊一国主義……他の国との協力よりも、自分の国の主張にもとづき行動することを重んじる国のあり方。
＊台頭……勢いを得て、進出してくること。
＊哲学……世界や人生などの問題の根本原理を追求する学問。
＊概念……物事を判断したり、とらえたりするためのまとまった考え方。
＊命題……判断の内容をことばで表したもの。
＊今西さん……今西錦司（1902–1992）。人類学者。日本の霊長類学の基礎を築いた。
＊模索……いろいろと試みながら、さがし求めること。

問一　文章中の二重傍《ぼう》線部**X**「よりどころ」、**Y**「スタンス」の言葉の意味として最も適切《てきせつ》なものを次の**あ**〜**え**の中からそれぞれ一つ選び、記号で答えなさい。

X　「よりどころ」

あ　支えとするところ。

い　途中で通るべきところ。

う　他より優れているところ。

え　多くのものが集まるところ。

Y　「スタンス」

あ　物事を考える上での基準。

い　物事に対する立場や態度。

う　考えが生み出される原点。

え　考えを形にするための様式。

問二　空欄《らん》［**A**］、［**B**］にあてはまる言葉を次の**あ**〜**え**の中からそれぞれ一つ選び、記号で答えなさい。

あ　しかし　　**い**　だから　　**う**　ただし　　**え**　あるいは

問三　空欄［**1**］、［**2**］にあてはまる二字の言葉を本文中よりそれぞれ書き抜《ぬ》きなさい。

問四　傍線部**ア**「誤解《ごかい》」とありますが、どのような点が誤《あやま》っていますか。最も適切なものを次の**あ**〜**え**の中から一つ選び、記号で答えなさい。

あ　共感力をおさえてでも暴力を生まないことが幸福につながると考えている点。

い　集団の結束力を壊《こわ》してでも暴力に訴《うった》えることが幸福につながると考えている点。

う　敵をつくってでも集団の結束力を高めることが幸福につながると考えている点。

え　皆《みな》が平等にならなくても社会の力を高めることが幸福につながると考えている点。

問五　傍線部**イ**「人と人とを結びつける接着剤」についての現状を筆者はどのように思っていますか。最も適切なものを次の**あ**～**え**の中から一つ選び、記号で答えなさい。

あ　身体的・文化的に違う人々を均一《きんいつ》化できる「接着剤」は最先端の科学技術しかない。

い　グローバルな動きが広まれば、もう一度「接着剤」としての宗教が期待されるだろう。

う　私たち人間は、宗教や科学技術とは別の「接着剤」を早急に考え出さなければならない。

え　「接着剤」としての宗教が機能しなくなった今、科学技術がその役割を果たしてほしい。

問六　傍線部**ウ**「新たな発想」とは、どのような発想ですか。最も適切なものを次の**あ**～**え**の中から一つ選び、記号で答えなさい。

あ　今までのように人間が自然に振り回されるのではなく、環境を人間が変えていこうとする発想。

い　今までのように人間が自然を管理するのではなく、自然には逆《さか》らえないとありのままに任せる発想。

う　今までのように人間が自然に振り回されるのではなく、いかなる自然災害《さいがい》とも共存《きょうぞん》できるとする発想。

え　今までのように人間が自然を管理するのではなく、人間と自然は相互《そうご》に影響《えいきょう》を与《あた》え合っているとする発想。

問七　傍線部**エ**「こうした中で注目されている」とありますが、どのような現状から注目されていますか。最も適切なものを次の**あ**〜**え**の中から一つ選び、記号で答えなさい。

あ　デジタル社会が進みすぎて、良好な人間関係が築けなくなってきている現状。

い　近代科学が進みすぎて、いわゆる「地球の限界」のほぼ半分を越えてきていている現状。

う　自然災害の規模が大きすぎて、人間の管理がとうてい及《およ》ばないようになってきている現状。

え　近代科学の考え方が唯一のものではなく、そうでない考え方が必要になってきている現状。

問八　傍線部**オ**「両方の存在を許す」と同じ意味で、「両方」の二つが分かる部分を十五字以内で書き抜きなさい。ただし、句読点も字数に入れるものとします。

問九　傍線部**カ**「もっといろいろなことが楽になるはず」と筆者が主張《しゅちょう》する理由として最も適切なものを次の**あ**〜**え**の中から一つ選び、記号で答えなさい。

あ　とことん正解を求めるこの世界で、結局は0か1かというわかりやすい二択《たく》で正解が出せるから。

い　とことん正解を求めるこの世界で、最終的に誰《だれ》もが互いに仲間であるということが判明するから。

う　正解がいくつもあるこの世界で、たった一つの正解を求めて人々が対立することがなくなるから。

え　正解がいくつもあるこの世界で、不正解に陥《おちい》ることが絶対にないとわかって人々が安心するから。

四

三にいう「容中律《ようちゅうりつ》」の考え方は、現代においては「多様性」を認めるという社会の動きと重なるものでしょう。「多様性」を認め合うことによって、どのような、

A　クラス作り

B　学校作り

C　社会作り

ができていくと考えられますか。A～Cの三つのうちのどれか一つを選んで、そのように考える理由もあわせて書きなさい。その際、後の《書き方》に従うこと。

《書き方》

1　A～Cのどれを選んで解答するのか、必ず解答用紙に○でかこんで示すこと。

2　字数は百二十字以上百五十字以内で書きなさい。句読点（「。」や「、」）も字数に入ります。

3　解答欄《らん》には最初の一マスをあけて書き出しなさい。

4　その他、原稿《げんこう》用紙の正しい使い方に従《したが》うこと。ただし、段落《だんらく》分けが必要な場合でも、**行を変えず続けて**書きなさい。

2024
1

算　　　　　数

（ 試験時間　５０分 ）

※100 点満点・解答用紙・配点非公表

注　　意

1．開始の合図があるまでこの冊子《さっし》を開いてはいけません。
2．この冊子は 1 ページから 5 ページまであります。解答用紙は中にはさんであります。
3．開始の合図があったら，問題冊子の表紙・解答用紙に受験番号および氏名を記入しなさい。
4．解答はすべて解答用紙に記入しなさい。解答を書き直す場合は，前に書いたものをきれいに消してから書き直しなさい。
5．分数で答えるときは，約分しなさい。
6．問題の中の図は必ずしも正確ではありません。
7．終了《しゅうりょう》の合図があったら，ただちに筆記用具を置いて，指示に従《したが》いなさい。
8．円周率《えんしゅうりつ》は 3.14 とします。

受験番号						氏名	

駿 台 甲 府 中 学 校

1 次の計算をしなさい。

(1) $30 \times 4 - (20 - 3 \times 6)$

(2) $8.4 \times 3.6 - 96 \div 4$

(3) $\left(3.125 - \frac{1}{8}\right) \div \frac{3}{14} - 10$

(4) $3.14 \times 1.6 \times 3 + 3.14 \times 1.3 \times 4$

2 次の問いに答えなさい。

(1) 分速 300 m は，時速何 km であるか答えなさい。

(2) 36000 cm^2 は，何 m^2 であるか答えなさい。

(3) 消費税が 5 % であるときの価格が税込み 252 円の商品があります。
消費税が 10 % になったときのこの商品の税込みの価格を答えなさい。

(4) A と B の重さの比が 2 : 3，B と C の重さの比が 4 : 3 のとき，A と C の重さの比をもっとも簡単な整数の比で答えなさい。

(5) 12 でわると 9 あまり，18 でわると 15 あまる整数のうち，もっとも小さい数はいくつであるか答えなさい。

3　次の問いに答えなさい。

(1)　子どもたちにみかんを同じ数ずつ配ります。みかんを子ども1人あたり8個ずつ配ると，20個足りません。みかんを子ども1人あたり3個ずつ配ると，5個あまります。このとき，子どもの人数を答えなさい。

(2)　バイク(2輪)と自動車(4輪)とトラック(6輪)が合計12台あり，バイクと自動車は同じ台数あります。タイヤが合計で48本あるとき，トラックの台数を答えなさい。

(3)　連続した5つの整数を下の□に左から小さい順に入れたとき，下の式が成り立ちます。このとき，左はしの□に入る数を答えなさい。

□＋□－□＋□－□＝2024

(4)　右の図のように一辺が20 cmの正方形の中に円があります。斜線部分の面積を答えなさい。

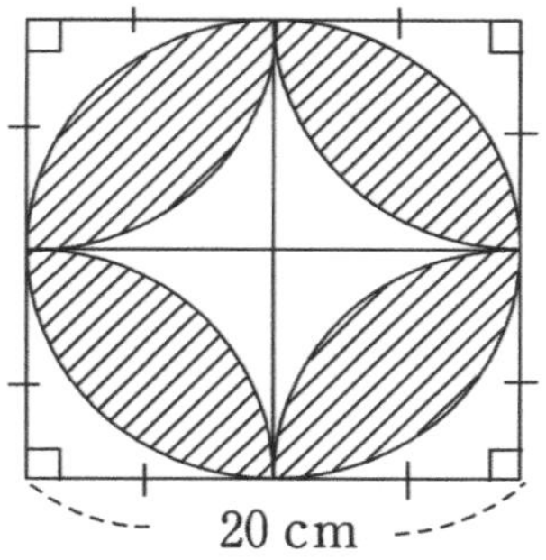

(5)　右の円グラフは，ある年の都道府県別の桃の生産量を表したものです。この年の長野県の生産量が10879トンのとき，山梨県の生産量は何トンか答えなさい。

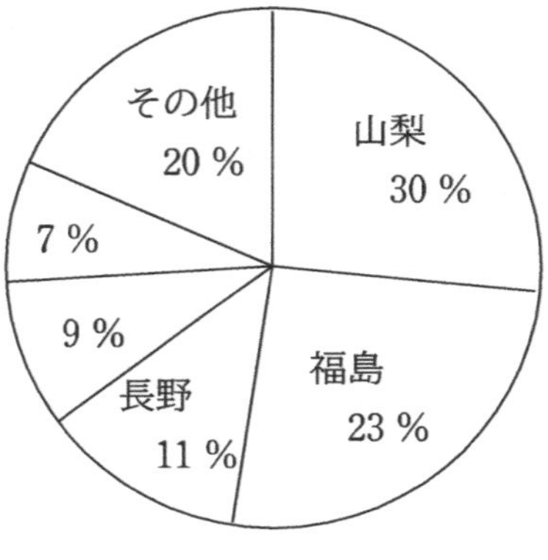

4　下の図の①，②ような2つのジョギングコースがあり，地点Gで合流しています。A君は一周600 mの①コースを毎分200 mで，B君は一周200 mの②コースを毎分50 mで，C君は「毎分100 mの速さで②コースを2周した後，①コースを1周する」ことを繰り返し行います。3人が地点Gを同時に出発し，反時計回りに走るとき，次の問いに答えなさい。

(1)　出発後，A君とB君の2人が地点Gで3回目に出会うのは何分後か答えなさい。

(2)　出発後，A君が11回目に地点Gに着いたとき，B君はあと何m走れば地点Gに到着するか答えなさい。

(3)　出発後，5回目に3人が同時に地点Gに着くのは何分後か答えなさい。

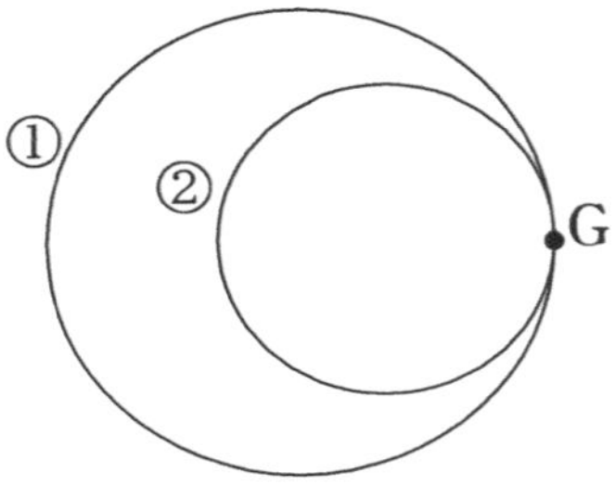

5　下の図において，四角形 ABCD は台形であり，四角形 AECD は平行四辺形です。また，点 F は CD 上の点であり，BE と EC は 2：1 の長さであり，AH は 4 cm，AD は 1.5 cm です。さらに，AE と DH が交わった点を I とします。このとき，以下の図形の面積を求めなさい。

(1)　三角形 ABE

(2)　四角形 ABEF

(3)　AB と DC の長さが同じであるとき，三角形 AHI

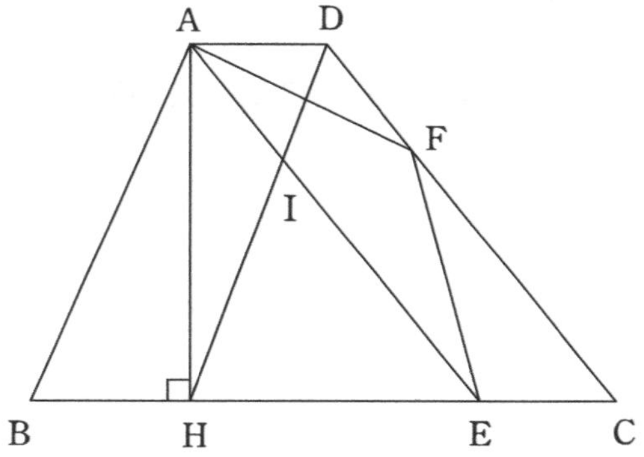

2024
1

理　　　　科

（ 試験時間　３０分 ）

※50 点満点・解答用紙・配点非公表

注　　意

１．開始の合図があるまでこの冊子《さっし》を開いてはいけません。

２．この冊子は１ページから10ページまであります。解答用紙は中にはさんであります。

３．開始の合図があったら、問題冊子の表紙・解答用紙に受験番号および氏名を記入しなさい。

４．解答はすべて解答用紙に記入しなさい。解答を書き直す場合は、前に書いたものをきれいに消してから書き直しなさい。

５．特に指示のないかぎり、漢字で書けないときはひらがなで解答しなさい。

６．終《しゅう》了《りょう》の合図があったら、ただちに筆記用具を置いて、指示に従《したが》いなさい。

受験番号						氏名	

駿台甲府中学校

1　インゲンマメの種子を用いて、種子が発芽する条件を調べる実験を行いました。後の問いに答えなさい。

【実験】

ガラス容器に脱脂綿《だっしめん》を入れ、その上にインゲンマメの種子をのせました。これを実験**1**～**5**のように条件を変えて、種子が発芽するかどうかを実験し、その結果を表にまとめました。

	水	光	空気	温度	結果
実験**1**	あり	あり	あり	**20**℃	発芽した
実験**2**	なし	あり	あり	**20**℃	発芽しなかった
実験**3**	あり	なし	あり	**20**℃	発芽した
実験**4**	あり	あり	なし	**20**℃	発芽しなかった
実験**5**	あり	あり	あり	**5**℃	発芽しなかった

問１　この実験から、発芽には「空気」が必要であることがわかります。どの実験とどの実験の結果を比べればわかりますか。実験 **1**～**5** から選び、実験番号で答えなさい。

問２　この実験から、種子の発芽には「空気」以外にも必要な条件があることがわかります。その条件を**すべて**答えなさい。

問３　この実験から、肥料を与えなくても種子は発芽することがわかります。肥料がなくても発芽できる理由について、関係する物質の名前をふくめて説明しなさい。

問４　発芽した実験１と実験３の芽生えを、条件を変えずに、そのまま育てました。しばらくするとどのようになると考えられますか。次の①～④から１つ選び、番号で答えなさい。

①　実験１の芽生えも実験３の芽生えも成長した。

②　実験１の芽生えは成長したが、実験３の芽生えは枯《か》れてしまった。

③　実験１の芽生えは枯れてしまったが、実験３の芽生えは成長した。

④　実験１の芽生えも実験３の芽生えも枯れてしまった。

問５　問４のようになると考えられるのはなぜですか。その理由について説明しなさい。

2 気体の性質について、後の問いに答えなさい。

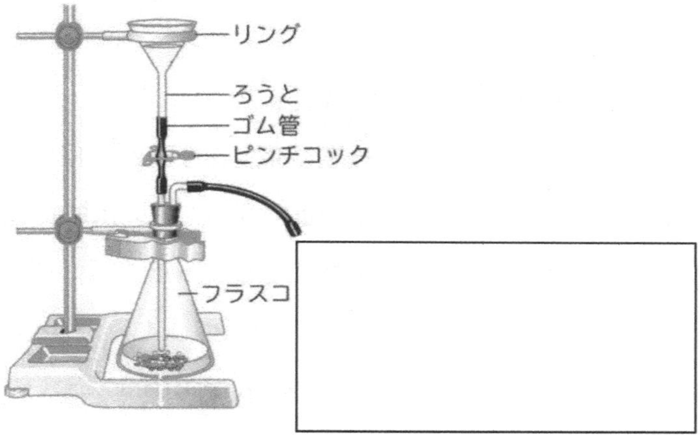

問１　上の図の装置を用いて、発生させた酸素を集めます。

（１）フラスコの中で反応させるものは何ですか。次の①～④から 1 つ選び、番号で答えなさい。

①　うすい塩酸と石灰石

②　うすい過酸化水素水と石灰石

③　うすい塩酸と二酸化マンガン

④　うすい過酸化水素水と二酸化マンガン

（２）酸素をどのように集めればよいですか。図の□の中に必要な道具をかき入れなさい。ただし、使う道具は３つまでとし、必要ならば水が入っていることがわかるようにかきなさい。

（３）集めた酸素を確認する方法と、予想される結果として適切なものはどれですか。次の①～④から１つ選び、番号で答えなさい。

① 石灰水を加えると、白くにごる。

② 火を近づけると、ぽんと音が鳴る。

③ 火のついたろうそくがはげしく燃える。

④ 火のついたろうそくがすぐに消える。

問２ 二酸化炭素は２種類の方法で集めることができますが、酸素と同じ方法で集めることが多いです。その利点を答えなさい。

問３ スナック菓《が》子《し》のふくろには、ある気体がたくさん入っています。

（１） ある気体とは何ですか。次の①～④から１つ選び、番号で答えなさい。

① 酸素　② 二酸化炭素　③ ちっ素　④ 水蒸気

（２） （１）の気体を入れる理由には、中のお菓子をこわれにくくすることともう１つ理由があります。その理由について説明しなさい。

3　下の図は日本の川の中流を模式的《もしきてき》に表したものです。後の問いに答えなさい。

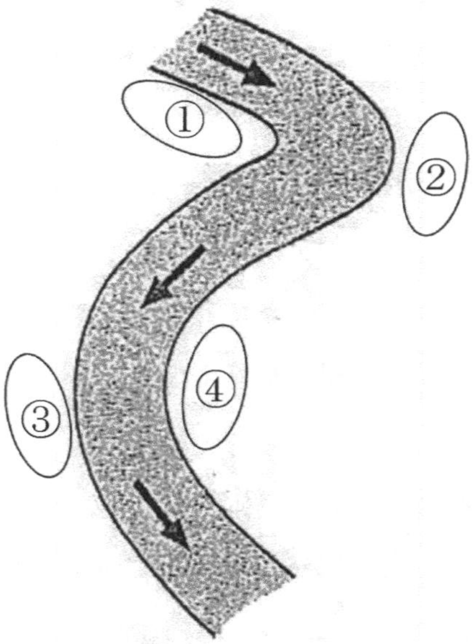

問１　流れる水は、さまざまなはたらきを持っています。次にあげるA、Bと関係が深い水のはたらきを答えなさい。

A　河口付近に三角州ができる。

B　上流の谷はV字谷になっている。

問２　河川が山の中から平地へ出たあたりに流れだすところでは、河川の傾斜《けいしゃ》が急にゆるくなり、川はばも広くなることで特徴的《とくちょうてき》な地形がつくられます。その地形の名前を答えなさい。

問３　図の①～④で、広い川原ができるところはどこですか。①～④から１つ選び、番号で答えなさい。

問４　災害を防ぐために川岸に堤防《ていぼう》をつくることになりました。どこに堤防《ていぼう》をつくればよいですか。図の①～④の中から**２つ選び**、番号で答えなさい。

問５　災害を防ぐ方法のひとつとして、ダムの建造があります。ダムの防災に関するはたらきを説明しなさい。

4 磁石の性質について、後の問いに答えなさい。

問１　時計皿のふくらんだ部分を上にして水平な台に置き、図１のように、時計皿の上に磁石が中心になるように置きました。このとき、磁石のＳ極はどのようになりますか。番号で答えなさい。

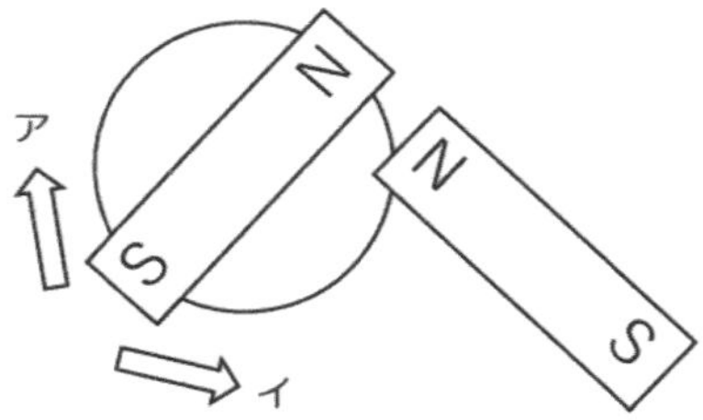

図１

①　アに動く。　　②　イに動く。　　③　動かない。

問２　磁石につくものはどれですか。適切なものを次の①～④から １ つ選び、番号で答えなさい。

①　10 円玉　　②　１円玉　　③　アルミ缶　　④　スチール缶

問３　磁石につくゼムクリップに糸を結び、反対側を机に固定しました。磁石とゼムクリップの間をあけながら、図２のようにゼムクリップを持ち上げました。磁石とゼムクリップの間に、それぞれ同じように非常にうすい紙とアクリル板をさしこんだとき、どのようになりますか。適切なものを次の①～④から１つ選び、番号で答えなさい。

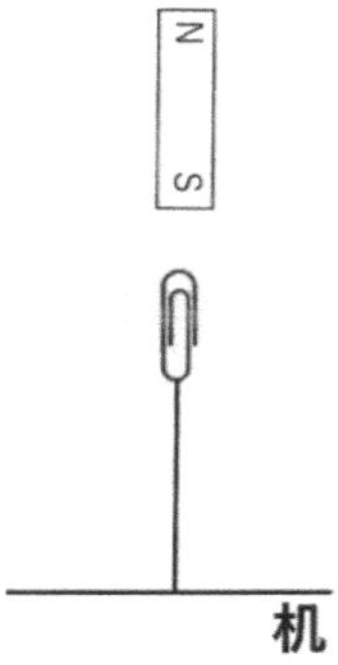

図２

①　紙をさしこんだときは落下、アクリル板をさしこんだときは空中で引きつけられたままだった。

②　どちらをさしこんだときも、落下した。

③　紙をさしこんだときは空中で引きつけられたままで、アクリル板をさしこんだときは落下した。

④　どちらをさしこんだときも、引きつけられたままだった。

問４　下の文章は電磁石の性質を書いたものです。空欄《らん》にあてはまる適切なことばを答えなさい。

> 電磁石は（　ア　）を流したときだけ磁石になり、（　ア　）を流していないときは、磁石のはたらきを持たない。（　ア　）の強さを（　イ　）くするか、コイルの巻き数を（　ウ　）くすることで、電磁石の力は強くなる。

問５　方位磁針は、磁石どうしが引きつけ合う性質を利用している道具です。地球は全体が大きな磁石になっていて、そこに磁針が引きつけられて、方角がわかるようになっています。図３は地球のモデル図です。図中のＡにあてはまる磁石の極を答えなさい。

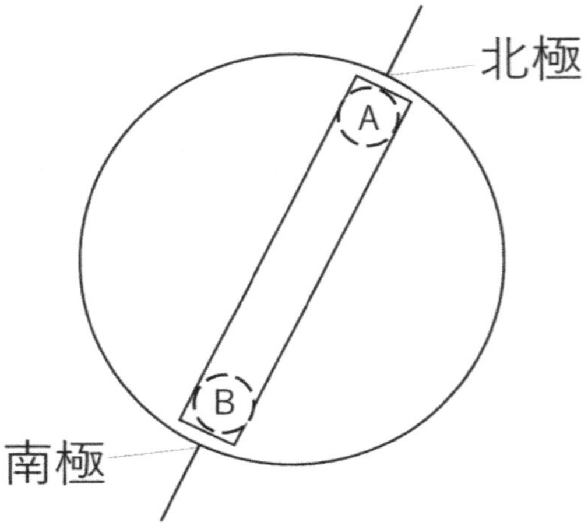

図３

5 後の問いに答えなさい。

問１　体積の異なる３つの物体（鉄、アルミニウム、プラスチック）を用意し、それぞれの重さをはかりました。表は、その結果をまとめたものです。1 cm^3あたりの重さがもっとも大きい物体の名前を答えなさい。

	鉄	アルミニウム	プラスチック
体積（cm^3）	20	30	40
重さ（g）	158	81	36.8

問２　電気を熱に変えて**使っていない**器具を、次の①～④から１つ選び、番号で答えなさい。

①　ホットプレート　　②　せん風機　　③　ドライヤー

④　トースター

問３　冬に星の観察をしたところ、南の空に図１のような星座を見つけました。

（１）この星座の名前を答えなさい。

図１

（2）（1）の星座は同じ日、同じ場所で3時間後に観察するとどの位置に見えますか。図2の①～⑤から1つ選び、番号で答えなさい。

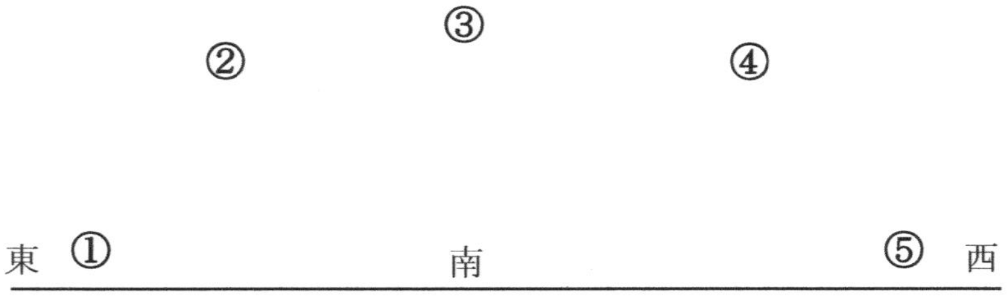

図2

問4　ヒトとメダカの誕生を比べて、どちらにも当てはまるものを次の①～④から1つ選び、番号で答えなさい。

①　生まれたばかりのときは、母親の乳を飲んで育つ。

②　へそのおで母親とつながっている。

③　卵から生まれる。

④　卵と精子が受精する。

2024
1

社　　会

（ 試験時間　３０分 ）

※50 点満点・解答用紙・配点非公表

注　　意

１．開始の合図があるまでこの冊子《さっし》を開いてはいけません。

２．この冊子は１ページから14ページまであります。解答用紙は中にはさんであります。

３．開始の合図があったら、問題冊子の表紙・解答用紙に受験番号および氏名を記入しなさい。

４．解答はすべて解答用紙に記入しなさい。解答を書き直す場合は、前に書いたものをきれいに消してから書き直しなさい。

５．終《しゅう》了《りょう》の合図があったら、ただちに筆記用具を置いて、指示に従《したが》いなさい。

受験番号						氏名	

駿台甲府中学校

1　駿《しゅん》さんは、広島《ひろしま》市をまち探検《たんけん》しています。後の問いに答えなさい。

問１　駿さんは、広島市の地図を持っています。次の地図を見て、後の問いに答えなさい。

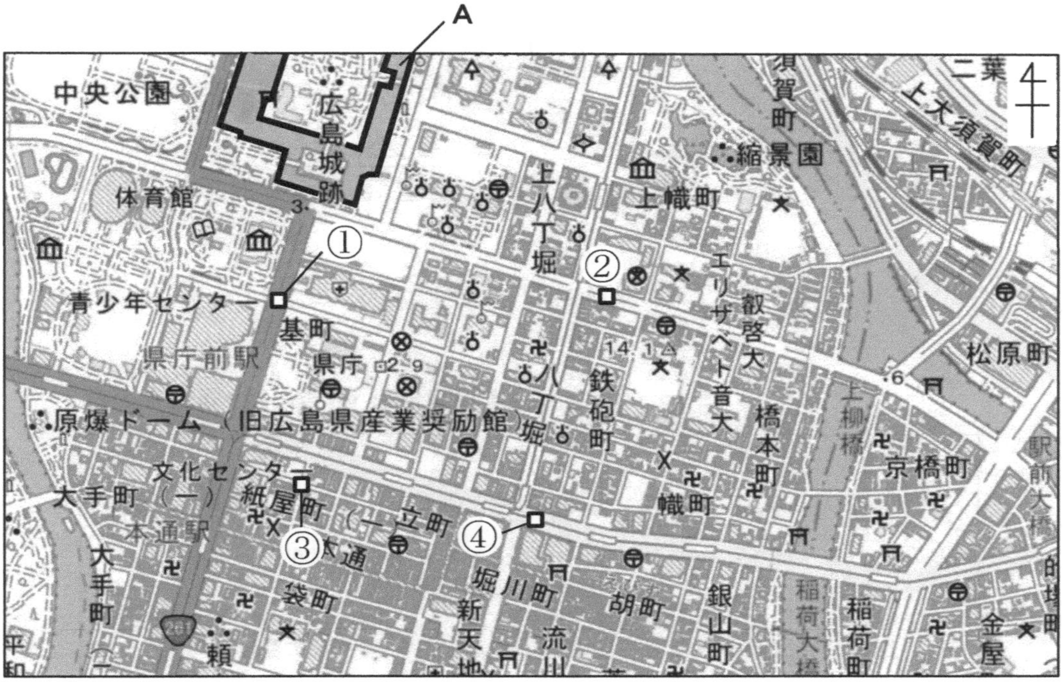

100m

地理院地図をもとに作成

(1)　駿さんが探検をしていると、おばあさんに「交番はどこにありますか。」と尋《たず》ねられました。駿さんは地図を参考に、次の【道案内】のように説明をしました。駿さんが道案内を始めた場所として正しいものを、前ページの地図中①～④から１つ選び、番号で答えなさい。

【道案内】

「今いる通りを東側のほうに進むと、右側に郵便局《ゆうびんきょく》が見えると思います。郵便局のある通りを左に曲がってしばらく歩くと幟町《のぼりちょう》の交番があります。」

(2)　地図中**A**には水路が見られます。この水路は、どのような目的で作られたか、簡潔に説明しなさい。

問２　探検中にスーパーマーケットに寄りました。スーパーマーケットではたくさんの果物や野菜が売られていますが、産地が気になった駿さんは、リンゴ、ミカン、キュウリ、トマトの収穫《しゅうかく》量上位５位の都道府県と収穫量を表にしました。ミカンのデータとして正しいものを、表中の①～④から１つ選び、番号で答えなさい。

	第１位		第２位		第３位		第４位		第５位	
	都道府県	収穫量（千t）	都道府県	収穫量（千t）	都道府県	収穫量（千t）	都道府県	収穫量（千t）	都道府県	収穫量（千t）
①	熊本県	135	北海道	66	愛知県	43	茨城県	42	栃木県	32
②	宮崎県	61	群馬県	56	埼玉県	46	福島県	39	千葉県	28
③	青森県	463	長野県	135	岩手県	47	山形県	42	秋田県	25
④	和歌山県	167	静岡県	120	愛媛県	113	熊本県	83	長崎県	48

データは2020年　農林水産統計データをもとに作成

問３　広島市の気候の特徴《とくちょう》を知りたい駿さんは、広島市、高知《こうち》市、鳥取《とっとり》市の雨温図を作成しました。雨温図**ア～ウ**と都市の組み合わせとして、最も正しいものを、次の①～④から１つ選び、番号で答えなさい。

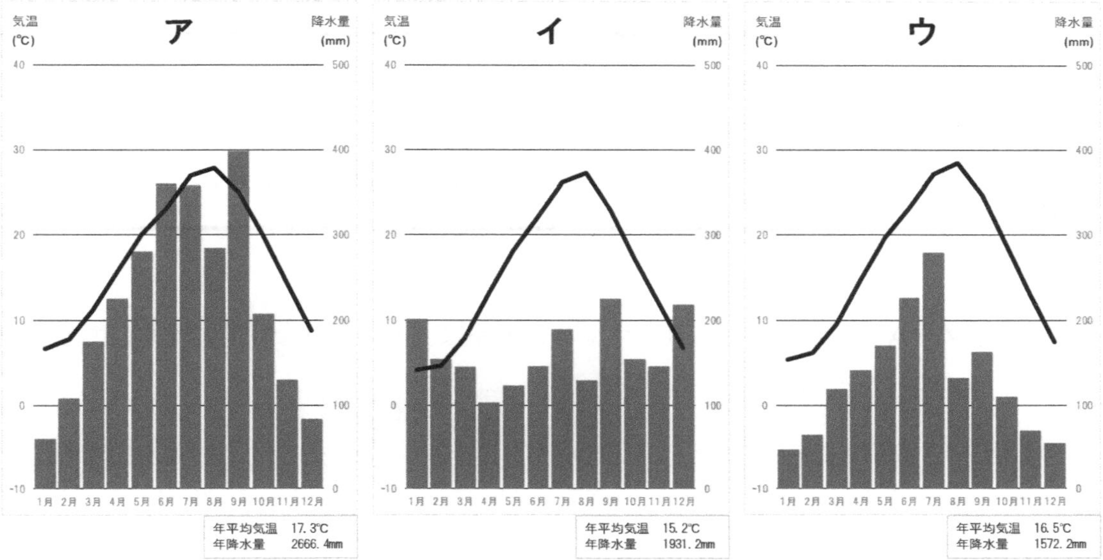

気象庁のデータをもとに作成

①　広島市―**ア**　　高知市―**ウ**　　鳥取市―**イ**

②　広島市―**イ**　　高知市―**ア**　　鳥取市―**ウ**

③　広島市―**イ**　　高知市―**ウ**　　鳥取市―**ア**

④　広島市―**ウ**　　高知市―**ア**　　鳥取市―**イ**

問４　広島市の中心地から離《はな》れたところでは、工場がたくさんあることがわかりました。駿さんは、瀬戸内《せとうち》工業地域、京葉《けいよう》工業地域、阪神《はんしん》工業地帯の工業地域・地帯別の工業生産額と工業の内訳《うちわけ》を示した、次ページのグラフを作成しました。これらのグラフから読み取れるものとして、**誤《あやま》っているもの**を、次ページの下の①～④から１つ選び、番号で答えなさい。

瀬戸内工業地域

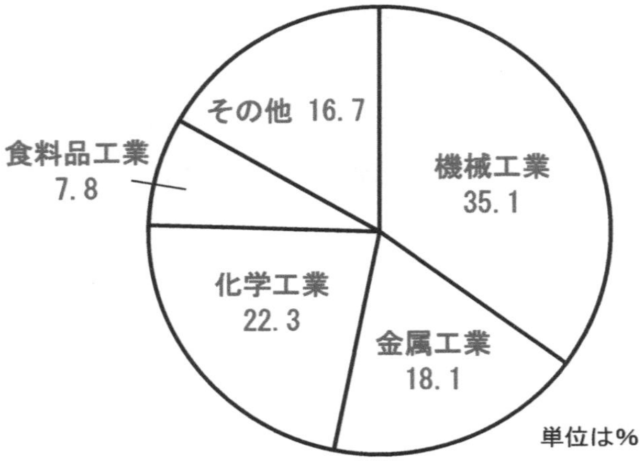

工業生産額　31.2兆円

京葉工業地域

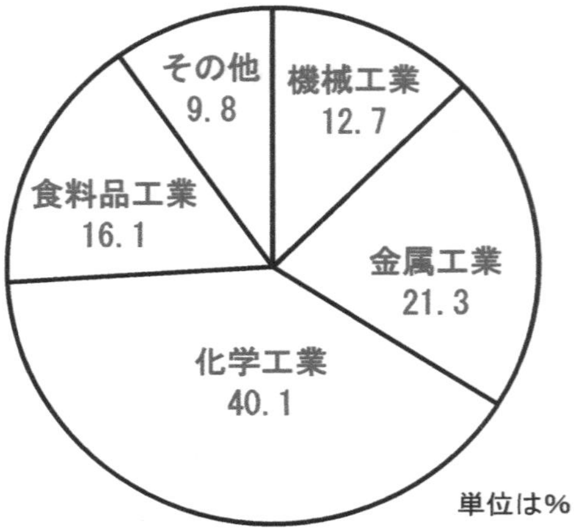

工業生産額　12.6兆円

阪神工業地帯

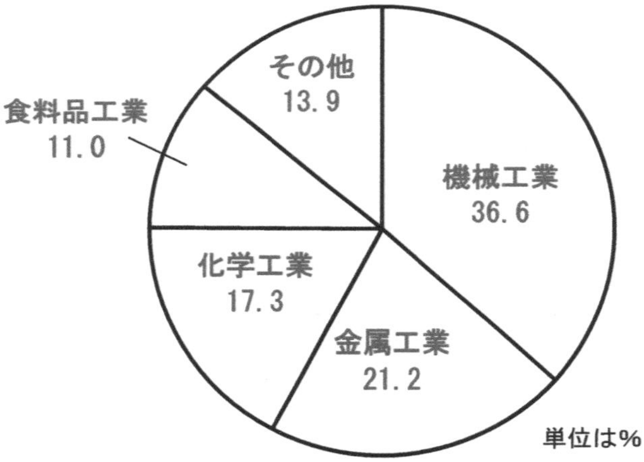

工業生産額　36.3兆円

データは 2019 年　工業統計表をもとに作成

① 3 つの工業地域・地帯のうち、最も工業生産額が高いのは阪神工業地帯である。

② 化学工業の工業生産額が最も高いのは、京葉工業地域である。

③ 瀬戸内工業地域では、金属工業よりも化学工業のほうが、工業出荷額が高い。

④ 瀬戸内工業地域で最も工業生産額の高い工業は、機械工業である。

問５　駿さんは、探検のあとに広島市のホームページを閲覧《えつらん》しました。日本国内における広島市との姉妹・友好都市は、「被爆《ひばく》30周年を契機《けいき》に、被爆都市としての使命を果たすことにより、世界の平和と人類の福祉《ふくし》に寄与《きよ》することを誓《ちか》い、平和文化都市として提携《ていけい》しました。」と書かれている都市です。この都市が含《ふく》まれる県を、次の地図中①～⑦から１つ選び、記号で答えなさい。また、その県名を**漢字**で答えなさい。

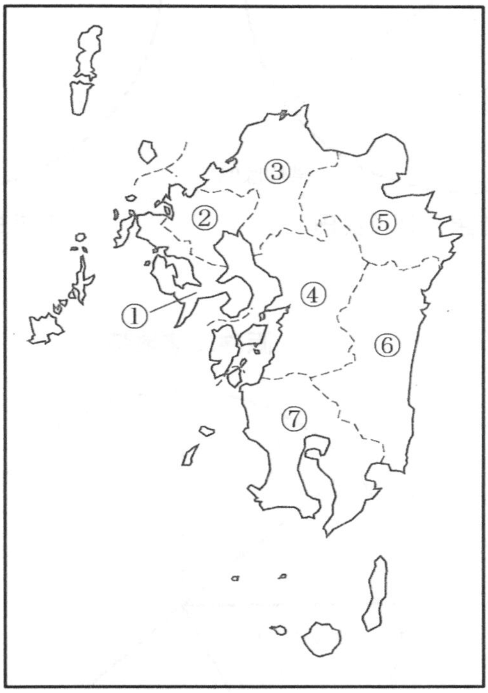

(注)一部省略している島があります。

問６　広島市には、世界遺産《いさん》である「原爆《げんばく》ドーム」があります。「原爆ドーム」の写真と、広島県にある世界遺産の組み合わせとして正しいものを、次の①～④から１つ選び、番号で答えなさい。

A

B

	原爆ドームの写真	広島県にある世界遺産
①	A	厳島《いつくしま》神社
②	A	白神山地《しらかみさんち》
③	B	厳島神社
④	B	白神山地

2　次の文章は、今年行われる予定の「世界を代表するスポーツの祭典」を楽しみにしている駿さんと台《だい》さんの会話です。この会話文を読んで、後の問いに答えなさい。

駿さん：いよいよ 2024 年が始まった！今年は、**ア　フランス** の首都のパリで、**イ　「世界を代表するスポーツの祭典」** が行われる予定なんだ。楽しみだよね。

台さん：前回は東京で 1 年遅《おく》れの 2021 年に行われたけれど、**ウ　競技会場に観客を入れる事が出来なかった** んだよね。ところで、フランスといえば、日本国憲法《けんぽう》の基本理念の一つが確立するきっかけとなった国として有名だね。

駿さん：そうだよね。18 世紀の末に革命《かくめい》が起こって、フランスという国の主人公は、国王ではなく、フランスの人々全員である、という考えが生まれてきたんだ。

台さん：その後、さまざまな出来事を経て、**エ　「国の主人公は、その国の国籍《こくせき》を持つ人々全員である」** という考えがフランス、イギリスやアメリカ合衆国《がっしゅうこく》などで確立し、世界に広まり、今に至《いた》っているんだね。

駿さん：日本では、明治時代に制定された憲法では、「日本の主人公は天皇《てんのう》である」と定められていたんだね。

台さん：それに比べると、**オ　今の憲法のもとでの天皇の地位** が、日本の伝統には合っているかもしれないね。また、今の日本では、**カ　国民の代表者として政治を行う人物は、選挙で選ばれた国会議員である**、と定められているよね。**キ　選挙で選ばれた議員が中心となって政治を行う** という考えは、僕たちには当たり前の考えだけれど、よく考えると、面白い仕組みだね。

駿さん：そうなんだ。昔は国王など国の最高権力《けんりょく》者が独裁《どくさい》をする、という姿《すがた》が世界中で普通だったのだけれど、イギリスで議会の方が国王などの権力者より力がある、という流れが出て来たんだ。そして、様々な改革が行われた結果、今のように **ク　一定の年齢《れい》に達した国民全員が投票することが出来る** ようになったんだね。

台さん：フランス、イギリスとも、素晴らしい考えを生み出したんだね。

駿さん：一方、世界に先駆《さきが》けて政治や経済《けいざい》の仕組みを整えた両国は、アジア・アフリカの多くの地域《ちいき》を植民地として支配していたのだけどね。

台さん：どの国にも、良い点と困《こま》った点があるんだね。僕たちの手で、日本の良い点を増やし、困った点を減らしていけるよう、中学校でしっかり勉強しよう！

駿さん：賛成！今年を、様々な面で成長していく 1 年としていこう！

問１　下線部**ア**に関して、フランスの位置を、次の図中①～④から１つ選び、番号で答えなさい。

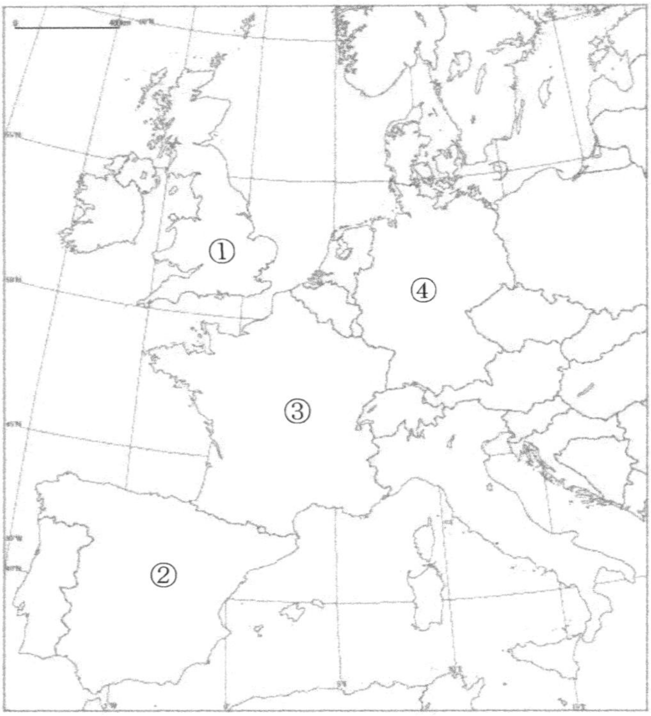

問２　下線部**イ**に関して、今年パリで開催《かいさい》される予定の「世界を代表するスポーツの祭典」の名前を答えなさい。

問３　下線部**ウ**に関して、2021 年に行われた大会において、なぜ競技会場に観客を入れることが出来なかったのか、理由を簡潔に説明しなさい。

問４　下線部**エ**に関して、このような考えを何というか、**漢字４字**で答えなさい。

問５　下線部**オ**に関して、現在の憲法における天皇の地位は、どのようなものですか。次の①～④から１つ選び、番号で答えなさい。

①　元首　　②　象徴　　③　助言者　　④　代表

問６　下線部**カ**に関して、日本には２つの議院がありますが、２つの議院のうち、任期が４年であり、もう１つの議院より任期が短い議院を何というか、答えなさい。

問７　下線部**キ**に関して、今の日本の政治の仕組みについて**誤っているもの**を、次の①～④から１つ選び、番号で答えなさい。

①　国会、内閣、裁判所は、国の重要な役割を分担しており、そのしくみを三権分立といいます。
②　内閣総理大臣は国会で選ばれ、国務大臣の任命などを行います。
③　最高裁判所の長官は、最高裁判所の裁判官たちの話し合いによって選ばれます。
④　厚生労働省は、国民の権利や労働などに関する仕事を行います。

問８　下線部**ク**に関して、今の日本では、選挙権は、何歳《さい》以上の国民に認められていますか。次の①～④から１つ選び、番号で答えなさい。

①　16 歳以上　　②　18 歳以上　　③　20 歳以上　　④　25 歳以上

3 次のある新聞のコラムを読んで、後の問いに答えなさい。

近年、「ぎふ信長まつり」や **ア 「浜松《はままつ》まつり」** 、「信玄公祭り」などにおいて人気俳優が戦国大名を演じ、大きなにぎわいを見せている。戦国時代に全国各地で自らの国を持った戦国大名たちは、元々 **イ 幕府《ばくふ》** から各地を任されていた守護大名やその家臣から成り上がった者など様々である。戦国時代が訪《おとず》れた背景《はいけい》には、 **ウ 幕府の力の衰退** が関係する。長きにわたり、政権《せいけん》を維持《いじ》することは難《むずか》しい。その中でもおよそ260年にわたり大きな争いのない世の中をつくり上げた **エ 江戸幕府** は特色ある政権であろう。一方、それ以前に権力を持っていた **オ 天皇** は、幕府の支配の下でもたえることなく続いていて、どの時代においてもその存在《そんざい》の大きさがうかがえる。天皇家は世界最古の王朝としてギネス認定されているのも日本の特徴《とくちょう》である。

では、天皇や **カ 貴族** はどのようにして権力を得ていったのか。古くは **キ 古墳時代** に大王を中心に、各地をまとめていった豪族《ごうぞく》たちによるヤマト政権にさかのぼる。やがてヤマト政権は朝廷《ちょうてい》へ、大王は天皇へ、豪族たちの一部は貴族と呼ばれるようになり、天皇とその周囲の貴族が権力を持つ時代へと移り変わっていったのだった。

朝廷、幕府、そして政府へ。貴族、武士、そして天皇から **ク 国民** へ。時代とともに、政治を行う者は変わってきた。しかし、各地での戦国大名まつりが大きなにぎわいを見せる背景には、平成の時代から長らく低迷する現代の日本に、戦国大名のような強烈《きょうれつ》なリーダーシップを持って政治を行う存在を、人々が求める心理があるのかもしれない。未来のリーダーはひょっとしたら、あなたかもしれない。2024年はどのようなリーダーが日本に現れるのか、楽しみである。

駿台日日新聞　2024年1月1日付
コラム「日々挑戦」より

問１　下線部**ア**に関して、浜松は江戸幕府を開いた下の歴史上の人物が、29 歳から 45 歳までの 17 年間を過ごしたとされる、ゆかりのある地です。この人物は誰《だれ》か答えなさい。

問２　下線部**イ**に関して、後の問いに答えなさい。

(1)　守護大名は鎌倉幕府によって各地に置かれた守護に由来します。守護と合わせて各国に設置された地頭の主な仕事として正しいものを、次の①～④から 1 つ選び、番号で答えなさい。

①　荘園《しょうえん》の管理や年貢《ねんぐ》の取り立て
②　各国の武士の監督《かんとく》、軍事や警察《けいさつ》
③　京都の警備《けいび》や朝廷の監視《かんし》
④　幕府の財政管理

(2)　次の文章は、鎌倉幕府に関してまとめたものです。文中の（　**a**　）～（　**c**　）にあてはまる語句として正しいものを、下の①～⑧からそれぞれ選び、番号で答えなさい。

日本で初めての武家政権として成り立った鎌倉幕府は、将軍と（　**a**　）の間で**ご恩と奉公《ほうこう》**という主従《しゅじゅう》関係を結んだ。征夷《せいい》大将軍に任ぜられた（　**b**　）は3代実朝の暗殺によってとだえるが、幕府は（　**c**　）の北条氏によってまとめられ、およそ150年間続いた。

①　貴族　　②　藤原氏　　③　源氏　　④　執権《しっけん》
⑤　地頭　　⑥　御家人《ごけにん》　　⑦　平氏　　⑧　摂政

(3)　(2) の文中の ﹏﹏﹏ 部に関して、ご恩としてふさわしいものを、次の①～④から**すべて**選び、番号で答えなさい。

①　先祖伝来の土地の支配権を認《みと》める。
②　京都と鎌倉の警備をする。
③　戦時に、将軍のために一族を率いて戦う。
④　新たに土地を与える。

問３　下線部**ウ**に関して、8 代将軍の義政の後継《こうけい》争いは、この幕府が衰退《すいたい》し、各地に戦国大名が乱立《らんりつ》する一因となりました。およそ 11 年間に及《およ》んだこの争いを何というか、答えなさい。

問４　下線部**エ**に関して、江戸幕府は支配した大名の配置を分けることで、争いがおこりにくい政策《せいさく》を行いました。次の資料を参考に、外様大名が置かれた場所の特徴を、**「江戸」**という語句を用いて、簡潔に説明しなさい。

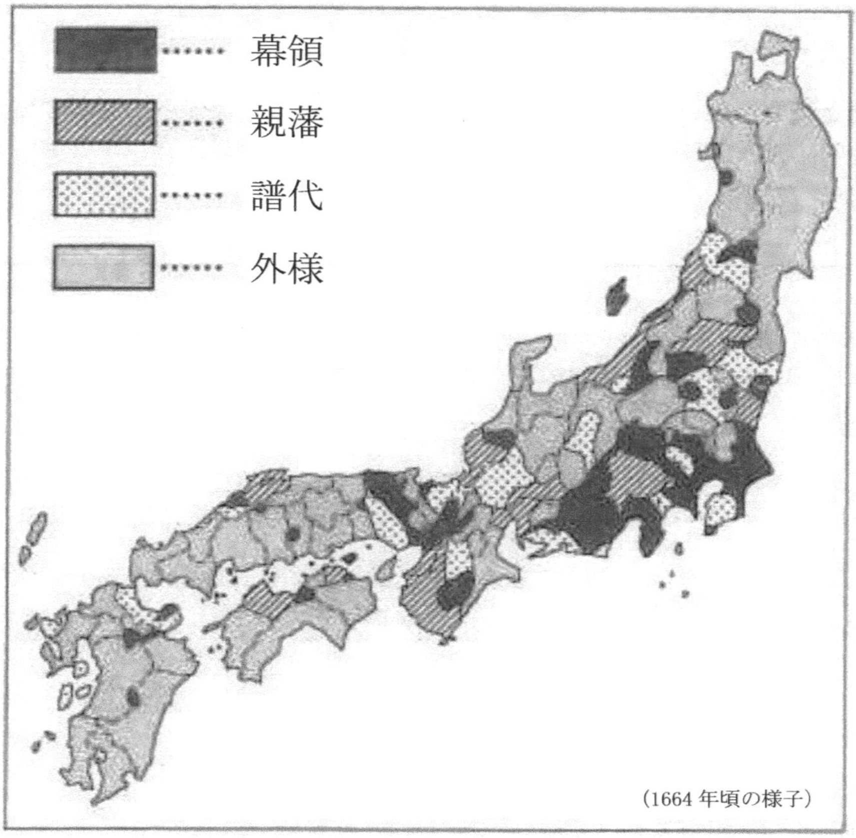

（1664年頃の様子）

問５　下線部**オ**に関して、皇室《こうしつ》関係の国家事務や天皇・皇族の生活を支える行政機関を、次の①～④から１つ選び、番号で答えなさい。

①　外務省　　②　文化庁　　③　法務省　　④　宮内庁

問６　下線部**カ**に関して、貴族がつくり上げた国風文化として**誤っているもの**を、次の①～⑧から**すべて**選び、番号で答えなさい。

①　古事記　　②　唐招提寺《とうしょうだいじ》　　③　かな文字　　④　十二単
⑤　枕草子　　⑥　平等院鳳凰堂《ほうおうどう》　　⑦　能　　⑧　寝殿造《しんでんづくり》

問７　下線部**キ**に関して、古墳《こふん》時代に朝鮮《ちょうせん》半島や中国から日本へ多くの人々が移り住んできました。これらの人々を何というか、**漢字3字**で答えなさい。

問８　下線部**ク**に関して、日本国民には様々な権利が認められているのに対して、義務も求められています。国民の義務にあてはまるものを、次の①～④から１つ選び、番号で答えなさい。

①　働く人が団結する義務　　②　税金を納《おさ》める義務
③　政治に参加する義務　　④　裁判《さいばん》を受ける義務

一般

2024

2

国語

（試験時間　五〇分）　※百点満点・解答用紙・配点非公表

注意

一．開始の合図があるまでこの冊子《さっし》を開いてはいけません。

二．この冊子は一ページから十八ページまであります。解答用紙は中にはさんであります。

三．開始の合図があったら、問題冊子の表紙、解答用紙に受験番号および氏名を記入しなさい。

四．解答はすべて解答用紙に記入しなさい。解答を書き直す場合は、前に書いたものをきれいに消してから書き直しなさい。

五．最後に作文の問題があります。

六．終了《しゅうりょう》の合図があったら、ただちに筆記用具を置いて、指示に従《したが》いなさい。

受験番号					氏名	

2024(R6) 駿台甲府中　一般
K 教英出版

駿台甲府中学校

一　次の①～⑩の傍《ぼう》線のついた漢字をひらがなに、カタカナを漢字に直しなさい。

①ねこの額ほどしかない部屋。

②快く受け入れてもらえました。

③後で叱《しか》られても構うものか。

④日本は昔から外国と貿易をしています。

⑤線は定規を使って引きましょう。

⑥エイセイのために手を洗います。

⑦木の実をサイシュウして食べていました。

⑧あまったコムギコでクレープを作りましょう。

⑨夏の大会に向けて守備のセイドを高めたいです。

⑩山梨県の議員団がイバラ城県庁《ちょう》を表敬訪問《ひょうけいほうもん》しました。

二　次の文章を読み、後の問いに答えなさい。＊のついた言葉は後の〈注〉もよく読みなさい。

北宇治《うじ》高校三年生の葵《あおい》は、大学受験に備えて放課後の教室で勉強をしている。窓《まど》の外からは、辞《や》めてしまった吹奏楽《すいそうがく》部の練習の音が聞こえてくる。そこへ、同じ学年で現在も吹奏楽部に所属しており、副部長を務めているあすかがやって来て、二人は会話を交《か》わす。

「私《わたし》ずっと不思議に思っててんけど、なんであすかって北宇治に来たん？」

あすかならもっといい学校行けたでしょ？　その問いに、彼女《かのじょ》はなんでもないように答える。

「普通《ふつう》に、ここがいちばん家に近かったから」

「理由って、それだけ？」

「うん、それだけ。だいたい、勉強なんてどこの高校に行ったってやること同じやし。それやったら家から近いほうが通うの楽やん」

あすかの考え方は合理的でシンプルだ。だからこそ、葵はいつも彼女に劣等《れっとう》感を覚えてしまう。自分はそんなふうには割《わ》り切れない。もっと上に行きたい。**ア**じゃないと、周りに馬鹿にされるから。

「……あすかはいいよね」

「何が？」

「だって、頭いいし」

「はは、まあ確かに他人よりは成績はいいかもね。でも、葵だって優秀《ゆうしゅう》やんか。この前の模試《もし》、校内順位やと十位以内に入ってたし」

でも、あすかは入学してからずっと一位やんか。込《こ》み上げてきた台詞《せりふ》を、イなんとか喉《のど》元で押し込める。こんなことを言ったら、まるで自分があすかをライバル視してるみたいではないか。彼女にそう思われてしまうことが、葵はひどく恥ずかしかった。だって、あすかはこちらのことなどまったく気にしていないのだから。

「校内順位がよくても、合格判定が微妙《びみょう》やから」

「あと半年はあんねんからさ、そんなん気にせんでもええって。これからバリバリ勉強したらぐんぐん伸びるやろうし」

「……あすかは不安ちゃうの？　部活やりながら受験って」

その問いに、あすかはX仰々《ぎょうぎょう》しい動きで腕を組んでみせた。うーん、とわざとらしく悩《なや》んでいるふりをする。

「勉強時間取れへんのは確かに厳《きび》しいけど、ま、うちなら大丈夫《だいじょうぶ》やろって感じ」

「でも、あすかが受けるとこってめちゃくちゃ頭いいやんか。ほかの子が一生懸命《けんめい》勉強してるときに自分だけ部活してるって、なんか焦《あせ》らへん？」

「その程度の時間の差で、自分がほかのやつらに負けるとは思わんから」

はっきりと言い放たれたその台詞に、葵はぐっと息を呑《の》んだ。ほかの人間が同じ台詞を言ったならば、自分はそいつをきっと軽蔑《べつ》するだろう。受験を舐《な》めすぎだ。そう内心でYせせら笑う。だけど、あすかは違う。彼女の言葉は真実であり、これが現実なのだ。あすかが多くの時間を部活に捧げようと、自分はきっと彼女に勝てない。だって、持って生まれたものが違《ちが》う。あすかは天才なのだから。

「……ずるいよね」

ぽつりと、本音がこぼれ落ちた。それは無意識のうちに葵の喉を震わせ、ウ情けない感情を相手にさらした。あすかが驚いたように目を見開く。

「ずるいって？」
「私も、あすかみたいに賢《かしこ》かったらよかったのに」
あすかの長い指が、不意にこちらへと伸びてきた。何も塗られていない薄桃《うすもも》色の爪《つめ》が一瞬だけ視界に入る。葵がびくりと身を震《ふる》わすと、あすかは愉快《ゆかい》そうに喉を鳴らし、柔らかな動きで葵の髪に指を滑《すべ》らせた。なんだか甘《あま》い匂《にお》いがする。距離の近さに、脳味噌《のうみそ》がクラクラした。あすかの赤い唇《くちびる》から、＊揶揄《やゆ》混じりの声が漏《も》れる。
「それは、ないものねだりってやつ」
「あすかにないものなんてある？」
「いっぱいある。けど、隠《かく》すのが得意やねん」
そういって、あすかは立ち上がった。指が離れ、距離が開く。彼女は指先で眼鏡のフレームを軽く持ち上げると、それから笑った。
「そろそろ部活に戻《もど》るわ。パートリーダーがサボるとあかんし」
あすかはそう言って、自身の机《つくえ》から細身のペンケースを取り出した。彼女はノートを取るときも赤ペンとシャープペンシルしか使わない。無駄《むだ》なものを持ち歩かない主義らしい。
「あすか、」
教室から出ていこうとする後ろ姿《すがた》に、葵は思わず声をかけていた。ん？ とあすかがこちらを振《ふ》り向《む》く。その拍子《ひょうし》に、長い黒髪《かみ》がさらりと揺《ゆ》れた。肺《はい》の奥《おく》にため込んでいたもやもやとして感情が、堰《せき》を切ったようにあふれ出す。
「私、部活辞めて悪かったなってホントは思ってるの。＊晴香《はるか》に迷惑《めいわく》かけたのもそうやけど、コンクール前に三年生が抜けるなんてダメやってわかってた。でも、どうしても受験で受かりたくて――」

「大丈夫やって」
まるで懺悔《ざんげ》するみたいにまくし立てる葵の言葉を、あすかはあっさりと遮《さえぎ》った。彼女はにこやかに微笑《ほほえ》むと、無邪気《じゃき》に告げた。
「人数少ないオーボエとかファゴットの子が辞めたんやったらめっちゃ困《こま》るけど、テナーサックスっていっぱいいるから。一人ぐらいいなくなっても全然問題ないよ」
心臓《ぞう》が止まるかと思った。頭をガンと殴《なぐ》られたような衝撃《しょうげき》。葵は息を呑み、それからあすかの方を見た。レンズ越《ご》しの彼女の瞳《ひとみ》は、エ感情の読めない色をしていた。まるでなんでもないことのようにあすかは言う。
「やからさ、葵が気にする必要なんてまったくないから。勉強、頑張《がんば》ってな」
うん。そう応《こた》えるしか、葵に選択肢《たくし》はなかった。それじゃ。そう言ってあすかが軽《かろ》やかな動きで教室を出ていく。足音が遠ざかり、静寂《じゃく》が狭《せま》い空間に広がった。葵は目の前の問題集を開き、だけど結局一問も解かずに再び閉《と》じた。指が震《ふる》えていた。瞼《まぶた》の裏がやけに熱い。
自分はなんて言ってもらいたかったんだろう。［　A　］。そんな言葉を期待していたのだろうか。
「……馬鹿みたい」
自分から部活を捨《す》てたくせに、捨てられたように感じるなんて。葵は大きく息を吐《は》き出すと、それから参考書と問題集を鞄《かばん》に詰《つ》め込み始めた。今日はもう帰ろう。ここにいても、勉強できる気がしない。
筆箱を鞄に詰めながら、葵は窓の外へと視線を落とす。サックスを首から提《さ》げた少女たちが、＊ピロティーから離《はな》れていくのが見えた。いまから音楽室にでも向かうのだろうか。少し前までは、自分もあのなかにいたのに。そんな女々《めめ》しいことを考える自分が嫌《いや》になって、オ葵は意味もなく筆箱を鞄《かばん》の奥《おく》へぎゅうぎゅうに押し込《こ》めた。

太陽はすでに沈《しず》もうとしている。あれだけうるさかったサックスの音は、もうまったく聞こえやしなかった。

（武田綾乃《たけだあやの》『響《ひび》け！　ユーフォニアム』より、出題にあたり省略《しょうりゃく》や表記を改めた部分があります。）

〈注〉

＊揶揄……からかうこと。

＊晴香……吹奏楽部の部長。

＊ピロティー……建物の一階を柱だけ残し、吹き放しとする建築様式のこと。

問一　二重傍《ぼう》線部**X**「仰々《ぎょうぎょう》しい」、**Y**「せせら笑う」の言葉の意味として最も適切《てきせつ》なものを、次の**あ**～**え**の中から一つずつ選び、それぞれ記号で答えなさい。

X「仰々しい」

あ　ひかえめな仕草で。

い　何も恐れない気持ちで。

う　のんびりとした態度で。

え　とても大げさな様子で。

Y「せせら笑う」

あ　こっそりと隠れて笑う。

い　ひきつったように笑う。

う　見栄《みえ》を張って無理に笑う。

え　ばかにして冷ややかに笑う。

問二　傍線部**ア**「じゃないと、周りに馬鹿にされるから」とありますが、ここから読み取れる葵の考えとして最も適切なものを、次の**あ**～**え**の中から一つ選び、記号で答えなさい。

あ　自分の現状にはあまり満足していないので、目に見える結果を出すことで周《まわ》りからの評価を変えたい。

い　勉強のできるあすかと親しくしている自分は、周りから見れば分不相応《ぶんふそうおう》で不釣《つ》り合いに見えてしまう。

う　周りから馬鹿にされていると感じているのを、意識しないですむように努力をやめるわけにはいかない。

え　ひねくれた考え方をする自分を比べて、合理的な考え方で物事をはっきりさせられるあすかが憎らしい。

問三　傍線部**イ**「なんとか喉元で押し込める」とありますが、これを言い換えるとどんな言葉になると考えられますか。最も適切なものを、次の**あ**～**え**の中から一つ選び、記号で答えなさい。

あ　大きな声で叫《さけ》ぶ。

い　つい口に出してしまう。

う　そっと心の中でつぶやく。

え　言いたいけれどがまんする。

問四　傍線部**ウ**「情けない感情」とありますが、この時の葵はどんな気持ちであったと考えられますか。その内容を説明したものとして最も適切なものを、次の**あ**〜**え**の中から一つ選び、記号で答えなさい。

あ　あすかは自分の信条に従《したが》って勉強をがんばっているのに、努力が足りていない自身に対し情けなく思う気持ち。

い　自分なりの努力をどれだけ重ねても、あすかのような考え方で生きていくことはできないと情けなく思う気持ち。

う　自信にあふれたあすかの言葉を受けても、ひくつな自分はそこまでの自信を持てないことを情けなく思う気持ち。

え　「天才」であるあすかと自分は違うとわかっていながら、うらやましく思ってしまうことを情けなく思う気持ち。

問五　傍線部**エ**「感情の読めない色」とありますが、葵はこのあすかの瞳の色から、どのようなことを見出しましたか。最も適切なものを、次の**あ**〜**え**の中から一つ選び、記号で答えなさい。

あ　あすかにとって葵が辞めたことは取るに足らないことであり、興味すら持っていないということ。

い　吹奏楽部の副部長という役目から、表面上は葵を許していても心の中では怒《いか》りに満ちているということ。

う　あすかの言葉はとても合理的である反面、かつての仲間としての優しさは感じられなかったということ。

え　あすかにとって葵の言葉は、謝罪ではなく、葵自身を正当化するためであるように感じられるということ。

問六　空欄 A に当てはまる言葉について、二人の生徒が話し合っています。生徒の会話を読み、 A にあてはまることばをセリフの形で想像して書きなさい。

駿《しゅん》太《た》さん：空欄 A の直前には、「自分はなんて言ってもらいたかったんだろう」とあるから、空欄 A には葵が本心では望んでいた言葉が入りそうだね。

甲《こう》太さん：そうだね。葵のセリフの中には、「どうしても受験で受かりたい」とあるから、自分が吹奏楽部を辞めたことを正当化してほしかったんじゃないかな。

駿太さん：うーん。それも考えられるけれど、あすかの言葉は葵の辞めた理由に同調しているよ。葵はあすかの言葉にショックを受けているから、葵が言ってほしかったのは別の言葉になりそうだね。

甲太さん：そうだとすると、そこには「 A 」というような言葉が入りそうだね。

問七　傍線部**オ**「葵は意味もなく筆箱を鞄《かばん》の奥《おく》へぎゅうぎゅうに押し込《こ》めた」とありますが、この表現の仕方について、後の文のようにまとめたとき、空欄［①］にはどんな言葉が入ると考えられますか。最も適切なものを、次の**あ**～**え**の中から一つ選び、記号で答えなさい。

この文では、葵の［①］を筆箱に見立て、それを「鞄の奥」という暗く、見えづらいところに押し込め、隠しているかのように表現されている。

あ　吹奏楽部員に対する怒《いか》りの気持ち

い　部活動への未練《みれん》を引きずる心の揺《ゆ》れ

う　皆に謝《あやま》って吹奏楽部に戻《もど》るという決意

え　受験に失敗するかもしれないという不安

問八　物語全体を通して、あすかの性格が最も表れている、学校での生活を表す部分を三十字で抜き出し、最初と最後の五字を書き抜きなさい。

三　次の文章を読み、後の問いに答えなさい。＊のついた言葉は後の〈注〉もよく読みなさい。

「人は一人では生きていけない」

皆《みな》さんは先生やご両親から、よくこうした言葉を聞かされたことはありませんか。テレビドラマなどでもこんな台詞《せりふ》をよく耳にします。「たしかにそうだな、人間一人では生きていけないな」、とこの言葉に素直に納得《なっとく》する人もいるかもしれません。でも反対に「ホントにそうかな。なんかしっくりこないな。人はじつは一人でだって十分生きていけるんじゃないかな」と思う人だっているでしょう。

皆さんはどう思われるでしょうか。

この問いに関する答えの傾向《けいこう》としては、アこんな予想が立てられます。年齢《れい》が上になればなるほど、そして暮《く》らしている場所が地方であればあるほど、「人は一人では生きていられない」と答える可能性が高い。そして若《わか》い年代でしかも都会暮らしであればあるほど、「案外人間は一人で生きていけるのではないか」と答える割合が多いのではないかと。［A］都会暮らしの若者すべてが「一人でも生きていられる」と考えるわけではないでしょう。しかし全体的にはこうした傾向が見られるのではないかと思われます。人と人との〈つながり〉の問題を考える最初の出発点として、人は本当に一人では生きられないのか、それとも、まあそれなりに生きていけるのかといった問いを立ててみましょう。

かつての日本には「ムラ社会」という言葉でよく表現されるようなイ地域《いき》共同体が存在《そんざい》していました。「ご近所の人の顔と名前はぜんぶわかる」といった集落がそれですね。これは、何も地方の農村や漁村だけに限ったことでなく、東京のような都会にだってあったのです。『＊ALWAYS　三丁目の夕日』―映画ですから描き方にはフィクションの要素も多分に入っているとはいえ―のように、近所に住む住人同士の関係が非常に濃密《のうみつ》な「ご町内」が、昭和四十年くらいまでの日本には確かにありました。そんな「ムラ社会」が確固《かっこ》として存在した昔であれば、これは明らかに「一人では生きていけない」ということは**X**厳然《げんぜん》とした事実でした。なにより、食料や衣類をはじめ、生活に必要な物資を調達するためにも、仕事に就《つ》くにしても、いろいろな人たちの手を借りなければいけなかったからです。こうした、物理的に一人では生活できない時代は長く続きました。**B**村の交際から締《し》め出されてしまう「村八分」というペナルティは、わりと最近まで死活問題だったわけです。

ところが近代社会になってきて、貨幣《かへい》（＝お金）というものが、より生活を＊媒介《ばいかい》する手段として浸透《しんとう》していくと、極端《きょくたん》な話お金さえあれば、生きるために必要なサービスはだいたい享受《きょうじゅ》できるようになりました。とりわけ、今はコンビニなど二十四時間営業の店も増え、思い立った時にいつでも生活必需《ひつじゅ》品は手に入れられるし、ネットショッピングと宅配《たくはい》を使えば、部屋から一歩も出ずにあらゆるサービスを受けることも可能になっています。働くにしても、仕事の種類によってはメールとファックスで全部済《す》んでしまう場合だってあります。

このように、ひとりで生きていても昔のように困ることはありません。生き方としては、「誰《だれ》とも付き合わず、一人で生きる」ことも選択可能なのです。**ウ**ある意味で、「人は一人では生きていけない」というこれまでの前提がもはや成立しない状《じょう》況《きょう》は現実には生じているといえるのです。

さて、こうした現代的状況を目の前にして私が言いたいのは、「だから、一人でも生きていけるんだよ」ということではありません。みんなバラバラに自分の欲望の**Y**おもむくままに勝手に生きていきましょうといったことでもありません。「一人でも生きていくことができてしまう社会だから、人とつながることが昔より複雑で難《むずか》しいのは当たり前だし、人とのつながりが本当の意味で大切になってきている」ということが言いたいのです。つながりの問題は、こうした観点から考え直したほうがよさそうです。

今の私たちは、お金さえあれば一人でも生きていける社会に生きています。

でも、普通の人間の直感として「そうは言っても、一人はさびしいな」という感覚がありますね。本当に＊世捨《よす》て人のような生活が理想だという人もいないわけではありませんが、たいてい、仮にどんなに孤独癖《こどくへき》の強い人でも、まったくの一人ぼっちではさびしいと感じるものです。

ではなぜ一人ではさびしいのでしょうか。やはり親しい人、心から安心できる人と交流していたい、誰かとつながりを保ちたい。そのことが、人間の幸せのひとつの大きな柱をつくっているからです。だからほとんどの人が友だちがほしいし、家庭の幸せを求めているわけです。

あの人と付き合うと便利だとか便利じゃないとか、得だとか損だとかいった、そういった利得《りとく》の側面で人がつながっている面もたしかにあるけれども、しかしエ人と人とのつながりはそれだけではないわけです。だから、「人は一人でも生きていけるか」という問いに対する私の答えは、「現代社会において基本的に人間は経済的条件と身体的条件がそろえば、一人でも生きていくことも不可能ではない。しかし、大丈夫、一人で生きていると思い込《こ》んでいても、人はどこかで必ず他の人々とのつながりを求めがちになるだろう」です。

（菅野《かんの》　仁《ひとし》『友だち幻想《げんそう》　人と人の〈つながり〉を考える』ちくまプリマー新書より

出題にあたり省略や表記を改めた部分があります。）

〈注〉

＊ＡＬＷＡＹＳ　三丁目の夕日……昭和三十年代の東京の下町を舞台とした映画。

＊媒介……両方の間に立ってとりもつこと。はし渡しをすること。

＊世捨て人……一般《いっぱん》の人々が日常の暮らしをしているこの世との関係を絶った人。

問一　二重傍《ぼう》線部**X**「厳然《げんぜん》とした」、**Y**「おもむくままに」の言葉の意味として最も適切《てきせつ》なものを次の**あ**～**え**の中から一つずつ選び、それぞれ記号で答えなさい。

X　「厳然とした」

あ　うごかしがたい。

い　きびしくはりつめた。

う　特定の場所では通じる。

え　くつがえすことが困難《こんなん》な。

Y　「おもむくままに」

あ　何かが起きるままに。

い　目的地に到着《とうちゃく》するまでに。

う　負担《ふたん》が少し重くなるように。

え　止めることなく向いたとおりに。

問二　空欄《らん》［**A**］・［**B**］に入る言葉として最も適切なものを次の**あ**～**お**の中から一つずつ選び、それぞれ記号で答えなさい。

あ　さらに　**い**　あるいは　**う**　また　**え**　だから　**お**　もちろん

問三　------部「かつての日本」とありますが、それはどのような時代でしたか。本文中より十六字で書き抜きなさい。

問四　傍線部**ア**「こんな予想」とありますが、その予想を表していると考えられるものを次の**あ**～**え**の中から選び、記号で答えなさい。

あ

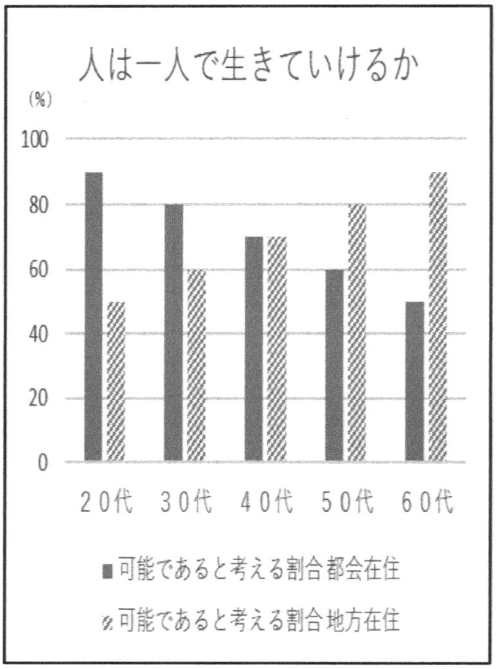

い

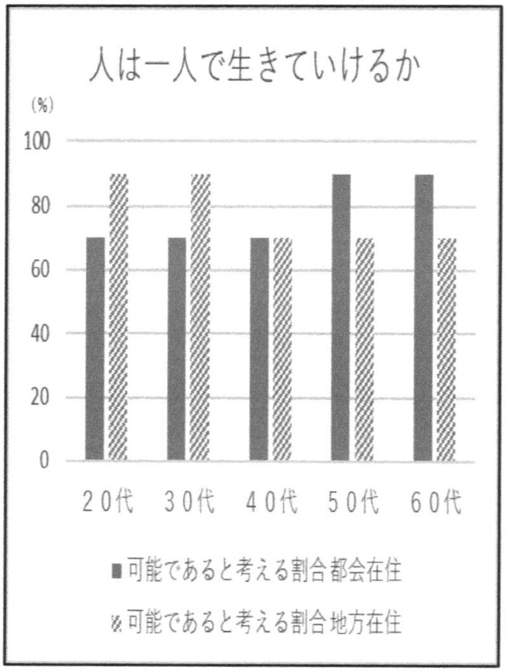

う

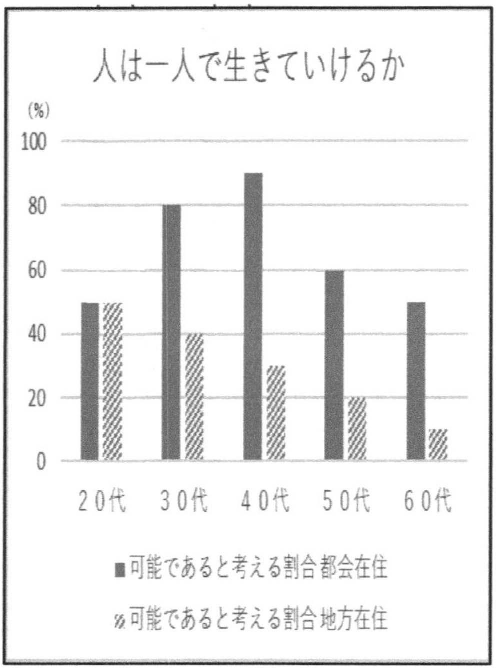

え

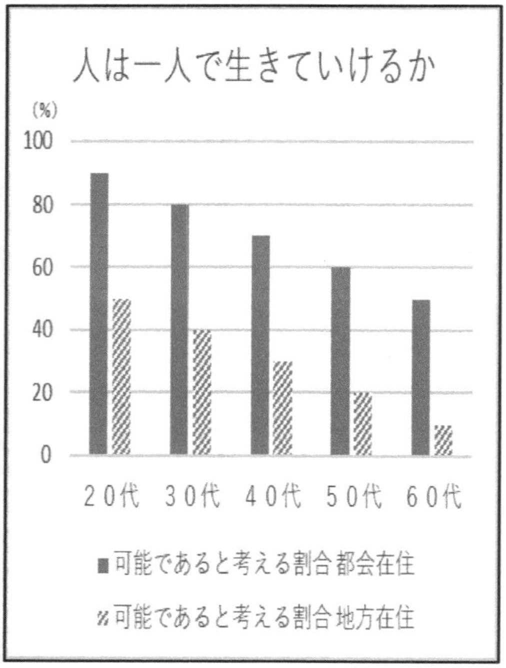

問五　傍線部**イ**「地域《いき》共同体」とありますが、「地域共同体」に属する人の行動例として**誤《あやま》っているもの**を次の**あ**～**え**の中から一つ選び、記号で答えなさい。

あ　隣《りん》人から白菜をもらったので、お礼として自宅で育てたダイコンを渡した。

い　自分の息子《むすこ》が着られなくなった服を、まだ子どもが生まれたばかりの近所の方にゆずった。

う　今月は、住んでいる地区のゴミ回収の当番になっているので、分別の案内を作り回覧《らん》板で回した。

え　ある集落のぶどう園の店長が、都心から来た観光客と仲良くなり、週に一度家に招いて交友関係を築いている。

問六　傍線部**ウ**「ある意味で、『人は一人では生きていけない』というこれまでの前提がもはや成立しない状況は現実には生じているといえるのです」とありますが、なぜですか。その理由として最も適切なものを次の**あ**～**え**の中から一つ選び、記号で答えなさい。

あ　近代社会になり貨幣が人々の生活に浸透《しんとう》したことで、他者とじかに顔を合わせることなく、サービスを受けて社会生活を送ることが可能になったから。

い　近代社会では、その社会で生きる全員が共通して貨幣《かへい》を持っており、受けたいサービスに関しては、他人との関係を全く持たずにサービスを受けられるから。

う　近代以降は、貨幣の誕生《たんじょう》に加えて物質的な豊かさや精神的な豊かさを手に入れたことで、貨幣と交換《こうかん》するだけで様々なサービスや物を手に入れられる社会に変化したから。

え　サービスと交換可能な貨幣が世の中に普及《ふきゅう》した結果、貨幣を支払《しはら》うことで全てのサービスを受けることができるようになり、貨幣さえあれば充実《じゅうじつ》した人生を送れるようになったから。

問七　傍線部**エ**「人と人とのつながりはそれだけではない」とありますが、どういうことですか。最も適切なものを次の**あ**～**え**の中から一つ選び、記号で答えなさい。

あ　人と人とのつながりは、利得の側面ではなく、孤独でさびしい感覚を忘れさせてくれて、安心感を得られる関係性の中でのみ生まれるということ。

い　人と人とのつながりは、利得を優先する関係性にとどまらず、親子や友人といった貨幣を必要としない関係性の中でも強固なものになっていくということ。

う　人と人とのつながりは、利得を基準としたものだけではなく、それぞれの人間が持っている、幸せを求めるという人間の欲求をもとに生まれる場合もあるということ。

え　人と人とのつながりは、利得だけでなく、誰かとつながりたいという普通の人間の直感にもとづいて形成され、それにともなって社会における幸福度も向上するということ。

四

コロナウィルス感染症の流行によって、いまもなお社会における人と人とのつながりは、三の本文にふれられている以上に分断してしまっていると言えます。そうしたなかで、あなた自身にとって家族以外の他人とのつながりが必要だと感じるとしたら、それはどのようなときでしょうか。そのように感じるであろう理由もあわせて書きなさい。その際、後の《書き方》に従《したが》うこと。

《書き方》

1 字数は百二十字以上百五十字以内で書きなさい。句読点（「。」や「、」）も字数に入ります。

2 解答欄《らん》には最初の一マスをあけて書き出しなさい。

3 その他、原稿《げんこう》用紙の正しい使い方に従《したが》うこと。ただし、段落《だんらく》分けが必要な場合でも、**行を変えず続けて**書きなさい。

2024
2

算　　　　　数

（ 試験時間　５０分 ）

※100 点満点・解答用紙・配点非公表

注　　意

1．開始の合図があるまでこの冊子《さっし》を開いてはいけません。
2．この冊子は 1 ページから 5 ページまであります。解答用紙は中にはさんであります。
3．開始の合図があったら，問題冊子の表紙・解答用紙に受験番号および氏名を記入しなさい。
4．解答はすべて解答用紙に記入しなさい。解答を書き直す場合は，前に書いたものをきれいに消してから書き直しなさい。
5．分数で答えるときは，約分しなさい。
6．問題の中の図は必ずしも正確ではありません。
7．終了《しゅうりょう》の合図があったら，ただちに筆記用具を置いて，指示に従《したが》いなさい。
8．円周率《えんしゅうりつ》は 3.14 とします。

受験番号						氏名	

駿台甲府中学校

1 次の計算をしなさい。

(1) $26-4\times3+6\div2$

(2) $1.52+2.37-0.92-1.07$

(3) $2\frac{2}{12}-\frac{11}{9}+\frac{1}{18}$

(4) $\frac{1}{8}\times\left(0.2+\frac{13}{35}\right)-\left(0.25-\frac{1}{12}\right)\div7$

2　次の問いに答えなさい。

(1)　17 の倍数で 400 にもっとも近い自然数を答えなさい。

(2)　時速 4 km で移動すると 1 時間 15 分かかる道のりを，分速 25 m で移動すると何時間何分かかるか答えなさい。

(3)　水と液体①を 5：3 の割合で混ぜて混合液を 600 mL 作るとき，液体①は何 mL 必要か答えなさい。

(4)　ある池の今年の金魚の数は，昨年よりも 6 % 増えて 371 匹です。この池の昨年の金魚の数は何匹であったか答えなさい。

(5)　ある品物に仕入れ値の 2 割の利益を見込んで定価をつけましたが，定価の 1 割引きで売ったので利益は 160 円になりました。この品物の仕入れ値を答えなさい。

3　次の問いに答えなさい。

(1)　4％の食塩水 200 g に 7％の食塩水 400 g を加えて混ぜると何％の食塩水ができるか答えなさい。

(2)　右の図のように，三角形 ABC の角 B の二等分線と角 C の二等分線がつくる角が 102° であるとき，角 A の大きさを答えなさい。

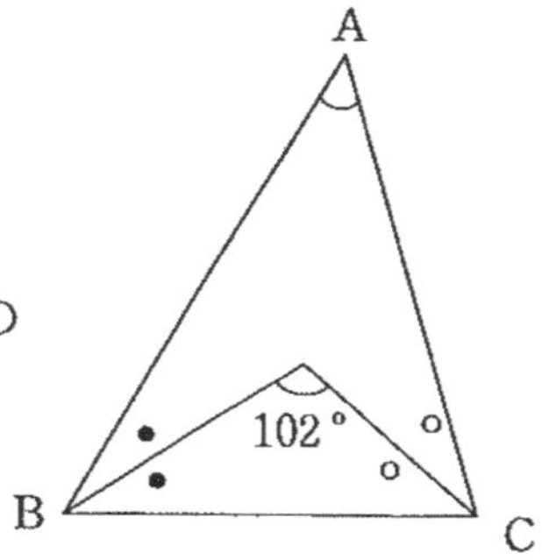

(3)　右の直方体の 6 面全部の面積の和が 88 cm^2 のとき，直方体の体積を答えなさい。

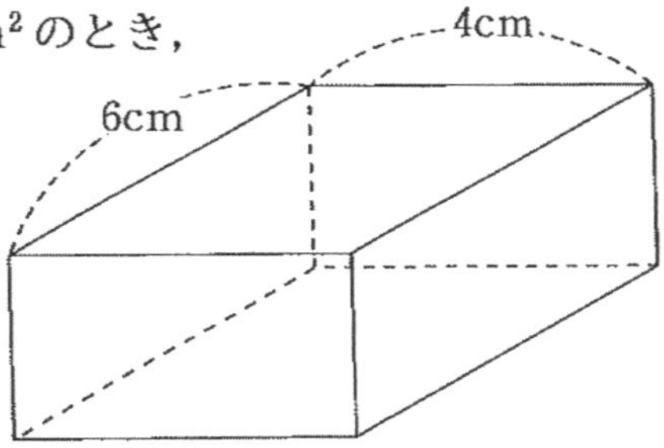

(4)　右の図の三角形 ABC を頂点 A を回転の中心にして一回転させたとき，辺 BC が通過する範囲の面積を答えなさい。

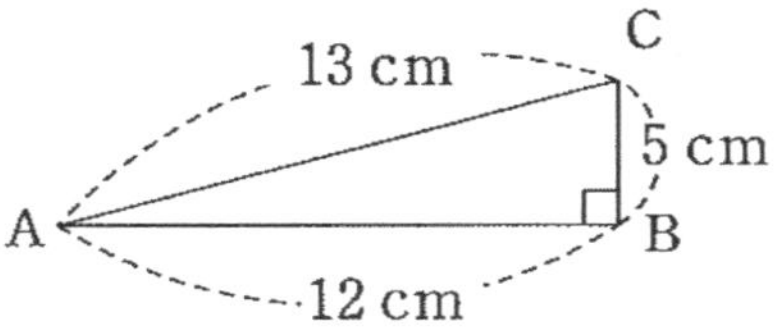

(5)　1，　1，2，　1，2，3，　1，2，3，4，　1，2，3，4，5，　… と自然数を書き並べていきます。例えば最初にあらわれる 3 は，最初の 1 から数えて 6 番目の数になります。このとき，2 回目にあらわれる 9 は最初の 1 から数えて何番目になるか答えなさい。

4 6枚のコインがあり，表には A，B，C，D，E，F の文字のどれかが1つずつ，うらには1，2，3，4，5，6 の数字のどれかが1つずつ書かれています。このコインをよく混ぜて1列に並べる操作を，3回行いました。次の図はその結果を表したものです。以下の問いに答えなさい。

1回目：　C　5　B　6　A　3

2回目：　F　2　4　D　5　B

3回目：　3　B　F　4　C　E

(1) 1回目の結果より，Aのうらに書かれている数字はどれですか。可能性のあるものをすべて書きなさい。

(2) 1回目，2回目の結果より，Bのうら，E のうらに書かれている数字をそれぞれ答えなさい。

(3) 1回目，2回目，3回目の結果より，C のうら，Fのうらに書かれている数字をそれぞれ答えなさい。

5　半径１cmの円が直線または曲線上をすべらずに転がっていくとき，以下の部分の面積を求めなさい。

(1)　円が直線上を５回転したときに通過した部分（図1）

(2)　円がＡの位置からＢの位置まで直線上と半円の内側を転がったときに通過した部分（図２）

(3)　図のように，直角二等辺三角形が直線上に並べてあります。円がＡの位置からＢの位置まで辺上を転がったときに通過した部分（図３）

　ただし，円がＡ，Ｂの位置にあるとき，円は左右両方の三角形の辺に接しています。

(図１)

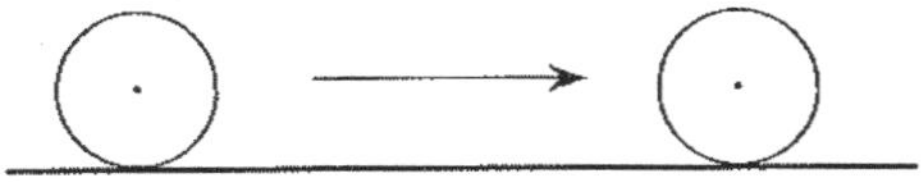

(図２)

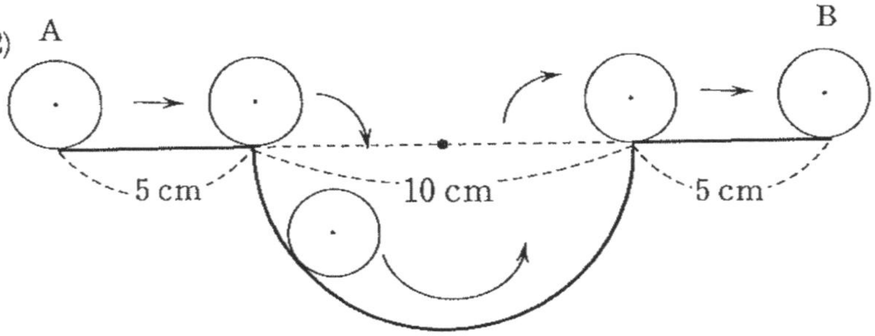

(図３)

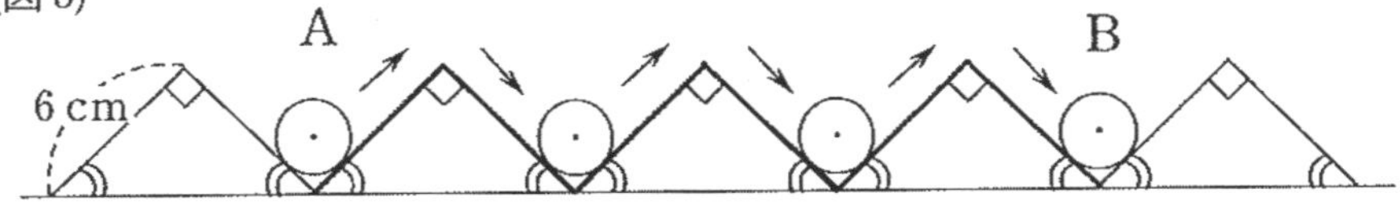

2024
2

理　　　科

（ 試験時間　３０分 ）

※50 点満点・解答用紙・配点非公表

注　意

1．開始の合図があるまでこの冊子《さっし》を開いてはいけません。

2．この冊子は１ページから10ページまであります。解答用紙は中にはさんであります。

3．開始の合図があったら、問題冊子の表紙・解答用紙に受験番号および氏名を記入しなさい。

4．解答はすべて解答用紙に記入しなさい。解答を書き直す場合は、前に書いたものをきれいに消してから書き直しなさい。

5．特に指示のないかぎり、漢字で書けないときはひらがなで解答しなさい。

6．終《しゅう》了《りょう》の合図があったら、ただちに筆記用具を置いて、指示に従《したが》いなさい。

受験番号						氏名	

駿台甲府中学校

1　だ液のはたらきについて後の問いに答えなさい。

だ液のはたらきについて調べるため、次のような実験を行いました。

【実験】

4本の試験管（試験管1～4）に、ご飯をすりつぶして水を加えた液をそれぞれ入れました。下の表の条件でそれぞれ処理し、しばらくした後、試験管にヨウ素液を加えました。

番号	加えたもの	温度
試験管1	水	5℃
試験管2	だ液	5℃
試験管3	水	40℃
試験管4	だ液	40℃

問1　ヨウ素液は何を調べるためのものですか。次の①～④から、正しいものを1つ選び、番号で答えなさい。

①　白色から無色に変わることで、二酸化炭素がふくまれていることがわかる。

②　無色から白色に変わることで、二酸化炭素がふくまれていることがわかる。

③　うすい黄色から青むらさき色に変わることで、でんぷんがふくまれていることがわかる。

④　青むらさき色からうすい黄色に変わることで、でんぷんがふくまれていることがわかる。

問２　試験管 1～4 のうち、ヨウ素液の色が変化すると考えられるものを**すべて**選び、番号で答えなさい。

問３　次の文は、だ液のはたらきについて述べたものです。次の文の空欄《らん》に当てはまる適切なことばをそれぞれ答えなさい。

> ご飯を口に入れ、よくかむことで、口の中ではだ液が出てご飯とよく混ざり、ご飯にふくまれる（　ア　）は体に吸収されやすい別の物に変化します。このはたらきを（　イ　）といいます。

問４　右の図は、ヒトの臓器を表しています。ご飯にふくまれ、口の中で体に吸収されやすくなった物は、①どの臓器で吸収され、②どの臓器にたくわえられますか。

それぞれ右の図の㋐～㋓から１つずつ選び、記号とその臓器の名前をそれぞれ答えなさい。

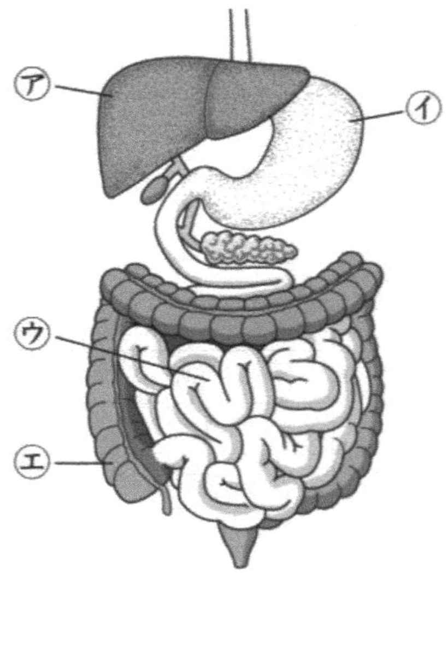

2 食塩とホウ酸の水へのとけ方の違いについて調べるため、次のような実験を行いました。後の問いに答えなさい。

【実験 1】

食塩とホウ酸について、水の量ととける量との関係を調べる実験を行った。

ア　メスシリンダーを使って、水を 50mL はかりとり、2 つのビーカーにそれぞれ入れた。

イ　計量スプーンを使って、食塩とホウ酸をそれぞれのビーカーにすり切り 1 ぱいずつ入れ、とけ残りがでるまでとかした。なお、すり切り 1 ぱいの食塩の重さは 2.6g、ホウ酸は 2.0g であった。

ウ　温度は 10℃にして水の量を変え、上記と同じ実験を行った。

エ　水の量は 50mL にして温度を変え、上記と同じ実験を行った。

水の量ととける量との関係、水の温度ととける量との関係をそれぞれ表 1、表 2 に表した。

表 1

水の量（mL）	とけた食塩の量	とけたホウ酸の量
50	すり切り 7 はい	すり切り 0.9 はい
100	すり切り 14 はい	すり切り 1.8 はい
150	すり切り 21 はい	すり切り 2.7 はい

表 2

水の温度（℃）	とけた食塩の量	とけたホウ酸の量
10	すり切り 7 はい	すり切り 0.9 はい
30	すり切り 7 はい	すり切り 1.7 はい
50	すり切り 7 はい	すり切り 2.8 はい

【実験 2】

水にとけた食塩をとり出す実験を行った。

ア　とけ残りが出るまで食塩を水にとかした。

イ　ピペットで食塩水を 10mL とり、蒸発皿にうつした。

ウ　蒸発皿を金あみ上で加熱し､液がほとんどなくなったら加熱をやめた。

【実験 3】

水にとけたホウ酸をとり出す実験を行った。

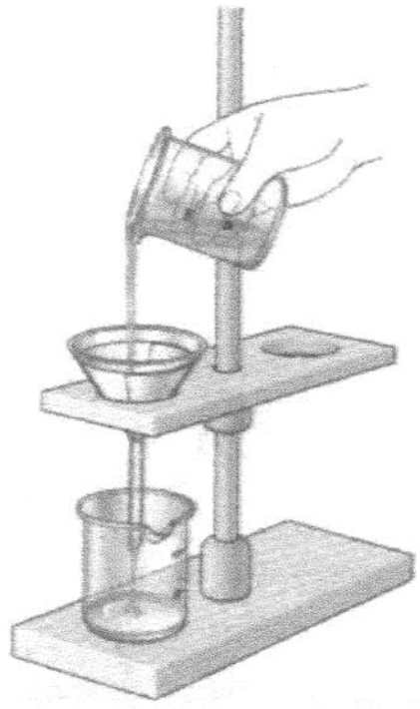

ア　とけ残りが出るまでホウ酸を水にとかした。

イ　アのホウ酸水をろ過した。

ウ　ろ液が入ったビーカーを氷水で冷やした。

エ　図のように、出てきたホウ酸をろ過してとりのぞいた。

問 1　実験 1 について、温度が 10℃で水の量を 500mL にすると、食塩とホウ酸はそれぞれ何 g 水にとけると考えられますか。

問 2　実験 2 について、食塩がとけている液を氷水で冷やしても、食塩をとり出すことがほとんどできません。その理由を答えなさい。

問 3　実験 3 について、図のろ過の操作には、**2つ間違いがあります**。それぞれどのように直せばよいか答えなさい。

問 4　とり出した食塩のつぶの形を模式的《もしきてき》に表したものとして適切なものはどれですか。次の①～④から 1 つ選び、番号で答えなさい。

①

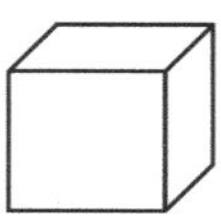

②

③

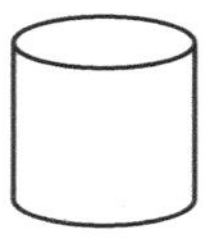

④

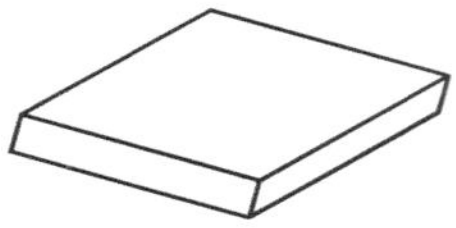

3　下の図は、地球の周りを回る月のようすを北極側のはるか上空から見たものです。このとき、月は図の**ア～ク**のどこかにあるものとします。後の問いに答えなさい。

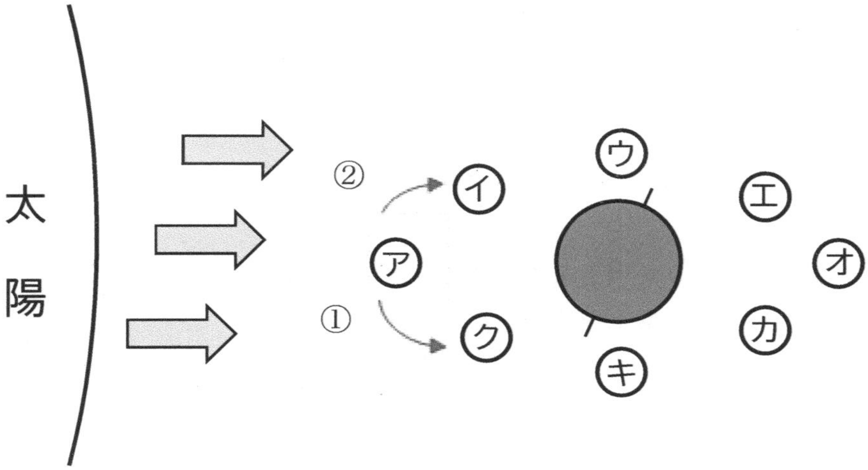

問１　月が地球の周りを回る向きは①、②のどちらですか。番号で答えなさい。

問２　月が㋕の位置にあるとき、地球から見た月はどのように見えるか、解答用紙に書きなさい。ただし、明るく見える部分は何も書かず、暗く見える部分は鉛筆で黒くぬりつぶしなさい。

問３　月が㋕の位置にあるとき、月から見た地球はどのように見えるか、解答用紙に書きなさい。ただし、明るく見える部分は何も書かず、暗く見える部分は鉛筆で黒くぬりつぶしなさい。

問４　月から見た地球が全て暗くなるのは、月がどの位置にあるときですか。図中の**ア～ク**から１つ選び、記号で答えなさい。ただし、月は地球と比べて十分小さいものとします。

問５　地球は 24 時間かけて西から東へ向かって 1 回転します。これを地球の自転といい、時間がたつと月の見える位置が西へ移動していくのはこのためです。1 時間で月は約何度西へ動くか答えなさい。

4　てこについて、後の問いに答えなさい。

問１　上皿てんびんの使い方について、誤りをふくむものを次の①～⑤から**２つ**選び、番号で答えなさい。

①　てんびんを水平なところにおいて使う。

②　使っていない時は両方の皿を、片方のうでにまとめて置く。

③　使用はんいを超えるおもりをのせてはならない。

④　分銅や皿は使った後にぬれた布で、丁寧《ていねい》にふく。

⑤　おもさをはかるときには、軽い分銅から順にのせていく。

問２　図１の実験器具の**ア～ウ**に、支点、力点、作用点をそれぞれかき入れなさい。

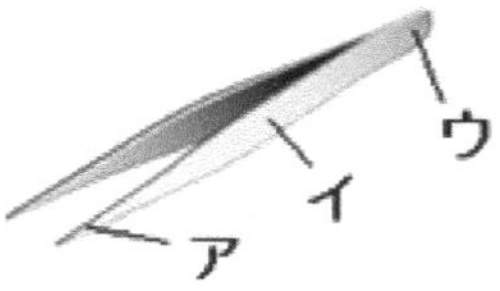

図１

問３　図２のような実験器具を使い、力のつり合いを調べました。ばねばかりで持ち上げ、つり合ったとき、ばねばかりの示す値は何ｇですか。ただし、実験器具の重さは考えなくてもよいものとします。また、図２の実験器具と支点、力点、作用点の位置が同じものは次のどれですか。次の①～④から、正しいものを１つ選び、番号で答えなさい。

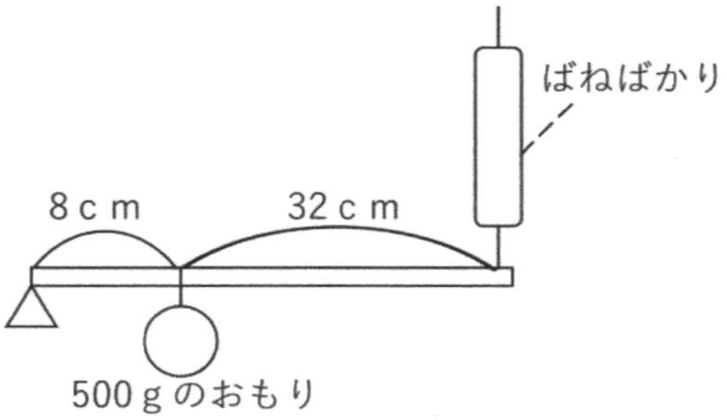

図２

①　ステープラー　　②　せんぬき　　③　くぎぬき　　④　はさみ

問４　図３のように針金を糸でつるし、水平につり合った状態（ア）にしました。その後、針金の片方を折り曲げた状態（イ）にすると左右のつり合いはどうなりますか。次の①～③から１つ選び、番号で答えなさい。

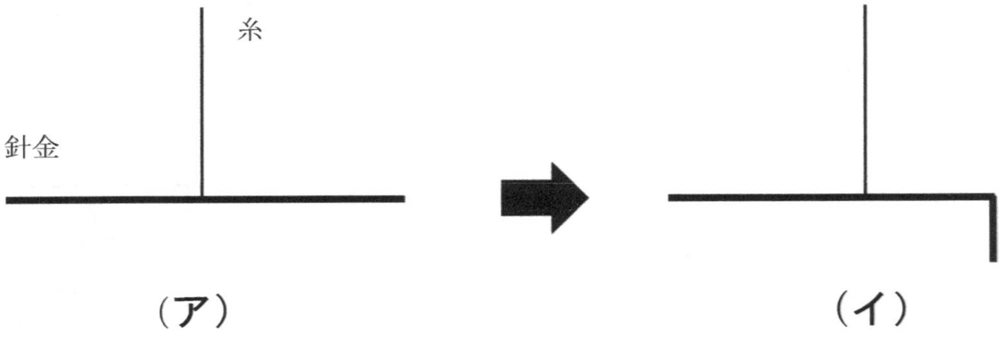

図３

①　右にかたむく。

②　左にかたむく。

③　動かない。

5　後の問いに答えなさい。

問１　部屋全体を適切な温度にするために、私たちはエアコンを使います。エアコンのふき出し口は、冷房《れいぼう》の際は上向きに、暖房《だんぼう》の際は下向きにすると、より効果が上がります。その理由を、空気の性質に注目して答えなさい。

問２　3枚《まい》の長方形の鏡ではね返した日光を、右の図のように日かげのかべに当てて重ねました。2番目に温かくなる部分を図の①～⑦より、**すべて**選び、番号で答えなさい。

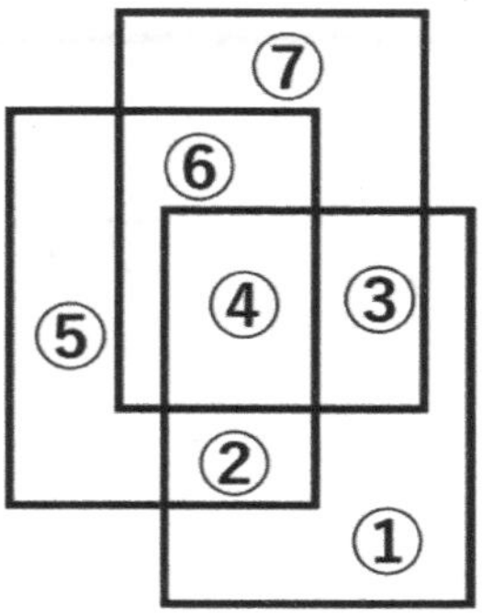

問３　月の表面は、岩や砂におおわれていて、月自身は光っていません。しかし、夜空の月を見ると光っているように見えるのはなぜですか。簡単に説明しなさい。

問４　植物のからだの中の水の移動について、次の①～⑥から、正しいものを**すべて**選び、番号で答えなさい。

①　植物はからだ全体から水を取り入れている。

②　植物の根、くき、葉には水の通り道がある。

③　根から取り入れられた水は、植物のからだをめぐり、根から出ていく。

④　根から取り入れられた水は、くきを通って、おもに葉から出ていく。

⑤　葉から取り入れられた水は、くきを通って、おもに根から出ていく。

⑥　植物は葉から水を取り入れ、養分を作り出す。

このページには問題は印刷されていません。

2024
2

社　　　会

（ 試験時間　３０分 ）

※50 点満点・解答用紙・配点非公表

注　　意

1．開始の合図があるまでこの冊子《さっし》を開いてはいけません。
2．この冊子は１ページから15ページまであります。解答用紙は中にはさんであります。
3．開始の合図があったら、問題冊子の表紙・解答用紙に受験番号および氏名を記入しなさい。
4．解答はすべて解答用紙に記入しなさい。解答を書き直す場合は、前に書いたものをきれいに消してから書き直しなさい。
5．終了《しゅうりょう》の合図があったら、ただちに筆記用具を置いて、指示に従《したが》いなさい。

受験番号						氏名	

駿台甲府中学校

1　駿助《しゅんすけ》さんは、**A**、**B**、**C**の都道府県について調べています。次の地図を見て、後の問いに答えなさい。

問１　**A**に関して、後の問いに答えなさい。

(1)　**A**の都道府県庁所在地名を、**漢字**で答えなさい。

(2)　**A**、岐阜《ぎふ》県、三重《みえ》県の都道府県境の近くには木曽三川《きそさんせん》とよばれる大きな川が３本流れています。次の図は、岐阜県海津《かいづ》市を中心としているものです。**あ**にあてはまる川の名前を、**漢字**で答えなさい。

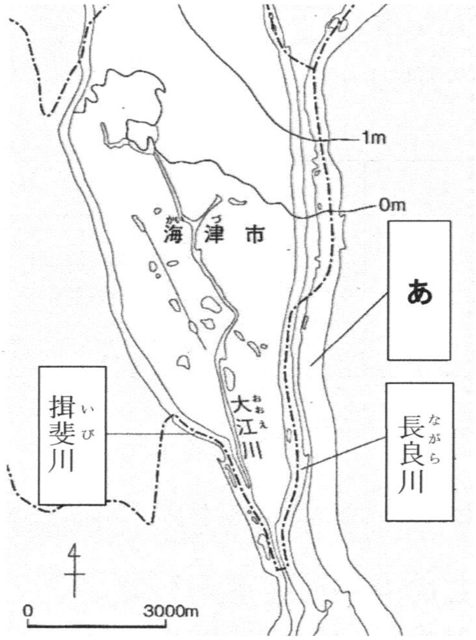

問２　**B**に関して、後の問いに答えなさい。

(1)　**B**の都道府県名を、**漢字**で答えなさい。

(2)　**B**にある北九州《きたきゅうしゅう》市では、公害が発生しました。全国で発生した公害の中でも、特に被害の大きかったものは四大公害病とよばれます。次の表は、四大公害病のうちの１つを示したものです。[　　　]にあてはまる語句を答えなさい。なお、[　　　]にはすべて同じ語句が入ります。

公害	内容
[　　　]病	1953 年ごろから、[　　　]湾《わん》周辺で集団的に発生。工場から海に流された水銀が原因。手足がしびれる、目や足が不自由になるなどの症状《しょうじょう》があらわれた。

(3)　公害を防ぐために行われた取り組みを、１つ簡潔《かんけつ》に書きなさい。

問３　**C**に関して、後の問いに答えなさい。

(1)　下の図は、世界自然遺産《いさん》とラムサール条約(注)の登録地を示したものです。
□にあてはまる世界自然遺産の名前を、**漢字２字**で答えなさい。

(注)　水鳥などのすみかとして大切な湿地《しっち》を守るための国際的な取り組み。

(2)　次の表は、さんまの漁獲《ぎょかく》量の上位４都道府県を示したものです。この表から読み取れることとして正しいものを、下の①～④から１つ選び、番号で答えなさい。なお、全国のさんまの漁獲量は297（百 t）です。

	第１位	第２位	第３位	第４位
都道府県	**C**	岩手《いわて》県	宮城《みやぎ》県	富山《とやま》県
さんまの漁獲量（百 t）	121	43	37	31

データは2020年　　農林水産統計データをもとに作成

①　第１位から第４位までの都道府県は、すべて東北地方に位置する。

②　岩手県のさんまの漁獲量は、**C**の約３倍である。

③　第２位から第４位までのさんまの漁獲量を足すと、**C**を超える。

④　**C**のさんまの漁獲量は、全国の30%を超える。

(3)　次の雨温図は、**A**～**C**の都道府県庁所在地と沖縄《おきなわ》県那覇《なは》市の雨温図です。**C**の雨温図として正しいものを、①～④から１つ選び、番号で答えなさい。

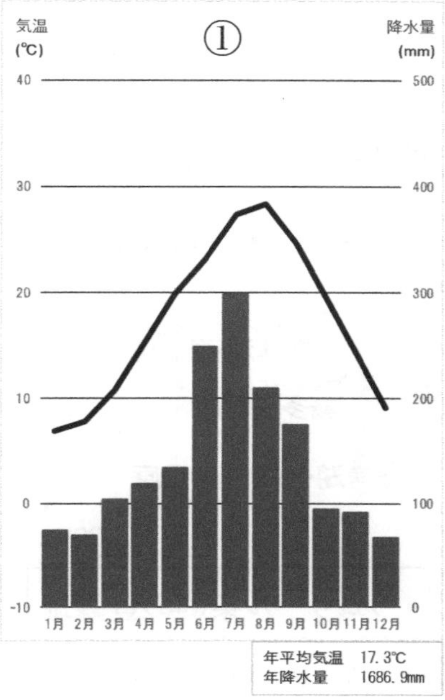

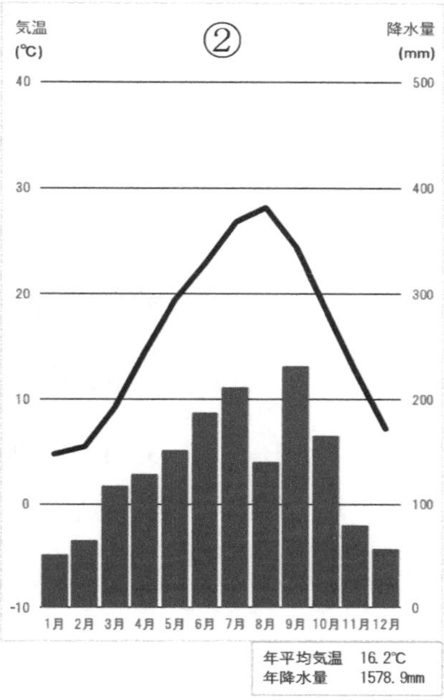

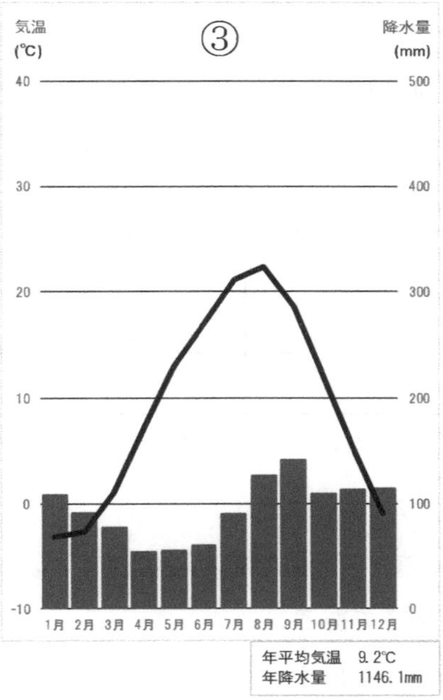

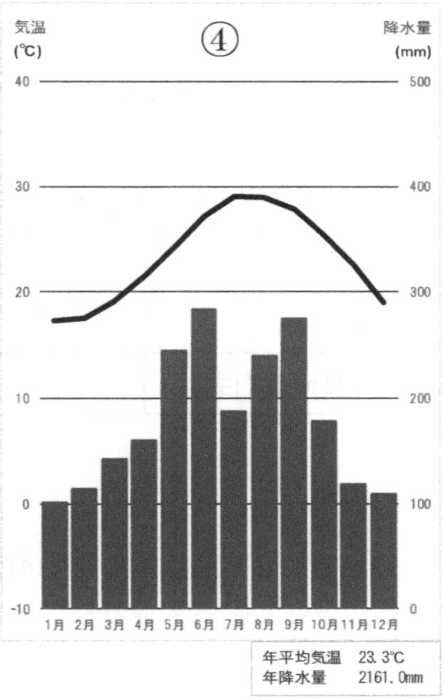

気象庁のデータをもとに作成

2　次の会話文を読み、後の問いに答えなさい。

先生：今年は東日本大震災《だいしんさい》から 13 年目になりますね。

生徒：**ア 東日本大震災** は生まれる前に起きたので、よく知らないんですよね。どのような震災だったんですか？

先生：それまでに日本人が経験してきた中で最大の地震《じしん》でした。特に高さ 10 メートルを超《こ》える巨大な津波が発生し、多くの人が命を落としました。福島《ふくしま》第一原子力発電所で起きた原発事故も大きな被害を出しました。

生徒：それは怖《こわ》いですね。震災が起きた時はどのような対応がとられたんですか？

先生：前代未聞の大地震だったので対応が難《むずか》しかったのですが、例えば被災した各県では、必要な物資を全国から送ってもらったり、自衛隊に出動を要請したりして、被災地の人々の救助を急ぎました。津波の被害を受けた **イ 各市町村** では、避難《ひなん》所の開設、被害状況《じょうきょう》の確認などを行いました。

生徒：災害時を想定して考えられていた対策《たいさく》が、素早い対応につながったのですね。被災地の人々はその後どうなったのでしょうか。

先生：震災後、被災地の復興に向けて様々な努力がされてきました。 **ウ 政府** は被災地の復旧のために復興庁を新たにつくり、2013 年からは新たに復興特別税を設けるなど、復興に向けた取り組みを行っています。

生徒：国民の納《おさ》める税金も、復旧・復興に役立っているんですね。

先生：そうです。そして、こうした努力の結果、多くの被災地には人々が戻《もど》り、復興が進みました。しかし一部の地域では、復興があまり進んでいない地域もあります。福島第一原子力発電所の付近の住民は、放射能汚染《ほうしゃのうおせん》などの影響《えいきょう》で長い間故郷《こきょう》に帰ることができませんでした。

生徒：故郷に帰れないのは心細いですよね。それはこの前の授業で習った日本国憲法《にほんこくけんぽう》の **エ 「基本的人権《じんけん》の尊重《そんちょう》」** に反する気もします。

先生：確かに憲法には「居住・移転の自由」の権利《けんり》が記されています。しかし、災害の影響によるものなので判断が難しいですね。

生徒：**オ 最近では地震の他にも大雨や洪水《こうずい》、大雪などの災害が各地で起きていますよね。** 私たちの住む地域でも、災害が起きるかもしれないと思うと恐《おそ》ろしいです。

先生：災害《さいがい》から生《い》き延《の》びるために、日ごろから防災対策《たいさく》をしておくことが重要です。

問１　次の文章は、下線部**ア**について述べたものです。文中の［ A ］・［ B ］に当てはまる語句の組み合わせとして正しいものを、下の①～④から１つ選び、番号で答えなさい。

> 2011 年 3 月 11 日に発生した［ A ］地方太平洋沖地震では、岩手県、宮城県、福島《ふくしま》県、茨城《いばらき》県など広い範囲《はんい》で大きな被害が生じた。特に最大 14 メートルを観測した巨大《きょだい》な津波は大変な被害を出し、町は壊滅し、多くの命が奪《うば》われた。震災後も帰る場所を失った被災者は長い［ B ］での生活を強いられるなど困難《こんなん》に見舞われた。

① **A**－東北　**B**－避難所　　② **A**－関東　**B**－自宅

③ **A**－東北　**B**－自宅　　④ **A**－関東　**B**－避難所

問２　下線部**イ**について、都道府県や市町村で行われる政治について述べた文として正しいものを、下の①～④から１つ選び、番号で答えなさい。

①　地域の住民は選挙によって市区町村議会や都道府県議会の議員を選び、議会が首長を選任する。

②　市区町村の首長は、市区町村議会の解散権を持ち、議会は予算・条例の議決と首長への不信任決議ができる。

③　市区町村は、国の法律《ほうりつ》に反したとしても、独自に条例を制定することができる。

④　日本のすべての市区町村では、住民や会社の納める税金より、国や県からの補助金の方が多く、社会問題となっている。

問３　下線部**ウ**について、後の問いに答えなさい。

(1)　次の文章は政府の働きについて述べたものです。文中の下線部①～⑤から、**誤《あやま》っているもの**を**２つ**選び、番号で答えなさい。

日本では、日本国憲法により三権分立が定められており、国会、内閣、裁判所がそれぞれ **① 立法、行動、司法** の権力を持つ。国会は、 **② 法律** を作り、国の政治の方向を決める働きを持つ。内閣は国会で決められた **③ 予算や法律** に基づいていろいろな仕事を、責任をもって行う。裁判所は **④ 条約** に基づいて社会での争いごとを解決し、国民の権利を守る仕事を担っている。これらの政府の働きは **⑤ 互いにバランスを保ちながら** 国民の権利を守る働きをしている。

(2)　**Ｘ・Ｙ**は災害時に政府（国）が行う対応について説明した文です。**Ｘ・Ｙ**の正誤の組み合わせとして正しいものを、下の①～④から１つ選び、番号で答えなさい。

Ｘ：震災時、都道府県は救助活動の実施に人手を割《さ》くため、警察や消防、ほかの都道府県との連絡・調整は行わない。

Ｙ：災害時、都道府県は自衛隊に出動を要請《ようせい》し、政府は自衛隊の出動を命令する。

① **Ｘ**－正　**Ｙ**－正　　② **Ｘ**－正　**Ｙ**－誤

③ **Ｘ**－誤　**Ｙ**－正　　④ **Ｘ**－誤　**Ｙ**－誤

問４　下線部**エ**について、日本国憲法では「基本的人権の尊重」が基本原則として掲げられています。日本国憲法について後の問いに答えなさい。

(1)　憲法では、様々な基本的人権が保障《ほしょう》されています。**「教育」**という語句を用いて、憲法で認められている基本的人権の保障の具体例を、１つ答えなさい。

(2)　今の日本には三権分立という仕組みがあり、憲法にも定められています。次の図は三権分立の関係を示しています。図中の空欄 **あ** ～ **う** に当てはまる語句を、下の①～⑥からそれぞれ１つずつ選び、番号で答えなさい。

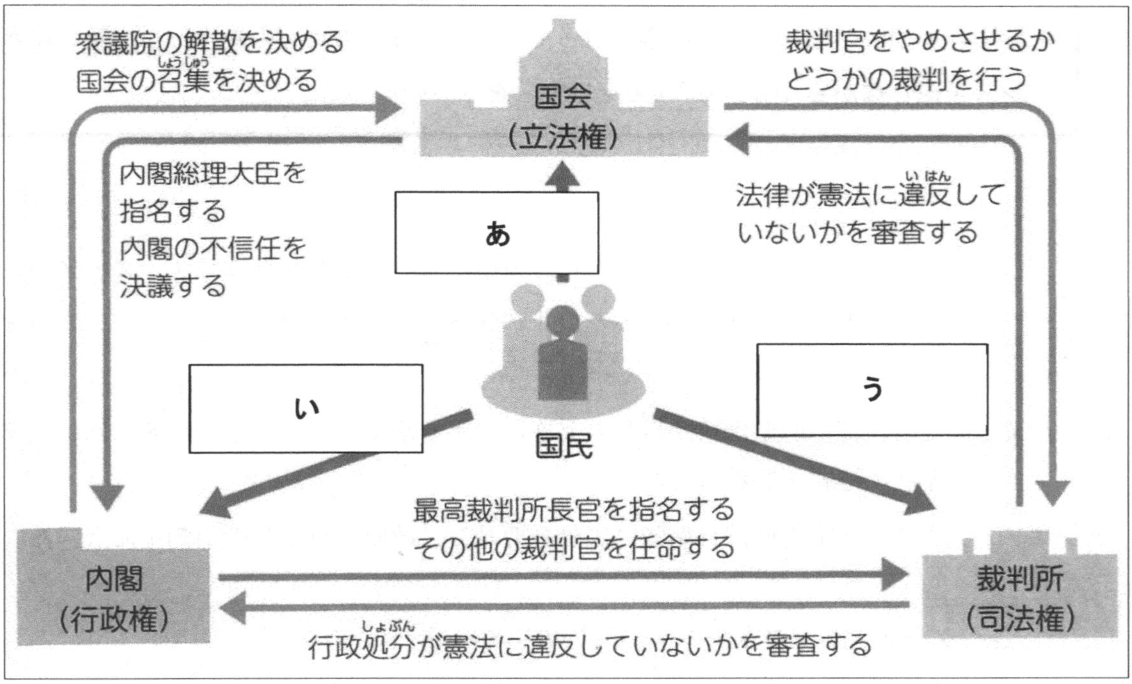

①　国会の解散権	②　国会議員の選挙	③　世論《せろん》《よろん》	④　国民投票
⑤　最高裁判《さいばん》所裁判官の国民審査《しんさ》		⑥　地方裁判所への選挙権	

問５　下線部**オ**に関して、次の表は近年発生した災害をまとめた表です。下の地図中**A**、**B**の位置で起きた災害を、表中の①～④からそれぞれ１つずつ選び、番号で答えなさい。

発生年	起きた災害
2016 年 4 月	①　熊本《くまもと》を中心に発生した震度《しんど》7 の地震。本震のほかに、規模《きぼ》の大きい誘発《ゆうはつ》地震が多発した。
2018 年 7 月	②　広島《ひろしま》県、岡山《おかやま》県、愛媛《えひめ》県に甚《じん》大な被害をもたらした豪雨。死者は 200 人を超え、水害による死者としては平成最大となった。
2018 年 9 月	③　北海《ほっかい》道胆振《いぶり》地方で発生。北海道では初の震度 7 の地震だった。発電所が被災し、北海道全地域で停電が発生した。
2021 年 7 月	④　静岡《しずおか》県熱海《あたみ》市で発生。死者 28 人、136棟《むね》の建物が被害を受けた。発生の原因として山間部のずさんな盛《も》り土《ど》が指摘《してき》されている。

参照：内閣府防災情報

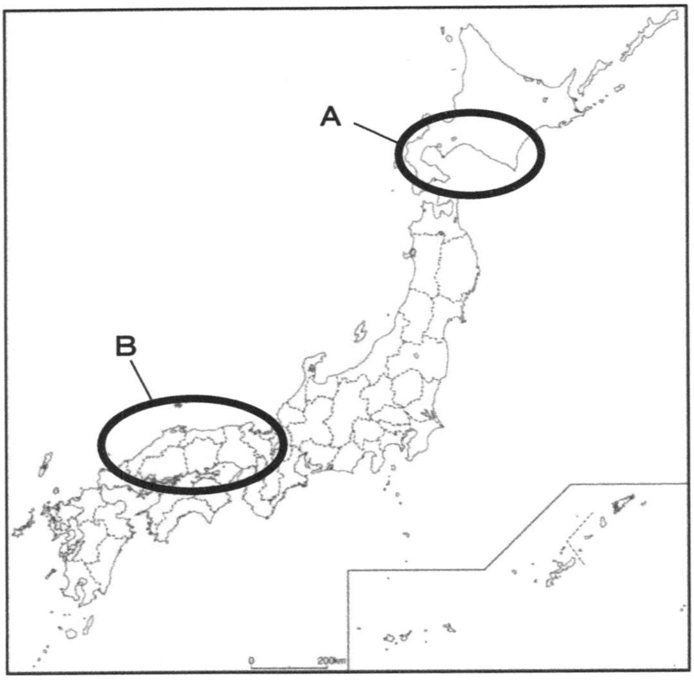

3　次のある新聞記事でのコラムを読んで、後の問いに答えなさい。

昨年は「すずめの戸締《とじま》り」や「ザ・ファースト・スラムダンク」などの日本産アニメ映画《えいが》が国内にとどまらず、**ア　アジアの国々**においても大ヒットした。また、日本のキャラクターを映画化した「ザ・スーパーマリオブラザーズ・ムービー」も世界中で大ヒットを記録した。政府のクールジャパン戦略の下、アニメ文化は今や世界に誇《ほこ》る現代日本のオリジナル文化であるが、日本文化の移り変わりの様子を見てみると、日本は海外文化を多く取り入れ、独自の文化に発展させてきた様子がわかる。

今から1万年ほど前、氷期を終え、長らく海によって閉ざされていた日本は、仏教伝来によって**イ　日本最初の仏教文化**である飛鳥文化が栄えた。やがて、海外との交流が盛《さか》んになり、仏教文化が発展していく中で**ウ　天平文化**へと変化をとげていった。そして、平安時代の頃《ころ》、朝廷《ちょうてい》内で権力《けんりょく》を強めた貴族たちは、取り入れた海外文化を土台にしつつも、**エ　日本の風土や文化に合った独自の文化**をつくりだした。しかし、**オ　政権《せいけん》は朝廷から幕府へ**と移り、武士たちが権力をにぎったことにより、武士の好みが反映された文化がおきた。続いて、政権を確立した室町幕府《ばくふ》の下で、金閣に代表される北山文化と銀閣に代表される東山文化に分かれる室町文化が栄え、**カ　現代の日本に引き継がれる多くの伝統文化**が生み出された。しかし、戦国時代となると、全国各地で戦国大名たちによる独自の文化に分かれ、加えて、南蛮《なんばん》貿易によって**キ　ヨーロッパ文化が国内に流入**した。混乱《こんらん》の時代の中、全国統一を果たした豊臣秀吉の時代には、大名や商人たちの豊かな富を背景にした桃山文化が花開いた。

そして、江戸時代。江戸幕府の下では、**ク　権力・身分上は武士が大きく力を持ち**ながらも、戦乱《せんらん》が終わり平和になった世の中で豊かになった**ケ　町人が文化を形成**していった。現在の日本国憲法においては、政権は政府に移り、**コ　国民の権利**が広く認《みと》められてきた。令和のこの時代に栄える文化は、果たしてどのような文化として歴史に記録されていくのだろうか。

駿甲日日新聞　2024年1月1日付

コラム「挑戦精神」より

問１　下線部**ア**に関して、アジア州に**ふくまれない**国を、次の①～④から１つ選び、番号で答えなさい。

①　オーストラリア　　②　モンゴル　　③　インド　　④　マレーシア

問２　下線部**イ**に関して、中国の仏教や政治の仕組みを取り入れるために、中国へ小野妹子らが使者として送られました。その当時の中国を何というか、次の①～④から１つ選び、番号で答えなさい。

①　漢　　②　隋《ずい》　　③　唐《とう》　　④　宋《そう》

問３　下線部**ウ**に関して、この時代に全国各地に国分寺や国分尼《に》寺、奈良には東大寺が建てられ、大仏づくりが命じられました。この政策《せいさく》を命じた天皇は誰《だれ》か、答えなさい。また、この政策の目的を、簡潔《かんけつ》に説明しなさい。

問４　下線部**エ**に関して、この頃に日本独自の文字であるかな文字が発展《はってん》しました。かな文字はひらがなとカタカナへと分かれ、現在まで用いられています。次のⅠ・Ⅱの文字の元となった漢字を、下の①～⑤からそれぞれ選び、番号で答えなさい。

Ⅰ	Ⅱ
あ	イ

①　於　　②　伊　　③　衣　　④　安　　⑤　宇

問５　下線部**オ**に関して、朝廷内で権力をにぎっていた平氏と争った源氏《げんじ》が、源平《げんぺい》合戦に勝利した壇《だん》ノ浦《うら》の戦いが行われた場所を、次の地図中の①～④から１つ選び、番号で答えなさい。

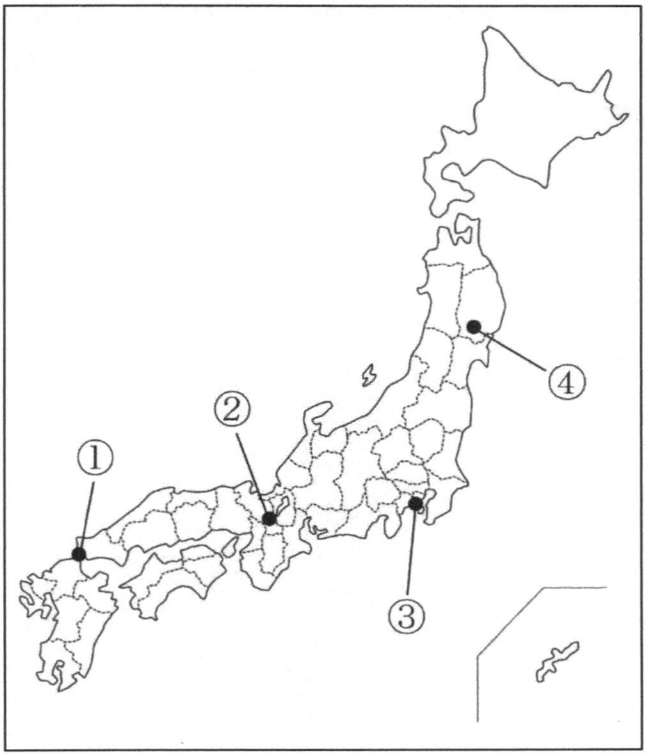

問６　下線部**カ**に関して、室町文化から現代まで引き継《つ》がれる伝統として**誤っているもの**を、次の①～④から１つ選び、番号で答えなさい。

①　生け花　　②　盆踊り　　③　和室　　④　歌舞伎

問７　下線部**キ**に関して、次の資料を見て、この頃に日本で布教され、信者が増えたとされる宗教《しゅうきょう》を答えなさい。

問８　下線部**ク**に関して、武士や大名を取り締《し》まるために江戸幕府が制定した法律を、**漢字**で答えなさい。

また、その法律において、各地の大名は１年おきに江戸と藩《はん》を行き来しなければいけない制度が定められました。これを定めた３代将軍は誰か、次の①～④から１つ選び、番号で答えなさい。

①　足利尊氏　　②　足利義満　　③　徳川家康　　④　徳川家光

問９　下線部**ケ**に関して、この頃に活躍した人物と関連する芸術分野の組み合わせとして正しいものを、下の①～④から１つ選び、番号で答えなさい。

①　雪舟《せっしゅう》　－　水墨《ぼく》画　　②　近松門左衛門《ちかまつもんざえもん》　－　人形浄瑠璃《じょうるり》

③　葛飾北斎《かつしかほくさい》　－　俳《はい》句　　④　松尾芭蕉《まつおばしょう》　－　浮世絵《うきよえ》

問10　下線部**コ**に関して、日本国民は、誰《だれ》でも裁判《さいばん》を受ける権利が保障されています。裁判の仕組みとして**誤っているもの**を、次の①～④から１つ選び、番号で答えなさい。

①　判決内容に不服がある場合は、上級の裁判所に訴《うった》え、同じ事件について３回まで裁判を受けることができる。

②　刑罰《ばつ》が軽い犯罪の裁判に、国会議員から選ばれた裁判員が加わる裁判員制度がある。

③　最高裁判所は東京のみに、地方裁判所は各都道府県庁所在地と釧路《くしろ》・旭川《あさひかわ》・函館《はこだて》にある。

④　裁判は原則として、公開して行うこととされ、誰でも見聞きすることができる。

専願

2023
1

国語

（試験時間　五〇分）

注意

1．開始の合図があるまでこの冊子《さっし》を開いてはいけません。

2．この冊子は一ページから二十一ページまであります。解答用紙は中にはさんであります。

3．開始の合図があったら、問題冊子の表紙、解答用紙に受験番号および氏名を記入しなさい。

4．解答はすべて解答用紙に記入しなさい。解答を書き直す場合は、前に書いたものをきれいに消してから書き直しなさい。

5．最後に作文の問題があります。

6．終了《しゅうりょう》の合図があったら、ただちに筆記用具を置いて、指示に従《したが》いなさい。

受験番号						氏名	

2023(R5) 駿台甲府中　専願
K 教英出版

駿台甲府中学校

一 次の①～⑩の傍《ぼう》線のついた漢字をひらがなに、カタカナを漢字に直しなさい。

① 友人の一言で空気が和む。

② 彼《かれ》は見聞のひろい人だ。

③ ある分野で頭角をあらわす。

④ 家族と海辺で遊ぶ。

⑤ 時間をかけて油絵を描《か》く。

⑥ ニチヨウ品の価格が上がる。

⑦ 山梨県にイジュウする。

⑧ 彼はカンジュ性が非常に強い。

⑨ 私《わたし》の姉はシュゲイが得意だ。

⑩ 準備にかかる費用をサンシュツする。

二 次の文章を読んで、後の問いに答えなさい。＊のついた言葉は後の〈注〉もよく読みなさい。

桜丘《さくらがおか》小学校の運動会では、六年生による人間タワーと呼《よ》ばれる＊組体操《くみたいそう》が伝統となっている。昨年の落下事故の影響《えいきょう》もあり、今年の組体操の実施《じっし》について学年主任の沖田《おきた》先生を中心とした六年生全員による話し合いが行われた。沖田先生が話し合いを誘導《ゆうどう》したこともあり、賛成派《は》が大多数を占《し》めた。学校での話し合いを終えた青木栄太郎《あおきえいたろう》と安田澪《やすだみお》は、塾《じゅく》へと向かう。

澪は、規律《きりつ》をしっかり守らせる沖田先生の統率力を気に入っていたから、その＊沖田先生の汚《きたな》いところを見てしまったように感じて＊暗澹《あんたん》とした気持ちになった。と同時に、沖田先生がこれほどタワーを作りたがっているのに、Xうかうかと「反対」に手を挙げてしまったことを悔《く》やんだ。今日、I母親からの手紙を沖田先生に渡《わた》さなくて良かったと、心から思った。

「国貞《くにさだ》がばかなことを言ったせいで、賛成派を勢いづかせたと思わない？」

青木は顔をしかめて言った。

「おまけに泣き出すしさ。あいつ、ディベートのやり方、分かってないな。痛《いた》いとか重いとか、主観的なことばっかり言うんじゃなくて、組体操の事故が何件起きているとか、ある自治体は組体操を禁止したとか、客観的な事実を言えば良かったんだよ」

「そうかな。わたしは、どんな客観的な事実より、国貞さんの言ったことがア人間タワーの本質をついていたと思うけど」

「あれが、本質？」

青木が薄《うす》ら笑いを浮《う》かべた。

「うん。そう思う。国貞さんが『下は重くて痛い』って言ったら、『上にのるのだって怖《こわ》いんだよ』って言い返した子たちがいたけれど、『痛い』と『怖い』は別物だもの。『痛い』は肉体的なもので『怖い』は精神的なものでしょ」

「だから？」

「その二つは比べられないっていうこと」

「そうかなあ」

「あとね、国貞さんが言っていたとおり、土台になる下の人は、上の人に、やられっぱなしだよ。何もできない。背《せ》中をぐらぐら揺《ゆ》らすとかできるけど、それで万が一潰《つぶ》れちゃったら、自分の方が怪我《けが》するでしょ。だから、下の人は平たくて丈夫《じょうぶ》な背中をただ上の人のために差し出さなきゃならない。重くて、痛いのに。でも、上の人は、自分の気持ちひとつで、どんなふうにものれるでしょ。思いやりをもってそっとのることもできるし、わざと踏《ふ》みつけることもできる。上の人には選択肢《せんたくし》がある。下の人にはそれがない。圧倒的《あっとうてき》に、上にのる人が有利だよ。そういう仕組みになってるんだよ、人間がつくるピラミッドって」

青木が急に立ち止まった。青木はまっすぐ澪を見ていた。薄ら笑いが消えていた。

「すげえ。安田さん、それ、みんなの前で言えばよかったのに」

青木は真顔でそう言った。

青木の意外な素直さに動揺《どうよう》して、「言わないよ。わたしは上にのる側だから」つっけんどんに澪は言った。

とたん、大きな声で、

「ひどいな、おまえ！」

青木は言った。

澪は慌《あわ》てたが、青木は笑っていた。その笑顔は、さっぱりしていて、裏《うら》がなかった。だから澪は安心して、

「わたしは人間タワーには反対だけど、人間タワーをやらないことにも反対」

と言った。
「は？　どういうこと？」
「今日の話し合いで、出畑《でばた》くんや近藤《こんどう》さんの発言を聞いてたら……」
「デベソは＊単細胞《たんさいぼう》なんだよ。近藤はうるさいだけで頭悪いし。去年、骨折《こっせつ》した子がいるから今年はやらないだろうって、うちのお母さん言ってた。国貞の親も反対してるらしいし」
「だけどさ、青木くんは応援《おうえん》団長でしょ。国貞さんも選抜《せんばつ》リレーの選手。運動会って、だいたい体が大きい子の方が、活躍《かつやく》の場があるじゃない。わたしとか出畑くんみたいな小さい子のほうが目立てる種目がちょっとはあってもいいんじゃないかって気もしない？」
そう言うと、青木はまた、黒目をふちどる白い部分が丸く見開かれるような、イ漫画《まんが》みたいな顔をして、
「安田さんて、志望校どこなの」
と訊《き》いてきた。
「え？」
脈絡《みゃくらく》のない質問に、澪の顔はひきつった。青木の目に邪気《じゃき》はない。澪はこわばった口角をなんとか持ち上げ、苦笑いに変えて、
「何、急に。そんなのまだ決まってないよ」
と言った。
「安田さん、言うことが天才的だから、すごいところに受かりそうだな」
青木は言った。

澪は、思ったことをすぐ口にする青木のこどもっぽさに呆《あき》れた。
「じゃあ青木くんはどこなの」
そう訊くと、青木はするりと難関《なんかん》校を挙げた。
「ふうん」
としか、澪は言えなかった。
通りを曲がると塾の看板《かんばん》が見えた。青木ははっとした顔になった。
「やべえ、もう始まってるじゃん。走ろうぜ」
澪が首をふると、青木は「じゃ、俺《おれ》行くから」と短く言って、躊躇《ちゅうちょ》なく澪をおいて駆《か》けて行った。

（中略《ちゅうりゃく》）

スマホをしまいながら、母から来ていたメッセージを思い出す。
―お手紙、学校の先生に出してくれたよね。
ずしんと心が重たくなった。
もしかしたら今日の夜、もう一度母に確認《かくにん》されるかもしれない。そうしたら、どう答えよう。澪がY口ごもったとたん、母は学校に電話して確認するだろう。それだけは避《さ》けたい。絶対に。
いっそ、人間タワーはやらないことになったと母に言ってしまおうか。前の学校の先生のことだって、保護者会のことだって、母はいまだに知らないままでいる。心配性なわりに、母はいつも、表面的な情報で満足する。知らせないことで母を守れるということに、十一歳《さい》の澪は、気づいている。

運動会の当日になってしまったら、母ももう文句は言えないはずだ。そう思っていったん安心した後で、それとも、と澪は思いつく。それとも、人間タワーを別の何かに変えてはいけないのだろうか。始業式の日に沖田先生は、ふたつの小学校の『合併《がっぺい》を象徴《しょうちょう》する何かを作ろう』と、二十数年前の六年生が提案したのが人間タワーだったと言っていた。それならば、別の何かを、今の何かを、六年生が提案してもいいのではないか。例えば、この間の練習で見たウェーブ。沖田先生は、こんなんじゃだめだと怒《おこ》っていたけれど、隣《となり》の組が作りだすウェーブを、もっと滑《なめ》らかで、烈《はげ》しい、そして平等な何かに発展《はってん》させられはしないか。［A］も［B］もない、［C］や［D］の辛《つら》さの差を比べ合うようなこともない。そんな何かに……。

（朝比奈《あさひな》あすか『人間タワー』文春文庫刊より。出題にあたり省略《しょうりゃく》や表記を改めた部分があります。）

〈注〉

＊組体操……複数の人間が、支え合ったりバランスを取り合ったりしながら、集団で様々な形を作る体操。

＊沖田先生の汚いところ……学年での話し合いの際に、賛成派の意見を多く拾って反対派の児童が意見を言い出しづらい状態を作ったこと。

＊暗澹とした気持ち……この先に希望が持てず、不安で暗い気持ち。

＊単細胞……からだが一つの細胞《さいぼう》で成り立っていること。ここでは、物事をあまり深く考えない人の意味。

問一　二重傍《ぼう》線部**X**「うかうかと」、**Y**「口ごもった」（口ごもる）の本文中の意味として最適《さいてき》なものを、次の**あ**～**え**の中から一つずつ選び、それぞれ記号で答えなさい。

X「うかうかと」

あ　おそるおそる

い　よく考えもせずに

う　いつもより積極的に

え　周りに合わせようとして

Y「口ごもった」

あ　意識して、大声で話さなかった

い　口の中に、物が入っていなかった

う　ためらって、はっきりと言わなかった

え　言葉を発するときに、あまり口を開かなかった

問二　傍線部**ア**「人間タワーの本質」とありますが、その内容を説明したものとして最適なものを、次の**あ**～**え**の中から一つ選び、記号で答えなさい。

あ　下から支える人だけではなく、上にのる人も身体的な苦痛《くつう》を感じており、どの立場の人も同じ苦しさを感じながらも、それに打ち勝とうとしているということ。

い　上にのる人はどのようにのるか自分で選択《せんたく》できるため、苦しさとともに喜びも味わえるが、下から支える人は苦痛を感じるだけなので、両者は理解し合えない関係だということ。

う　下で支える人は支えることに価値《かち》があり、上にのる人は上にのることに価値があるというように、立場によって役割が全く異《こと》なるが、それぞれの立場が等しく価値をもっているということ。

え　上にのる人と下で支える人は両者ともに苦痛を感じるが、その二つの苦痛は種類が異なるものであり、下の人が身体的な苦痛にたえて、自由にのることのできる上の人をひたすら支え続けるということ。

問三　傍線部**イ**「漫画《まんが》みたいな顔をして」とありますが、これは青木の顔を漫画にたとえた表現です。この傍線部に用いられている表現技法と同じ表現技法が用いられているものを、次の**あ**〜**え**の中から一つ選び、記号で答えなさい。

あ　周りの人たちを明るい気持ちにする彼《かれ》は、このクラスの太陽だ。

い　部屋の中にはまるでタワーのように高く積まれた本がある。

う　わたしは駿台甲府中学校に通っている中学一年生だ。

え　強い雨がわたしの部屋の窓《まど》を何度もノックする。

問四　空欄《らん》[A]〜[D]にあてはまる語句を、[A]と[B]はそれぞれ漢字一字、[C]と[D]はそれぞれ漢字二字で答えなさい。

問五　本文中の青木についての説明として最適なものを、次の**あ**〜**え**の中から一つ選び、記号で答えなさい。

あ　どのような状況《じょうきょう》でも他人を見下し、自分の頭の良さに誇《ほこ》りを持つ、自信に満ちた人物。

い　自分のことを優秀《ゆうしゅう》な人間だと思い込《こ》み、他人の言うことを全く聞き入れない、頑固《がんこ》な人物。

う　他人に批判的《ひはんてき》な態度をとってしまうが、心の中では相手のことを第一に考える、思いやりのある人物。

え　自分に自信があり、深く考えずに自分の考えを相手に伝える一方、他人のことを認《みと》めることもできる、素直な人物。

問六　本文中の澪《みお》についての説明として最適なものを、次の**あ**～**え**の中から一つ選び、記号で答えなさい。

あ　伝統ある人間タワーの実施に関して、様々な意見を聞く中で、単に賛成か反対かの意見を出すのではなく、お互いの意見を尊重《そんちょう》しながら、人間タワーのあり方をも含《ふく》めた新たな解決案を見つけようと考え続けている。

い　伝統となっている人間タワーの実施に反対し、沖田先生や青木との関係が崩《くず》れてしまったことをずっと後悔《こうかい》していたため、人間タワーの新しい形を見つけ出して、周囲の人間との関係を修復しようとしている。

う　人間タワーの実施について賛成と反対で意見が分かれている中、お互《たが》いに納得《なっとく》がいくように、これまでの運動会にはない新しい競技を作りだし、それを今後の伝統にするという別の案を考えている。

え　人間タワーに反対していたが、賛成派の意見を聞いたことで伝統を守り続けることの大切さにも気がつき、安全面にも配慮《はいりょ》した伝統的な人間タワーを作るための方法を探《さが》し続けている。

問七　波線部**Ⅰ**「母親からの手紙」とありますが、どのような内容が記されていたと考えられますか。「～内容。」につながるかたちで、二十字以内で答えなさい。（句読点も一字とします。）

問八　次の文章は、運動会当日に今年の人間タワーについて説明しているアナウンスと人間タワーを見た観客の反応をまとめたものです。次の文章と本文中の澪の考えをふまえた「新しい人間タワー」の形としてふさわしいものを、選択肢**あ**～**え**の中から一つ選び、記号で答えなさい。

アナウンス

「私《わたし》たち桜丘小学校は二十四年前に旧緑町《きゅうみどりまち》小学校と合併しました。合併《がっぺい》後の最初の運動会で、ふたつの小学校がひとつにまとまってゆくことの象徴《しょうちょう》として、学年合同の人間タワーを築くことが決まりました。それ以来、毎年六年生は全員で力を合わせて、大きな人間タワーを作ってきました。今年、私たちは話し合いをしました。人間タワーの伝統をどのような形で守り、続けていくのかを話し合いました。そして、新しい人間タワーを築くことを決めました」

観客

「なんか、今年は地味だったね」
「でも、かっこよかったね」

選択肢

あ 下の段《だん》の二人が両手両足を地面につき、その二人の上に一人が立つ形を数多く作ったもの。

い 全員が円になり、身をかがめて両手を地面につき、自分の両足を後ろの人の肩《かた》にのせたもの。

う 二人一組になって肩車の状態になり、肩車をされている人同士が手をつないで大きな円を作ったもの。

え クラスごとにピラミッドの形を作るが、全クラスの形や高さはそろえ、そのピラミッドを一列に並《なら》べたもの。

三　次の文章を読み、後の問いに答えなさい。＊のついた言葉は後の〈注〉もよく読みなさい。

＊ＳＤＧｓという言葉を２０１１年に初めて聞いてから、間もなく９年を迎《むか》える。＊国際ワークショップ「箱根ヴィジョン・ファクトリー」の会場となった温泉宿《おんせんやど》に合流し、おそらく当時最年少で「ＳＤＧｓ」という言葉を耳にした長男も９歳《さい》になる。彼《かれ》の成長を見ながら、ＳＤＧｓも成長していることを改めて実感する。

当時温泉につかりながら、ＳＤＧｓが＊グローバル・ガバナンスに及《およ》ぼす可能性を議論《ぎろん》したことを思い出す。９年後のＳＤＧｓは、そのときに議論した方向に着実に進んでいると感じる。「＊目標ベースのガバナンス」は、21世紀のグローバル・ガバナンスを変える可能性を十分備えている。その＊真髄《しんずい》はこれからの時代、さらに発揮されることになるだろう。

２０１１年のワークショップは、本来はその年の春に、より大きな会議を開く予定だったものの代替物《だいたいぶつ》だった。＊３・11の影響《えいきょう》で、そのころの東京に来たいと思う人がいなくなったことによる。Ｘ苦渋《くじゅう》の選択《せんたく》の結果、延期《えんき》し、会議の規模《きぼ》も縮小《しゅくしょう》して実施《じっし》したものだった。「残念ながら、＊原発事故直後の東京に行きたいと思う人はいないと思う、延期《えんき》しよう」メールでそうやり取りをした研究者仲間の言葉を今でも明確に思い出す。ただし、そのことが、ＳＤＧｓというアイディアをいち早く耳にすることにつながっていったのだから、ア何がどう転ぶのか、わからないものである。

それから９年後の今、全く違《ちが》う原因で、イ東京に来られる人がいなくなっている。こんな歴史は繰《く》り返《かえ》されないほうが良いが、残念ながら、こうしたことが起こっているのが現実である。

４年前には、＊熊本《くまもと》の地震《じしん》で、それまでＹ折に触《ふ》れ訪《たず》ねていた父の実家が被災《ひさい》した。震源地《しんげんち》から５キロメートルほどのところにあった家の中はごちゃごちゃになり、先祖代々の墓も倒壊《とうかい》した。結局それがきっかけとなり、熊本の家は手放すことになった。

時を超《こ》え、場所を変え、かたちを変え、さまざまな災害や、すさまじい変化が襲《おそ》ってくることを個人のレベルでも実感するようになった。ウ年齢《ねんれい》がそう感じさせているのではなく、これは21世紀に入って「災害の時代」に入ってきたということなのであろう。

そんな時代だからこそ、エＳＤＧｓが意味をもってくる。先の見えない時代、予測のできない時代といわれるが、そんななかでも確実な未来の「世界のカタチ」がそこにはある。世界のすべての国が目指している目標があるということは、そのこと自体が希望の灯でもあり、人類の共通価値《かち》が映《うつ》し出される鏡でもある。ルールをつくらずに自由に目標を目指すということは、多様性を尊重《そんちょう》し、重視《じゅうし》しながらも、自律《じりつ》・分散・協調的に物事を進める時代にもあっている。

そのためにこれから必要なことは、危機《きき》感をもつことである。なぜＳＤＧｓに取り組む必要があるのか、という質問を時々受けることがある。答えは、取り組まないと、人間と地球が崩壊《ほうかい》してしまうからだ。そこまで危機的な状況にあるが、オ現象が地球規模で起こり、身近に感じられないものも多いため、どうしても危機感を忘《わす》れがちになる。対策《たいさく》を後回しにした「つけ」が回ってくるのは、＊パンデミック対策でいやというほど経験した。パンデミックへの警鐘《けいしょう》が鳴らされ、そのための準備を整えるべきだといわれていても、そこに十分目を向けてこなかった。＊同じ轍《てつ》を踏《ふ》まないように、ＳＤＧｓで示される課題に対しては危機感をもって対処していくことが重要だ。

危機感をもてば、行動につながる。一人ができる行動は限られているが、個人レベルでも、組織の中の個人としても、危機意識をもって行動をすれば、それが集まった社会として大きな力となるというのは、同じく新型コロナウイルス対策で、実感をもって体験していることだ。周りの人々が感染《かんせん》しているかわからなくとも、感染していると想定してマスクをしたり、手洗い、うがいを＊励行《れいこう》する。その行動を個人や組織のレベルで徹底《てってい》することで、対策がすすみ、緊急《きんきゅう》事態の解除《かいじょ》にもつながる。

カ　同じように危機感をもってＳＤＧｓに対応することができれば、人と地球の未来も開けてくる。これは、その先の未来にいくために、避《さ》けては通れない変革《へんかく》である。日本がいち早くその対応をするならば、日本が世界をリードできる。米国が内向きになっている今は、そのチャンスでもある。これまで大災害を乗《の》り越《こ》えてきた日本の経験は、そうしたときにこそ生きてくるだろう。

（蟹江憲史《かにえのりちか》『ＳＤＧｓ（持続可能な開発目標）』より。）

〈注〉

＊ＳＤＧｓ……持続可能な開発目標のこと。大きく区分して十七の目標から構成される。２０１１年７月にコロンビア・ペルー・グアテマラによって作成の提案がなされた。２０１５年の国連総会で全加盟《かめい》国が合意し、２０３０年の目標達成を目指している。

＊国際ワークショップ……世界的な規模で開かれる研修会や講習会。

＊グローバル・ガバナンス……現在機能している地球規模の諸課題《しょかだい》を解決するための統治や管理の仕組み・方法のこと。

＊目標ベースのガバナンス……詳細《しょうさい》な実施ルールは定めず、目標のみを掲《かか》げて進めるグローバル・ガバナンスのこと。

＊真髄《しんずい》……物事の本質。

＊３・11……２０１１年３月１１日に起きた東日本大震災《だいしんさい》の別の呼《よ》び方。

＊原発事故……３・11（東日本大震災）を原因として起こった福島第一原子力発電所の事故のこと。

＊熊本《くまもと》の地震《じしん》……２０１６年４月１４日、１６日に熊本で起きた地震。
＊パンデミック……感染症が世界的規模で大流行すること。
＊同じ轍《てつ》を踏《ふ》まない……先人と同じ失敗をしない。
＊励行《れいこう》……規則や決めたことをその通りに実行すること。

問一　二重傍《ぼう》線部**X**「苦渋《くじゅう》の選択《せんたく》」、**Y**「折《おり》に触《ふ》れ（る）」の言葉の意味を次の**あ**～**え**の中から一つずつ選び、それぞれ記号で答えなさい。

X　「苦渋の選択」

あ　仕方がなく選ぶこと
い　後悔《こうかい》しながら選ぶこと
う　罪悪感を抱《いだ》きながら選ぶこと
え　悩《なや》み辛《つら》い思いをしながら選ぶこと

Y　「折に触れ（る）」

あ　機会があるたびに
い　とても頻繁《ひんぱん》に
う　ごくまれに
え　人づてに

問二　傍線部**ア**「何がどう転ぶのか、わからないものである」について、次の各問に答えなさい。

㈠「何がどう転ぶのか、わからないものである」とは筆者の感想ですが、このような心境になるのはなぜですか。その説明として最適なものを次の**あ**～**え**の中から一つ選び、記号で答えなさい。

あ　延期された会議の場所や日程がすぐに決まったのは良いことだったが、２０１１年７月にＳＤＧｓをつくろうという提案がされたことで、結果として一部の研究者だけがＳＤＧｓについて早く知り、世間の人々が知るのが遅れてしまったのは良くないことだったから。

い　熊本《くまもと》の地震《じしん》によって筆者の都合がつかなくなり、会議を延期《えんき》したのは良くないことだったが、２０１１年７月にＳＤＧｓをつくろうという提案がされたことで、結果としてその２か月後に世間の人々よりも早くＳＤＧｓについて知ることができたのは良かったことだったから。

う　３・11の影響で、会議を延期し、規模《きぼ》も縮小《しゅくしょう》せざるを得なかったのは良くないことだったが、２０１１年７月にＳＤＧｓをつくろうという提案がされたことで、結果としてその２か月後に世間の人々よりも早くＳＤＧｓについて知ることができたのは良かったことだったから。

え　３・11があったことで会議の延期期間中に国民の団結力が高まったのは良いことだったが、２０１１年７月にＳＤＧｓをつくろうという提案がされたことで、結果として一部の研究者だけがＳＤＧｓについて早く知り、世間の人々が知るのが遅《おく》れてしまったのは良くないことだったから。

(二)　「何がどう転ぶのか、わからないものである」とありますが、このように思うに至《いた》った一連の出来事を表したことわざとして、**最適**なものを次の**あ**～**え**の中から一つ選び、記号で答えなさい。

あ　井《い》の中《なか》の蛙《かわず》大海を知らず

い　禍《わざわい》を転じて福と為《な》す

う　弘法《こうぼう》も筆《ふで》の誤《あやま》り

え　河童《かっぱ》の川流れ

問三　傍線部**イ**「東京に来られる人がいなくなっている」とありますが、なぜですか。その原因となっているものを本文中から**九字**で抜《ぬ》き出しなさい。

問四　傍線部**ウ**「年齢《ねんれい》がそう感じさせているのではなく、これは21世紀に入って『災害の時代』に入ってきたということなのであろう」とありますが、これはどういうことですか。その説明として最適なものを次の**あ**～**え**の中から一つ選び、記号で答えなさい。

あ　様々な災害や社会の変化について個人のレベルでも実感するようになったのは、年齢を重ねることで様々なことを感じ取れるようになったからではなく、20世紀を生きてきた筆者が人生経験や被災《ひさい》した体験をもとに、21世紀という時代が「災害の時代」になると予測できていたからだということ。

い　様々な災害や社会の変化について個人のレベルでも実感するようになったのは、年齢を重ねることで様々なことを感じ取れるようになったからではなく、大人も子供《こども》も関係なく日本で暮らす全ての人が一度は災害に遭《あ》っているという時代になったからだということ。

う　様々な災害や社会の変化について個人のレベルでも実感するようになったのは、年齢を重ねることで様々なことを感じ取れるようになったからではなく、ＳＮＳ等の発展《はってん》によって、様々な災害などの情報を一人一人が手に入れやすくなったからだということ。

え　様々な災害や社会の変化について個人のレベルでも実感するようになったのは、年齢を重ねることで様々なことを感じ取れるようになったからではなく、21世紀という時代そのものが多くの災害や変化に見舞《みま》われる時代であるからだということ。

問五　傍線部**エ**「ＳＤＧｓが意味をもってくる」とありますが、これはなぜですか。その説明として最適なものを次の**あ**〜**え**の中から一つ選び、記号で答えなさい。

あ　先の見えない時代、予測できない時代に、すべての国が目指している目標があるということは価値《かち》のあることだから。

い　先の見えない時代、予測できない時代に、しっかりと正しいルールを定めて目標達成を目指すのは素晴らしいことだから。

う　先の見えない時代、予測できない時代に、誰《だれ》かが率先して目標を目指すことを呼びかけて、状況《じょうきょう》をよくする必要があるから。

え　先の見えない時代、予測できない時代に、ＳＤＧｓが存在《そんざい》するだけで未来における「世界のカタチ」にたどり着くことができるから。

問六　傍線部**オ**「現象が地球規模《きぼ》で起こり、身近に感じられないものも多い」とありますが、これはどういうことですか。その説明として最適なものを次の**あ**〜**え**の中から一つ選び、記号で答えなさい。

あ　あまりにもスケールの大きい話になっているが、地球全体で見れば問題同士が打ち消し合い、バランスが取れているので心配ないという気持ちになってしまうということ。

い　あまりにもスケールの大きい話になっているが、地球の現状に満足しているため、特に新たな対策《たいさく》は必要ないという気持ちになってしまうということ。

う　あまりにもスケールの大きい話になっているので、自分も含《ふく》め全世界で取り組んでいるので大丈夫《だいじょうぶ》だろうという気持ちになってしまうということ。

え　あまりにもスケールの大きい話になっているので、問題を自分のこととして捉《とら》えられないという気持ちになってしまうということ。

問七　傍線部**カ**「同じように危機《きき》感をもってＳＤＧｓに対応することができれば、人と地球の未来も開けてくる」とありますが、なぜこのような対応が必要なのですか。その説明として最適なものを次の**あ**～**え**の中から一つ選び、記号で答えなさい。

あ　各国が競い合って、目標達成に向けて取り組むことで、国民がより危機意識を持つことになり、最終的に地球規模の目標達成に近づくから。

い　むやみに個人や社会などそれぞれの取り組みを結びつけるのではなく、各々が独立した取り組みをしていくことで、最終的に地球規模の目標達成に近づくから。

う　目標が地球規模に設定されているからこそ、一人一人が危機感を持つことで個人レベルの取り組みが組織や社会の大きな力になって、最終的に地球規模の目標達成に近づくから。

え　個人レベルでの対処《たいしょ》は不可能なので、国などが危機感をもってＳＤＧｓの目標達成に向け政策《せいさく》を作り、個人は指示された内容に確実に従《したが》っていくことで、最終的に地球規模の目標達成に近づくから。

四

ＳＤＧｓの目標の一つに「つくる責任《せきにん》　つかう責任」というものがあります。この目標を達成するために、あなた自身が行うべき取り組みはどのようなものですか。あなたの意見と、そう思う理由を書きなさい。また、あなたが賛同できる企業《きぎょう》を、次の**企業Ａ～企業Ｄ**の中から一つ選び、選んだ理由を書きなさい。その際、後の《条件》に従《したが》うこと。

企業Ａ…使用済《しようず》みペットボトルを回収《かいしゅう》し、再びペットボトルを作る取り組みをする。

企業Ｂ…説明会で配布する資料などを、再生紙を原料とした紙製クリアファイルに入れる。

企業Ｃ…食品ロスを減らすために賞味期限の近い商品を値引《ねび》きする。

企業Ｄ…＊フェアトレードで取引した原材料を積極的に用いて、製品を製造する。

＊フェアトレード……環境や人にやさしい方法で発展途上国の人々がつくった商品を、公正な値段で継続的に購入し、彼らの自立を支援するような公正な貿易のこと。

《条件》

1　「私《わたし》はこの目標を達成するために」という書き出しで始めなさい。

2　字数は百二十字以上百五十字以内で書きなさい。句読点（「。」や「、」）も字数に入ります。

3　解答欄《らん》には最初の一マスをあけて書き出しなさい。

4　その他、原稿《げんこう》用紙の正しい使い方に従《したが》うこと。ただし、段落《だんらく》分けが必要な場合でも、**行を変えず続けて**書きなさい。

このページに問題は印刷されていません。

2023
1

算　　　　　数

（ 試験時間　５０分 ）

注　　意

１．開始の合図があるまでこの冊子《さっし》を開いてはいけません。

２．この冊子は１ページから５ページまであります。解答用紙は中にはさんであります。

３．開始の合図があったら，問題冊子の表紙・解答用紙に受験番号および氏名を記入しなさい。

４．解答はすべて解答用紙に記入しなさい。解答を書き直す場合は，前に書いたものをきれいに消してから書き直しなさい。

５．分数で答えるときは，約分しなさい。

６．問題の中の図は必ずしも正確ではありません。

７．終了《しゅうりょう》の合図があったら，ただちに筆記用具を置いて，指示に従《したが》いなさい。

８．円周率《えんしゅうりつ》は 3.14 とします。

受験番号						氏名	

駿台甲府中学校

1 次の計算をしなさい。

(1) $3\times10-9\div3$

(2) $0.5\times1.23+0.5\times8.77$

(3) $\frac{3}{5}\times1\frac{1}{4}-1\frac{2}{3}\div3\frac{1}{3}$

(4) $\left\{\frac{16}{7}\div\frac{1}{63}-(2\times25-25)\right\}\div\frac{1}{17}$

2　次の問いに答えなさい。

(1)　分速 80 m で 歩く人が，4 km 進むのにかかる時間は何分か答えなさい。

(2)　3 つの数 6，8，16 の最小公倍数を求めなさい。

(3)　正 12 角形の内側の角の和を求めなさい。

(4)　6 %の食塩水が 300 g あります。この食塩水から水を蒸発《じょうはつ》させて 8 %の食塩水をつくるには，水を何 g 蒸発させればよいか答えなさい。

(5)　ある商品に原価の 20 %の利益を見込んで定価をつけ，それを 10 円引きで売ると，398 円になりました。この商品の原価を答えなさい。

3　次の問いに答えなさい。

(1)　分数 $\frac{23}{45}$ の分子，分母の両方に整数Aを加えて約分すると $\frac{2}{3}$ になります。このとき，整数Aを求めなさい。

(2)　右の図において，五角形EFCDGの面積を求めなさい。ただし，点Eは辺ABの中点とします。

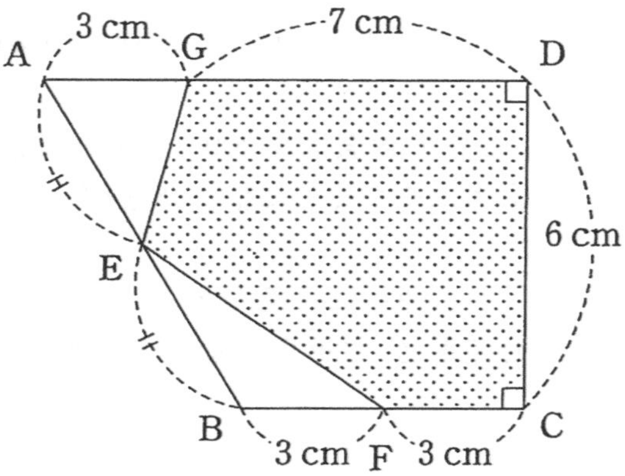

(3)　$\frac{11}{7}$ を小数で表したとき，小数第100位の数を答えなさい。

(4)　6で割ると2余り，7で割ると4余る3けたの整数のうち，最小のものを求めなさい。

(5)　下の図は，AB＝AD＝6 cm，AE＝7 cmの直方体です。
また，2点I，Jは，BI＝DJ＝2 cmとなる点です。
この直方体を3点A，I，Jを通る平面で切って2つの立体に分けたとき，頂点Eを含《ふく》む立体の体積を求めなさい。

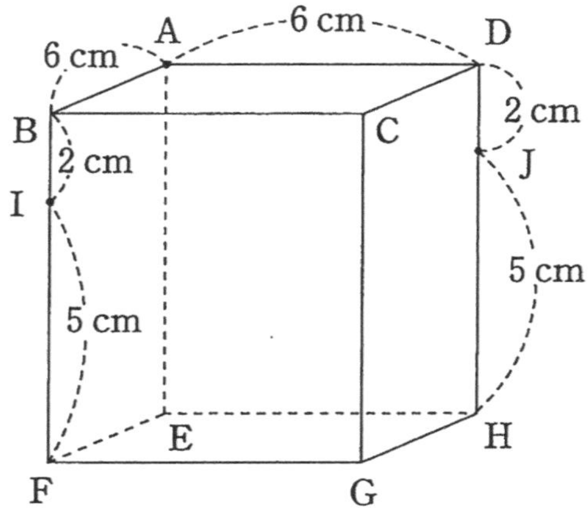

4　下の図のように川が流れているところをボートをこいで上流を目指すことを考えています。

はじめ，ボートをこがずに浮かんでいるだけだったため，12 秒間で B 地点から A 地点まで流されてしまいました。その後，1 人でボートをこぐと，A 地点から C 地点まで 36 秒かかりました。川の流れが関係ないとき，1 人でボートをこぐと毎秒 1 m，2 人でボートをこぐと毎秒 1.5 m 進むとします。川の流れの速さは一定であり，AB 間と BC 間の距離《きょり》は等しいとします。

(1)　川の流れの速さは秒速何 m か答えなさい。

(2)　A 地点から C 地点まで何 m か答えなさい。

(3)　2 人でボートをこぐと A 地点から C 地点まで何秒かかるか答えなさい。

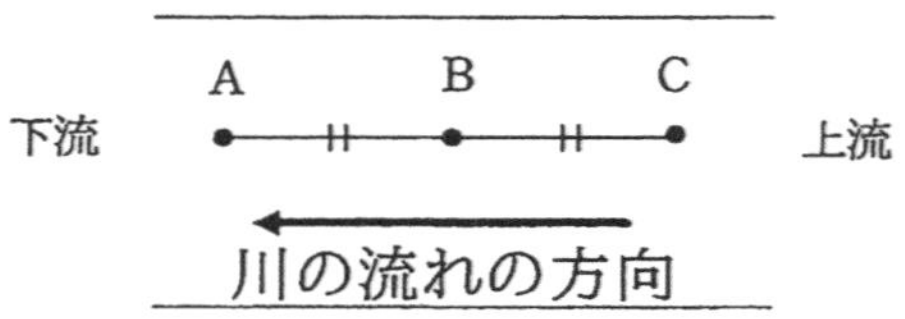

5　半径１cmの円が次の図形の外側に沿《そ》って離《はな》れることなく１周するとき，この円が通過する部分の面積を求めなさい。

(1)　１辺の長さが３cmの正三角形

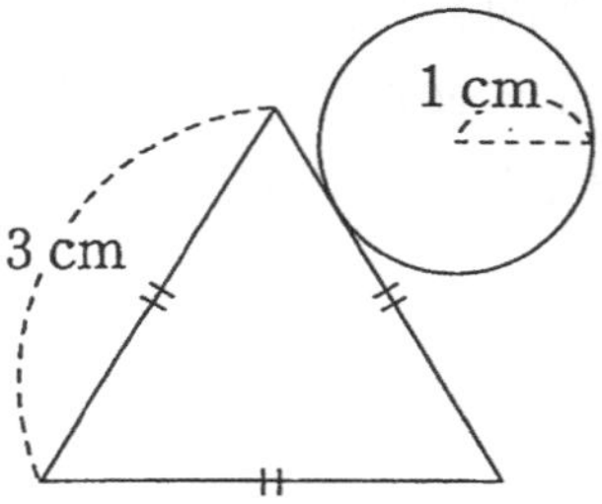

(2)　半径が３cmの円の$\frac{1}{4}$の図形

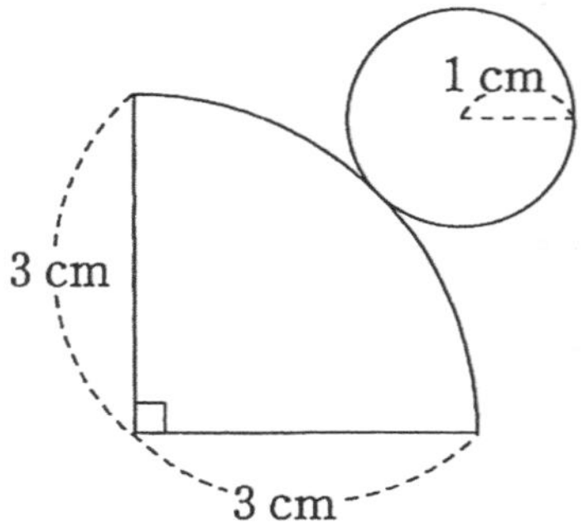

(3)　長方形２つを組み合わせた図形

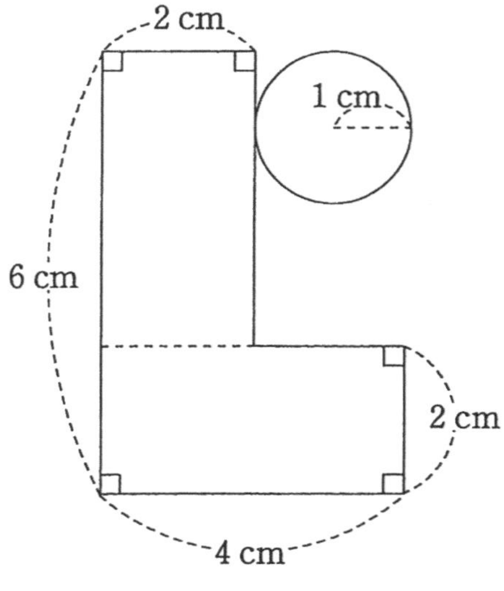

2023
1

理　　　科

（ 試験時間　３０分 ）

注　　意

1．開始の合図があるまでこの冊子《さっし》を開いてはいけません。

2．この冊子は１ページから10ページまであります。解答用紙は中にはさんであります。

3．開始の合図があったら、問題冊子の表紙・解答用紙に受験番号および氏名を記入しなさい。

4．解答はすべて解答用紙に記入しなさい。解答を書き直す場合は、前に書いたものをきれいに消してから書き直しなさい。

5．特に指示のないかぎり、漢字で書けないときはひらがなで解答しなさい。

6．終《しゅう》了《りょう》の合図があったら、ただちに筆記用具を置いて、指示に従《したが》いなさい。

受験番号						氏名	

駿台甲府中学校

1　駿太さんは、白米をよくかむと味が変わることに興味を持ちました。そこで、食べ物を食べるとどのような道すじをたどるのかについて調べました。後の問いに答えなさい。

ヒトが食べ物を食べると、口でだ液が分ぴつされます。それによって、食べ物は細かく分解され、吸収されやすい形に変えられます。だ液にどのようなはたらきがあるのかについて、調べる実験をしました。

【実験】

(1) 試験管A、Bにデンプン水溶液《すいようえき》を5mL入れ、Bにだ液を少量入れました。

(2) 試験管A、Bを、約40℃のお湯で10分あたためました。

(3) 試験管A、Bにヨウ素液を入れました。

問1　色が変わったのは試験管A、Bのどちらか記号で答えなさい。また、この結果からどのようなことがいえるか説明しなさい。

問2　食べ物は、口でだ液が分ぴつされ、はたらいた後、次のような道すじをたどることがわかりました。

口 → （ ア ） → （ イ ）→ （ ウ ）→ （ エ ） → こう門

ア～**エ**に当てはまるものを、次の①～④からそれぞれ選び、番号で答えなさい。

①　小腸　　②　胃　　③　大腸　　④　食道

問３　次の文章は、消化された食べ物の養分のゆくえについて調べた結果をまとめたものです。**ア**、**ウ**、**エ**、**オ**は適切な言葉を入れ、**イ**は「養分」という言葉を使って、文章中に当てはまるように説明しなさい。

小腸で吸収された養分は、血液によって（　**ア**　）に運ばれます。（　**ア**　）では、（　**イ**　）はたらきをしています。また、からだの中でいらなくなったものは、血液によって（　**ウ**　）に運ばれます。血液の中からいらなくなったものをとり除《のぞ》き、（　**エ**　）をつくり、（　**オ**　）に一時的にためてから、からだの外に出します。

2 下の図は、水の温度と水 100g に溶《と》ける３種類の物質(食塩、ミョウバン、ホウ酸)の量（重さ）との関係を表したグラフです。後の問いに答えなさい。

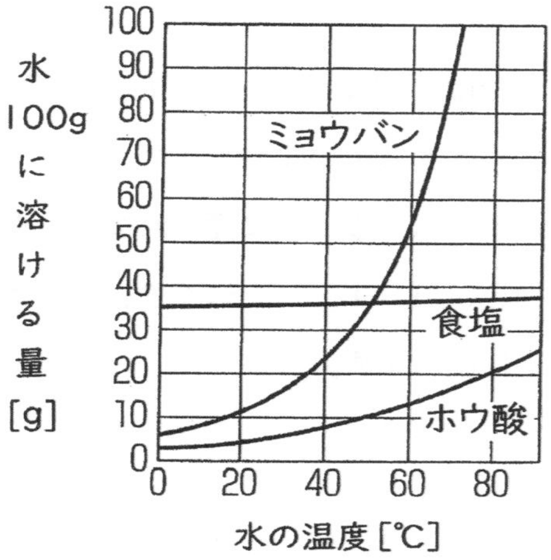

問１　３種類の物質を 20g ずつ別々のビーカーに入れ、100g の水を加えて熱し、完全に溶かしました。次に、それらの水溶液《すいようえき》の温度をゆっくりと下げていきました。このとき、最も高い温度で、溶けていた物質が固体となって出てくるのは、どの物質か答えなさい。

問２　問１で固体となって出てきた物質はろ過によって取り出すことができます。右の図はろ過のようすを示したものですが、この実験操作には誤りが２つあります。その誤りは何か答えなさい。

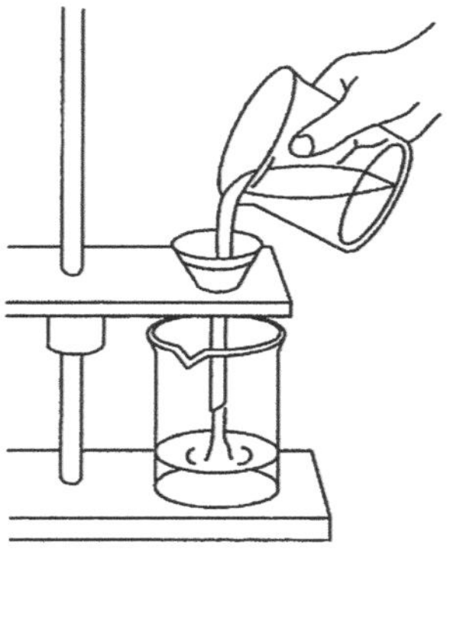

問３　問１で温度を 20℃まで下げても、固体となって出てこない物質がありました。

（１）　その物質は何か答えなさい。

（２）　その物質を固体として取り出すための方法を答えなさい。

問４　80℃の水 100g にミョウバンを 60g 溶かしたあと、水溶液を 20℃まで冷やしたところ、溶けていたミョウバンが固体となって出てきました。このとき、固体となって出てきたミョウバンは何 g ですか。次の①～⑤のうちから最も近い値を選び、番号で答えなさい。

①　10g　　②　20g　　③　30g　　④　40g　　⑤　50g

3　駿太さんは、図１のようにして日当たりの良い水平な場所に記録用紙を置き、その上に棒を立てて棒の影《かげ》の先の位置に印をつけて午前８時から午後４時までの太陽の動きを調べました。夏至《げし》（注１）・秋分（注２）・冬至（注３）の日の記録を合わせると図２のようになりました。なお、図中のＡ～Ｄはそれぞれ東西南北のいずれかの方角を示しています。

（注１）一年のうちで最も昼の時間が長い日
（注２）昼と夜の長さがほとんど等しい日
（注３）一年のうちで最も昼の時間が短い日

図１

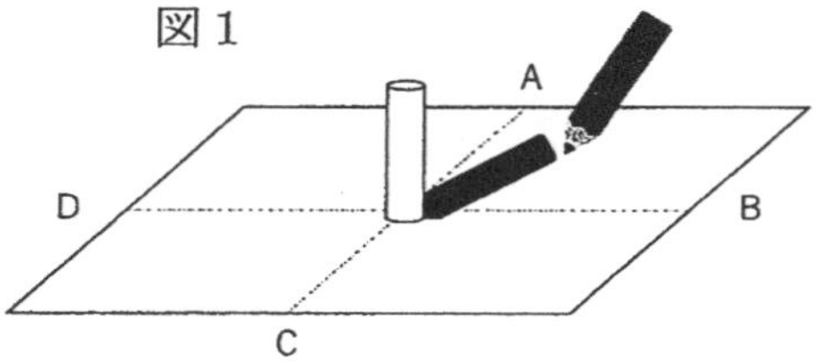

図２

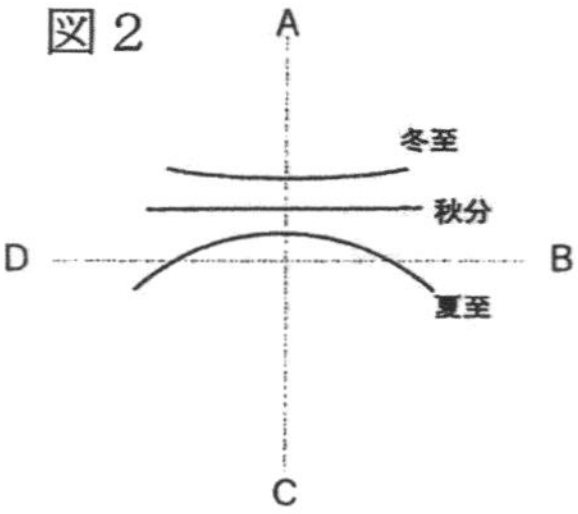

問１　図２のＢの方角はどこの方角ですか。次の①～④から１つ選び、番号で答えなさい。

①　東　　②　西　　③　南　　④　北

問２　夏至・秋分・冬至の日の午前８時の太陽の位置として適当なものを次の①～④から１つ選び、番号で答えなさい。

①

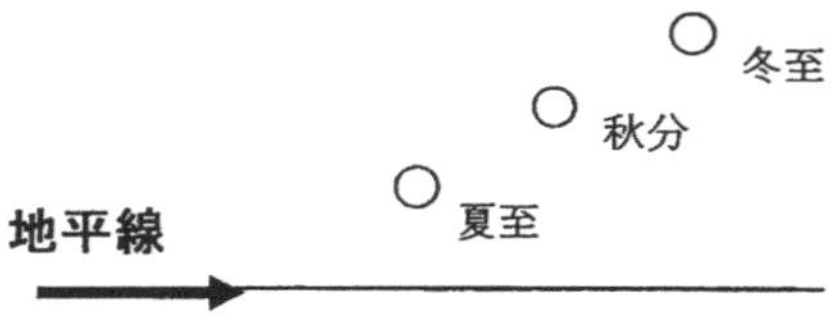

②

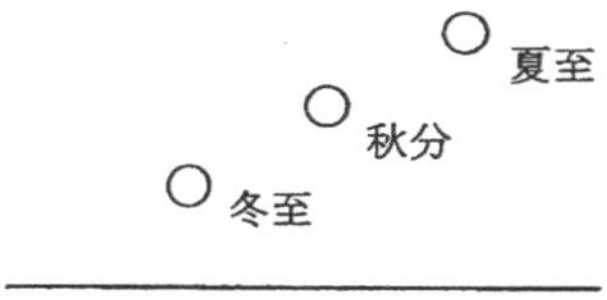

③

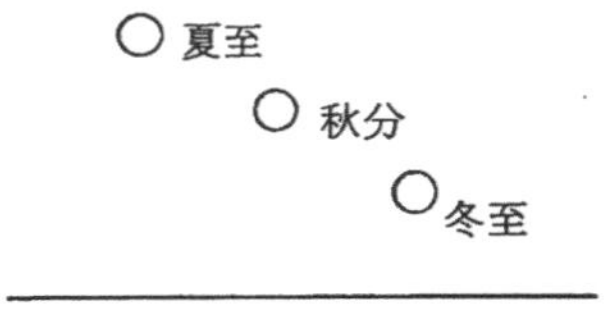

④

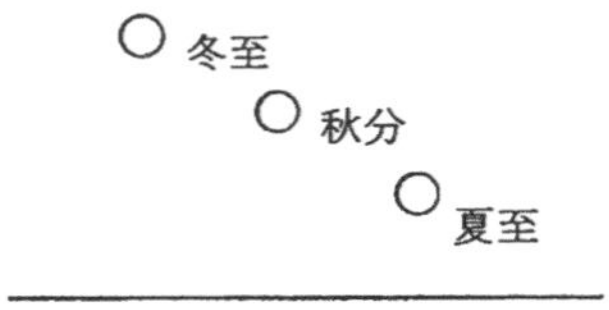

問３　季節によって太陽の動きが異なることを知った駿太さんは、星の動きにも興味を持ち観察をおこないました。夏の日の夜空を観察すると夏の大三角が見えました。午後７時と午後１０時に観察すると図３のように見える位置が動いていました。なぜ観察する時間で星の位置が変わるのか説明しなさい。

図３

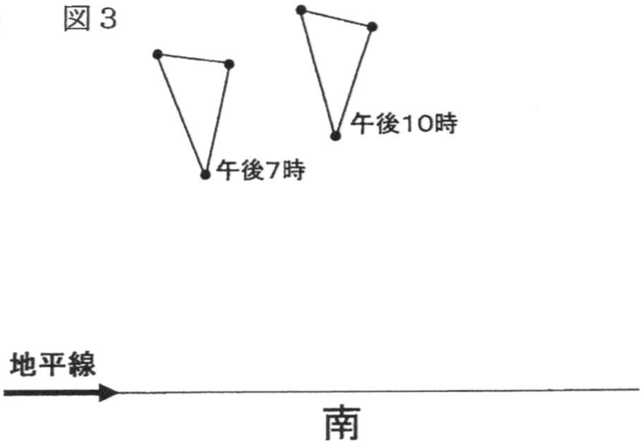

問４　夏の大三角について調べてみると、七夕に関係があることがわかりました。下の文章は駿太さんが調べた本の一部を抜き出したものです。次の文の**ア～オ**に適切な言葉を入れなさい。

夏の大三角は、織姫《おりひめ》星と彦《ひこ》星と（　　ア　　）座の（　　イ　　）の３つの星を結んで描《えが》かれます。夏の大三角を雲状の光の帯である（　　ウ　　）が横切っており、それをはさむように、彦星のある（　　エ　　）座と織姫星のある（　　オ　　）座があります。織姫と彦星が会えるようにカササギという鳥が橋渡《はしわた》しをしてくれますが、（　　ア　　）座がその役割をしているという説もあります。

問５　観察を続けていると夜空の中に１つだけ全く動いていない星があることに気がつきました。その星の名前を答えなさい。

4 同じ乾電池《かんでんち》と同じ豆電球を使って、**図１〜図３**の回路をつくったところ、豆電球が光りました。これについて後の問いに答えなさい。

図１

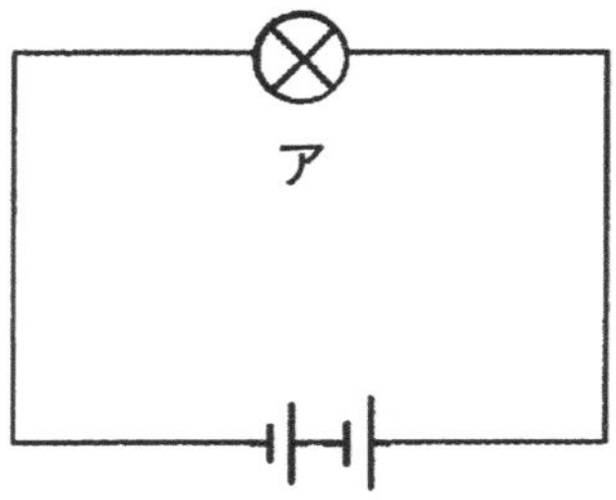

図２

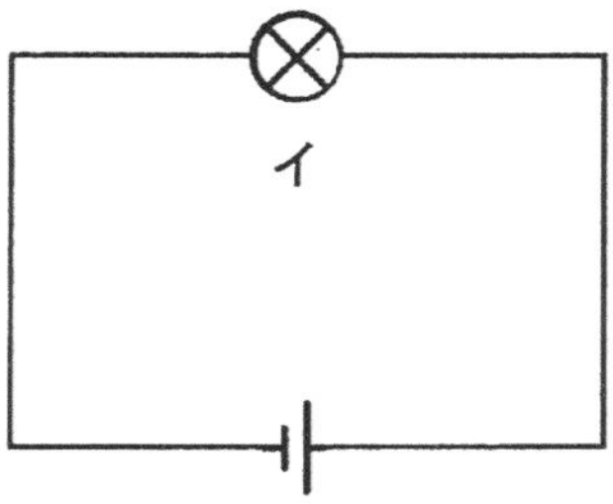

図３

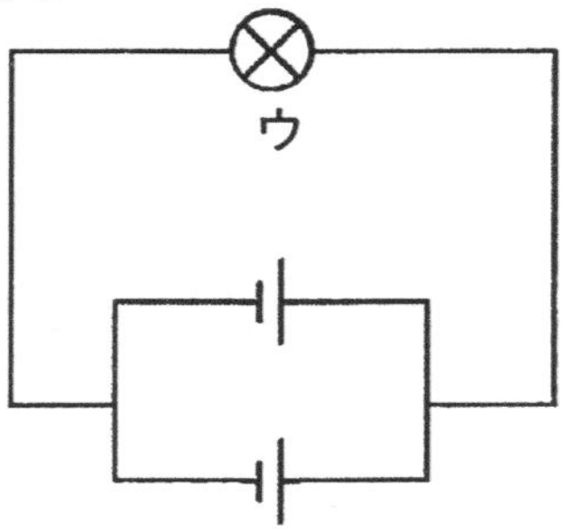

問１　**ア〜ウ**の豆電球が明るい順になるように、等号、不等号を解答欄《らん》に書きなさい。

問２　乾電池を使うときに、導《どう》線だけをつないではいけないのはなぜですか。理由を含めて簡単に説明しなさい。

次に、先ほどと同じ乾電池と豆電球を使って**図４〜図６**のように回路をつくり変えました。

図４

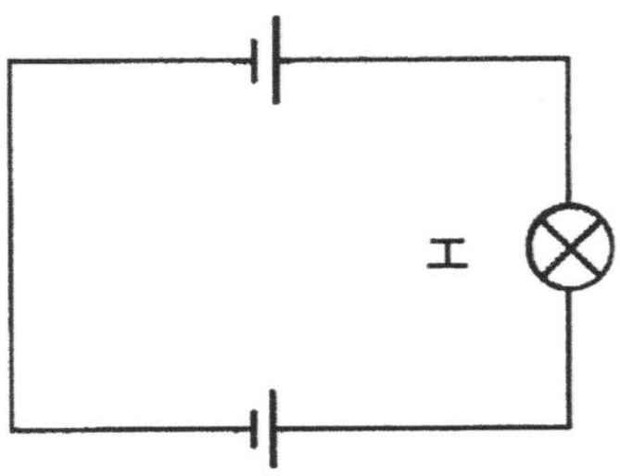

図５

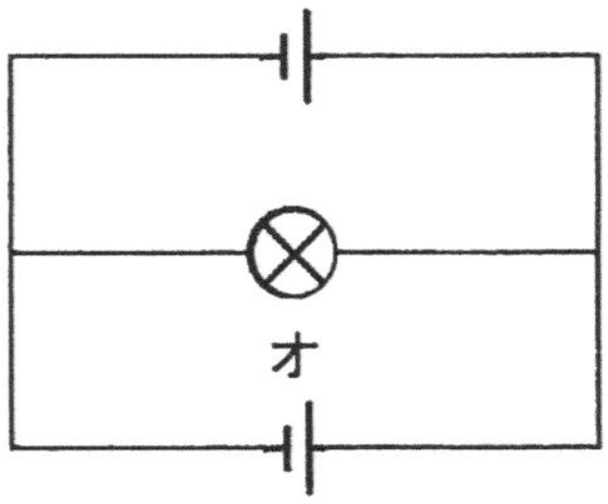

図６

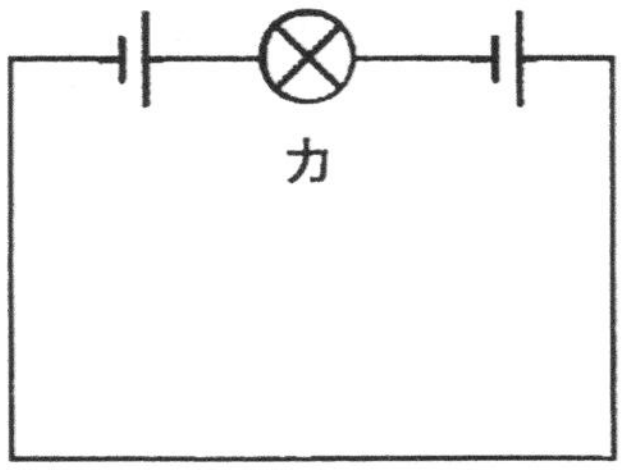

問３　**イ**の豆電球と同じ明るさで光る豆電球を**エ〜カ**から１つ選び、記号で答えなさい。

問４　**エ～カ**から、光らない豆電球を１つ選んで記号で答え、光らない理由を説明しなさい。

問５　図２の豆電球を３倍の時間長く光らせるために同じ乾電池を３つ用意しました。どのような回路を作ればよいですか。電気用図記号を使って解答欄に作図しなさい。定規《じょうぎ》を使わなくても問題ありません。

5 次の各問いに答えなさい。

問1　右の図のように枝付きフラスコに水を入れ、ガスバーナーで加熱しました。

温度計の温度が100℃に近づくと、フラスコの底から大きな泡《あわ》が出て、フラスコの枝の部分からは激しく湯気が出てきました。

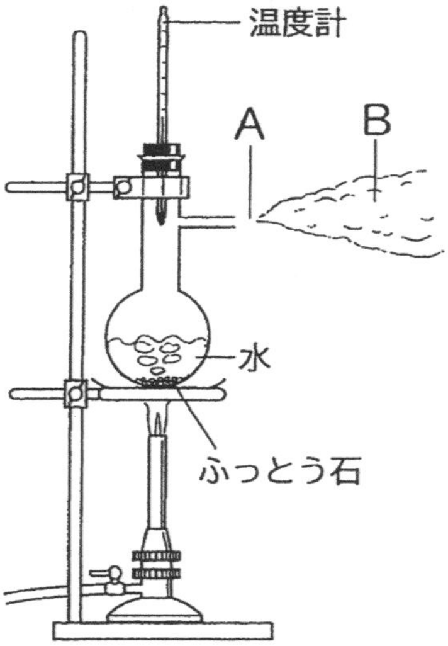

（1）　大きな泡は何か答えなさい。

（2）　図のAの目に見えないところと、Bの白い湯気として見えるところで、水はどのような状態になっていますか。次の①～③から1つずつ選び、番号で答えなさい。

①　固体　　②　液体　　③　気体

問2　最近は、温室効果ガスを出さないクリーンなエネルギーとして、水素が注目されています。水素と酸素を使って発電できるような電池の名前を答えなさい。

問3　昔の人々は、ある現象が起こったとき、天気がどうなるのかを観察してきました。次の①～④の中で1つだけ違《ちが》う天気になる現象があります。①～④から1つ選び、番号で答えなさい。

①　月の周りに薄《うす》い雲がかかり、光の輪が見えた。

②　夕焼けがきれいに見えていた。

③　ツバメが低く飛んでいた。

④　富士山にかさ雲がかっていた。

問４　（１）めしべの先に花粉がつくことを何というか答えなさい。

（２）花粉のつき方は、植物によってさまざまです。風で飛ばされることによって花粉がつく植物を、次の①～⑥から２つ選び、番号で答えなさい。

①　ツバキ　　②　タンポポ　　③　スギ

④　トウモロコシ　　⑤　アブラナ　　⑥　コスモス

2023
1

社　　会

（ 試験時間　３０分 ）

注　　意

１．開始の合図があるまでこの冊子《さっし》を開いてはいけません。

２．この冊子は１ページから18ページまであります。解答用紙は中にはさんであります。

３．開始の合図があったら、問題冊子の表紙・解答用紙に受験番号および氏名を記入しなさい。

４．解答はすべて解答用紙に記入しなさい。解答を書き直す場合は、前に書いたものをきれいに消してから書き直しなさい。

５．終了《しゅうりょう》の合図があったら、ただちに筆記用具を置いて、指示に従《したが》いなさい。

受験番号						氏名	

駿台甲府中学校

1　駿《しゅん》さんは 3 つの県の公式ホームページを閲覧《えつらん》し、各県の概要《がいよう》をカードにまとめました。**カードＡ～Ｃ**をみて、後の問いに答えなさい。

【カードＡ】
九州の北西部に位置し、東は福岡県、西は長崎県に接し、北は玄界灘《げんかいなだ》、南は有明海《ありあけかい》に面している。面積は約2400㎢であり、人口は約83万人である。年間の平均気温は16℃前後の地域が多い。

【カードＢ】
日本列島のほぼ中央に位置し、東京都、神奈川県、静岡県、長野県、埼玉県に囲まれた海のない内陸県。県土の約78%を森林が占《し》め、富士山、八ヶ岳《やつがたけ》、南アルプスなどの自然豊かな観光資源《しげん》に恵まれる。

【カードＣ】
東側には朝日《あさひ》山地や越後《えちご》山脈、西側には妙高山《みょうこうさん》などの山々がそびえている。また、（　　　）や阿賀野《あがの》川などの数多くの河川が日本海に注いでいる。川の下流にある越後平野は全国有数の米どころである。

問１　**カードＡ**に関して、次の各問いに答えなさい。

(1)　**カードＡ**の県名を漢字で答えなさい。

(2)　右の地図は**カードＡ**県のある駅から**カードＡ**県庁までの道のりを簡単な地図に示したものです。この地図から**読み取れないもの**を次の①～④から１つ選び、番号で答えなさい。

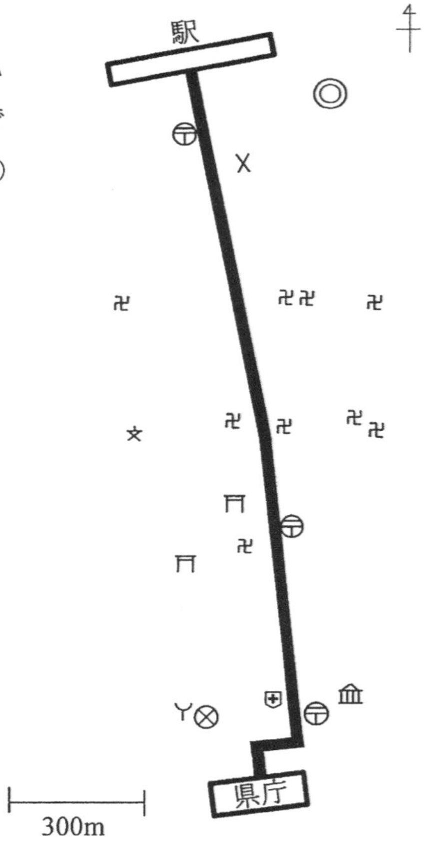

①　駅の南東側に市役所がある。

②　駅から県庁の間には複数の寺がある。

③　駅から県庁に向かって歩くと、左側にある郵便局は２か所である。

④　県庁の北側には消防署と博物館が並んで立地している。

問２　**カードＢ**に関して、次の各問いに答えなさい。

(1)　**カードＢ**県の面積は 4465 ㎢です。この数値をもとに、森林面積を計算して答えなさい。なお、解答にあたっては**小数第１位を四捨五入**しなさい。

(2)　南アルプスとはどの山脈のことを指していますか。下の地図の①～④から 1 つ選び、番号で答えなさい。また、この山脈の名称《めいしょう》を漢字で答えなさい。

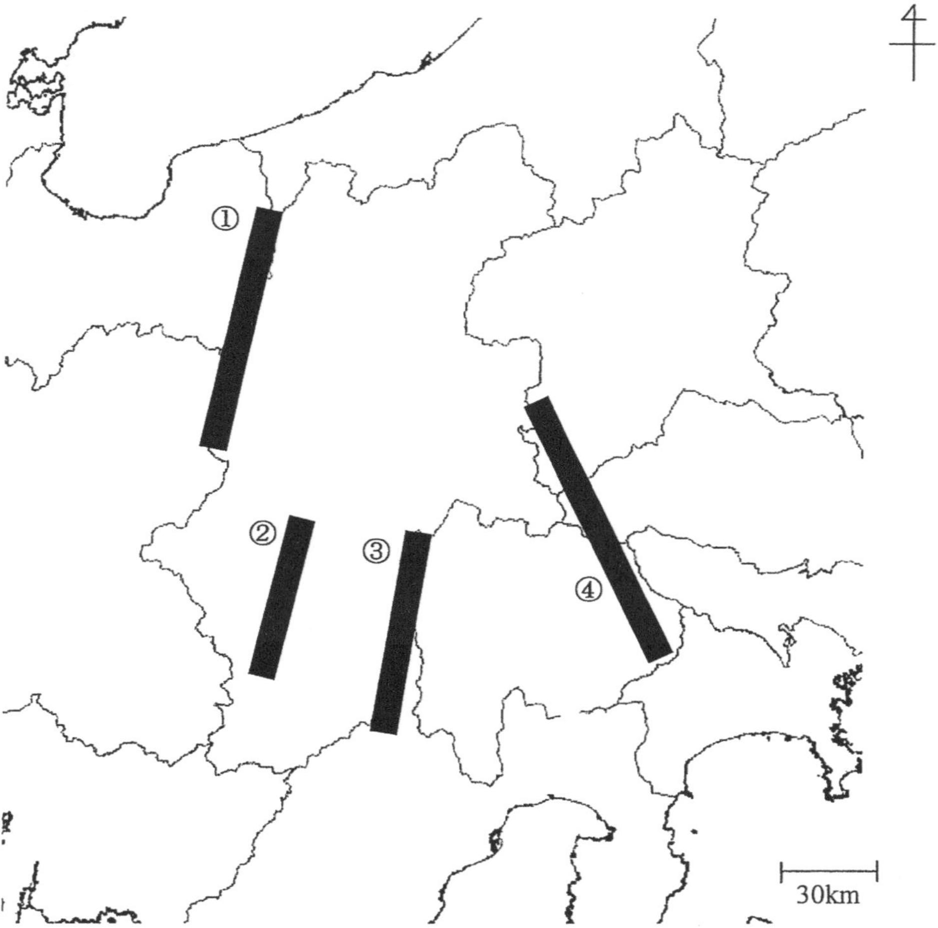

問３　**カードＣ**に関して、次の各問いに答えなさい。

(1)　**カードＣ**中の（　　　）にあてはまる、日本最長の河川を次の①～④から１つ選び、番号で答えなさい。

①　信濃《しなの》川　　②　最上《もがみ》川　　③　吉野《よしの》川　　④　利根《とね》川

(2)　湯沢町《ゆざわまち》は**カードＣ**県の南部に位置する町です。湯沢町における訪問客（シーズン・目的別）と湯沢町の雨温図を見ながら先生が授業をしています。［あ］～［う］にあてはまる語句を答えなさい。なお、先生の説明の［あ］には季節、［い］には目的を表中から書《か》き抜《ぬ》いて答えなさい。また、［う］には雨温図から読み取れる特徴《とくちょう》を10字以内で答えなさい。

湯沢町における訪問客（シーズン・目的別）

	温泉	スキー	レジャー	スポーツ	その他	合計
春　（4～6月）	1343	1032	395	146	156	3072
夏　（7・8月）	721	0	772	179	639	2311
秋　（9～11月）	1537	8	1126	218	269	3158
冬　（12～3月）	3513	14297	249	79	24	18162

単位：百人

令和3年度　湯沢町観光統計をもとに作成

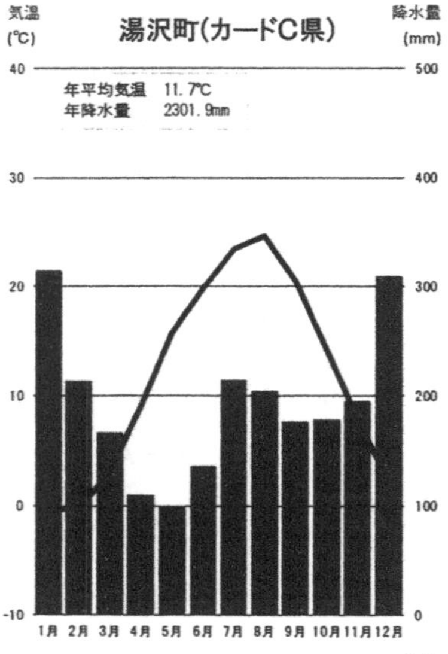

気象庁のデータをもとに作成

先生：
湯沢町の観光客をシーズン別にみると、［あ］が非常に多く、その目的をみると［い］がその多くを占《し》めていることがわかります。これは、［う］という気候を生かした産業ですね！

(3)　**カードＣ県**は 2004 年 10 月に大きな地震《じしん》が起こっています。地震に対する取り組みについての記述として**誤っているもの**はどれですか。次の①～④から 1 つ選び、番号で答えなさい。

①　地震の発生をただちに伝えることができる「緊急《きんきゅう》地震速報」のしくみを整え、すばやい避難《ひなん》につなげようとしている。

②　国や都道府県の補助を受けながら、学校や道路などの公共施設《しせつ》を地震の揺《ゆ》れに強くする改修工事を進めている。

③　各市町村では、国や都道府県が発表した被害の予測などをもとに、さまざまな事態を想定して、ハザードマップの作成や、避難所・防災施設の整備を進めている。

④　地震により津波の被害を受ける可能性のある地域は堤防《ていぼう》をつくったため、避難する必要はなくなった。

問４　下の表は**カードＡ～Ｃ県**の農業出荷額を米、野菜、果実、畜産《ちくさん》の品目別に割合を示したものです。正しい組み合わせを次の①～⑥から 1 つ選び、番号で答えなさい。

農業出荷額　品目別割合

	米（%）	野菜（%）	果実（%）	畜産（%）
ア	13.7	29.5	17.0	30.0
イ	6.7	12.0	65.1	8.5
ウ	60.2	12.7	3.4	19.0

令和3年 農林水産統計データより作成

①　ア―Ａ　イ―Ｂ　ウ―Ｃ
②　ア―Ａ　イ―Ｃ　ウ―Ｂ
③　ア―Ｂ　イ―Ａ　ウ―Ｃ
④　ア―Ｂ　イ―Ｃ　ウ―Ａ
⑤　ア―Ｃ　イ―Ａ　ウ―Ｂ
⑥　ア―Ｃ　イ―Ｂ　ウ―Ａ

2　駿台甲府中学校の授業の１つ「課題研究」のテーマについて、生徒と先生が話をしています。次の会話文を見て、後の問いに答えなさい。

生徒：課題研究のテーマがまだ決まりません。何について研究していこうか迷っています。

先生：そうなのですね。それでは身近な問題を考えてみるのはどうですか。最近気になった出来事や話題はありますか。

生徒：そういえば、昨日のニュース番組で **ア　少子・高齢化《こうれいか》** について特集していました。最近よく聞くワードであり、知っておくべきことだと思いました。

先生：そうですよね。**イ　日本** の少子・高齢化は、医療《いりょう》の進歩や初めて結婚《けっこん》する年齢《ねんれい》が高くなっていること、人々のライフスタイルや価値観の変化が関係していると言われています。このような変化によって、社会の活力がなくなっていくことが大きな問題としてあります。

生徒：社会の活力がなくなるとはどういうことですか。

先生：病気になったり、年を取って収入がなくなったときなど、困《こま》ったときに備えてみんなで支え合うための費用（社会保障費）は、税金などから出ています。この費用の多くは働く世代が負担しているため、支えるべき高齢者の方が増え、支える働く世代が減っていくと、国民１人あたりの負担はどんどん厳《きび》しくなっていくでしょう。

生徒：では、国の政策《せいさく》が重要になってきますよね？政治は、**ウ　憲法《けんぽう》** や法律《ほうりつ》に基づいて私たちの暮《く》らしを支えていると授業で学びました。国の政策は私たち国民に寄《よ》り添《そ》ったものでなくてはならないはずです。

先生：そうですね。日本は他国と比べても高齢化が進んでいて、社会保障費は増えています。そのため、消費税という税金を引き上げ、増えた収入分を社会保障に充《あ》てているのですよ。

生徒：消費税の税率が、3%から 10%へと徐々《じょじょ》に引き上げられてきたことは知っていますが、なぜ消費税を引き上げたのですか？

先生：消費税は、物やサービスを購入《こうにゅう》した際にかかる税金で、働く世代も高齢者も

※

生徒：なるほど！そういった理由があるのですね。でも私たちにとって消費税の負担は重いです…。

先生：そうですよね。では、今の国の予算がどのように使われているのか詳《くわ》しく調べてみてはどうですか？自分だったらどのようなことに予算を使い、今の社会の現状に対してどんな政策案を立てるか考えてみてはどうでしょう。

生徒：そういえば、昨年の **エ 参議院選挙** でも、社会保障・子育て支援《しえん》策の公約が１つの焦点《しょうてん》になっていました。現在の予算や政策を調べて、さらに公約などをチェックすれば研究の幅《はば》が広がるかも！

先生：そうですね。今年には子育て関連で **オ 新たな庁** も設置されます。いろいろなことに目を向けることはとても大切です。ここは課題研究を活用し、大いに学びを深めてください。応援《おうえん》しています！

問１　下の文章は、下線部**ア**について次のグラフからわかることをまとめたものです。文中の（　①　）～（　③　）にあてはまる語句として**増加・減少**のどちらかを選び、選んだ語句をそれぞれ答えなさい。

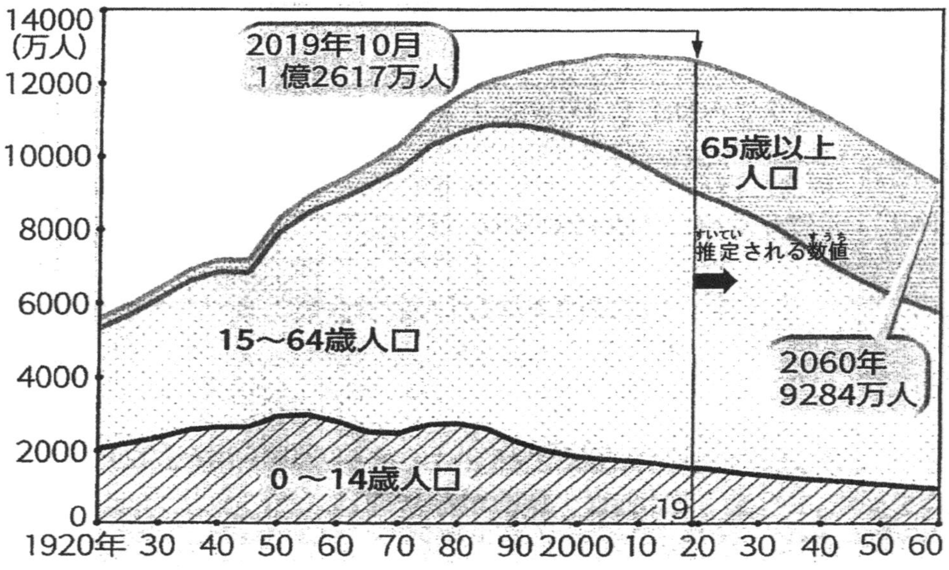

『最新図説公共』より作成

1980 年以降から 0～14 歳人口は全体として（　①　**増加・減少**　）している。それに対して人口に占める高齢者の割合は（　②　**増加・減少**　）している。このままだと、今後の日本の人口は（　③　**増加・減少**　）し続けていくことが予想される。

問２　下線部**イ**について、今の日本の政治は三権分立というしくみがあります。次の各問いに答えなさい。

(1)　三権分立に関して、下の文中の（　**あ**　）～（　**う**　）にあてはまる権力の組み合わせを右下の①～④から１つ選び、番号で答えなさい。

国会は（　**あ**　）、内閣は（　**い**　）、裁判所は（　**う**　）の権限があり、この三権は、いろいろなかたちで互《たが》いに関係し合っている。

番号	あ	い	う
①	司法権	立法権	行政権
②	立法権	行政権	司法権
③	司法権	行政権	立法権
④	立法権	司法権	行政権

(2)　国会・内閣・裁判所について説明した**X**・**Y**の文の正誤の組み合わせとして正しいものを次の①～④から１つ選び、番号で答えなさい。

X：国会で決めた予算や法律をもとに内閣が実際の仕事を行い、内閣総理大臣と国務大臣が閣議《かくぎ》を開いて政治の進め方を話し合う。

Y：憲法や法律にもとづいて判断・解決するのが裁判所の仕事であるが、国民はだれでも裁判を受ける権利があるわけではない。

①　**X**－正　**Y**－正　　②　**X**－正　**Y**－誤
③　**X**－誤　**Y**－正　　④　**X**－誤　**Y**－誤

問３　下線部**ウ**について、次の各問いに答えなさい。

(1)　次の条文は日本国憲法の三原則の１つである「平和主義」を規定しています。この条文は日本国憲法第何条か答えなさい。

> 日本国民は、正義と秩序《ちつじょ》を基調とする国際平和を誠実《せいじつ》に希求《ききゅう》し、国権《こっけん》の発動たる戦争と、武力による威嚇又《いかくまた》は武力の行使《こうし》は、国際紛争《ふんそう》を解決する手段としては、永久にこれを放棄《ほうき》する。
>
> ２　前項《ぜんこう》の目的を達するため、陸海空軍その他の戦力は、これを保持しない。国の交戦権は、これを認めない。

(2)　日本国憲法第 7 条によって定められている天皇の国事《こくじ》行為としてあてはまるものを次の①～④から１つ選び、番号で答えなさい。

①　内閣総理大臣の指名　　　②　国会の召集《しょうしゅう》

③　参議院の解散　　　　　　④　憲法改正の審議《しんぎ》

問４　文中の ※ には、消費税を引き上げた理由が入ります。下の資料を参考にしながら、**「公平」「安定」**という語句を用いて、解答欄《らん》の書き出しに続く先生のコメントを完成させなさい。

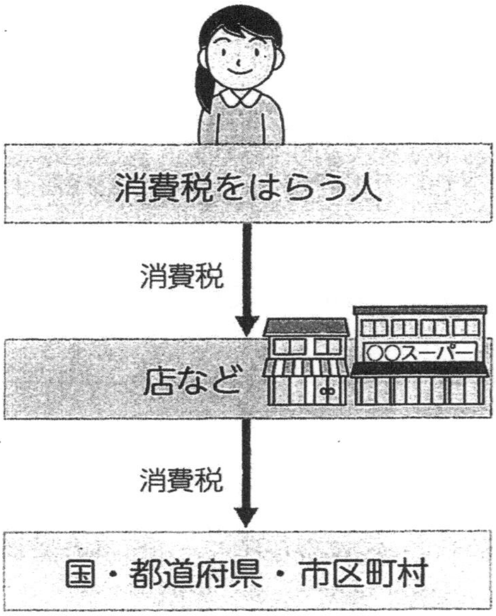

問５　下線部**エ**について、選挙は国民の代表者を決める重要なものです。その代表者を決める選挙制度についての説明として最も適切なものを、次の①～④から１つ選び、番号で答えなさい。

①　投票できるのは 18 歳以上の男女であり、立候補できるのは 25 歳以上の男女である。

②　参議院は、任期４年、定員は 248 人であり、３年ごとに半数を改選する。

③　選挙当日に選挙に行けない場合でも、事前に投票できる期日前投票の制度がある。

④　仕事や留学などで海外に住んでいる有権者《ゆうけんしゃ》が、外国にいながら国政選挙に参加することはできない。

問６　下線部**オ**は、令和５年４月１日に設置される予定です。この庁の名称を示した下の図の（　）に入る言葉を漢字で答えなさい。

こども(　　　)庁

3 次のある新聞記事でのコラムを読んで、後の問いに答えなさい。

ア ロシアによるウクライナへの侵攻《しんこう》 によって世界情勢が大きく混乱した 2022 年であったが、日本も過去の歴史をふり返ってみると国内外を問わず、多くの争いを重ねてきた。国としての大きな争いは、**イ 飛鳥時代** の頃からおき始めた。天皇を中心とした **ウ 朝廷** というしくみができ、国としてまとまっていくことで、国同士の関係性や国内の政治に関する問題が浮《う》き彫《ぼ》りとなり、日本初の対外戦争と言われる **エ 白村江《はくそんこう》《(はくすきのえ)》の戦い** や古代日本最大の内乱と呼ばれる壬申《じんしん》の乱がおきていった。

その後も、 **a 元寇** や **b 朝鮮出兵** などの対外戦争や **c 源平合戦** や **d 応仁の乱** などの内乱を繰《く》り広げながら、政権は朝廷から **オ 幕府** へと移り変わっていった。その点においては、 **カ 島原・天草一揆《いっき》** を境に、その後 200 年におよぶ大きな争いのない期間をつくり上げた **キ 江戸幕府の統治体制** は、過去の支配体制から学び、より強い支配体制を整えた結果によるものであった。明治以降は幕府から政府へと政権が移り変わり、選挙によって選ばれた国民の代表者が **ク 議会で話し合い** 、政治を行うようになっていった一方、国を挙げて外国との大きな戦争に次々と関わる政策が決定されていった。

そのような反省がある日本だからこそ、歴史を通じて過去をふり返り、過去の行いから何を学ぶか。今、目の前で起きている争いを終わらせる解決策が、歴史の中に隠《かく》されているはずである。

駿台甲府新聞　　2023 年 1 月 1 日付

問 1　下線部**ア**に関して、ロシアとウクライナの首都の名称の組み合わせとして正しいものを、次の①～④から 1 つ選び、番号で答えなさい。

① ロシア ― ワシントン D.C.　　ウクライナ ― キーウ
② ロシア ― モスクワ　　ウクライナ ― キーウ
③ ロシア ― ワシントン D.C.　　ウクライナ ― ミンスク
④ ロシア ― モスクワ　　ウクライナ ― ミンスク

問２　下線部**イ**に関して、次の史料は聖徳太子が 607 年に遣隋使を送る際に、小野妹子に持たせたとされる、隋《ずい》の皇帝（煬帝《ようだい》）あての手紙の一部分です。この手紙を受け取った煬帝は無礼な手紙であるとして怒ったとされていますが、怒った理由について、史料を参考に簡潔に説明しなさい。

史料

「日出《い》づる処《ところ》の天子、書を日没《ぼっ》する処の天子に致《いた》す。恙《つつが》なきや。・・・」 **（太陽が昇《のぼ》る東の国の天子が、太陽が沈《しず》む西の国の天子に手紙を差し上げます。** **ご機嫌《きげん》いかがですか・・・）　　　　　　　　「隋書」倭《わ》国伝より**

問３　下線部**ウ**に関して、天皇中心の国のしくみが整った 8 世紀初頭、朝廷は日本の成り立ちを国の内外に示すため、「　　　　」や「日本書紀」という歴史書を完成させました。「　　　　」にあてはまる、現存する日本最古の歴史書を**漢字３字**で答えなさい。

問４　下線部**エ**に関して、当時、朝鮮半島にあった百済と関係を深めていた日本は、唐と新羅《しらぎ》の連合軍に滅《ほろ》ぼされた百済《くだら》の復興を助けるために、援軍を送りました。次の地図中の①～③から百済の国の位置を選び、番号で答えなさい。

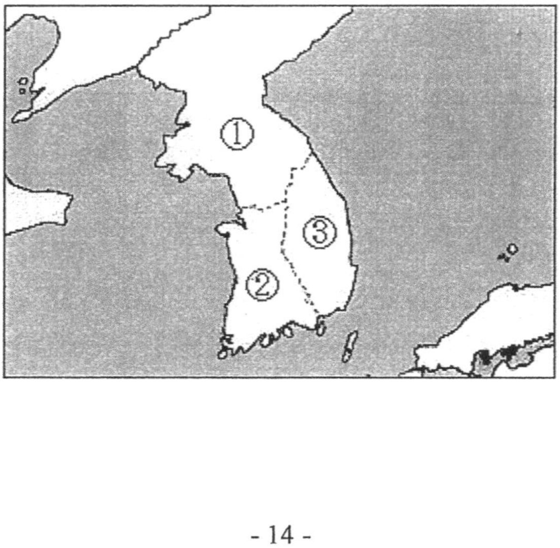

問５　下線部**オ**に関して、鎌倉幕府のしくみを表す図を次の①～④から１つ選び、番号で答えなさい。

①

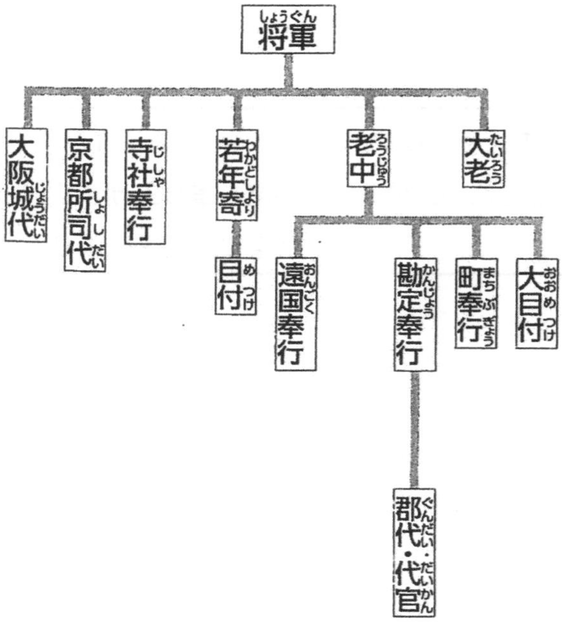

②

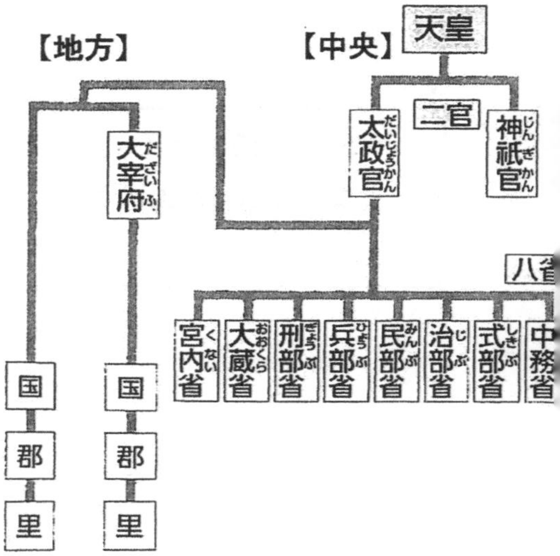

③

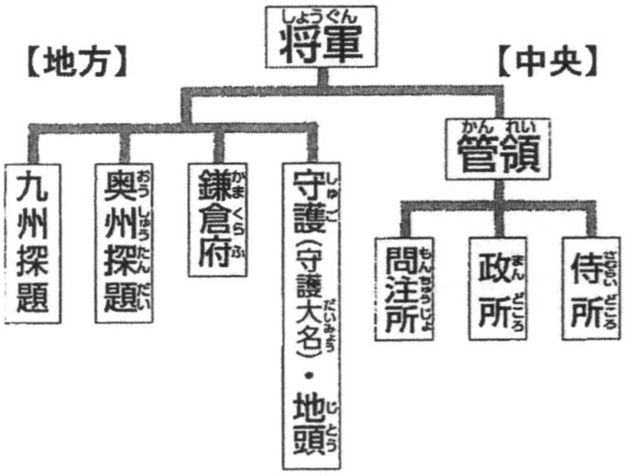

④

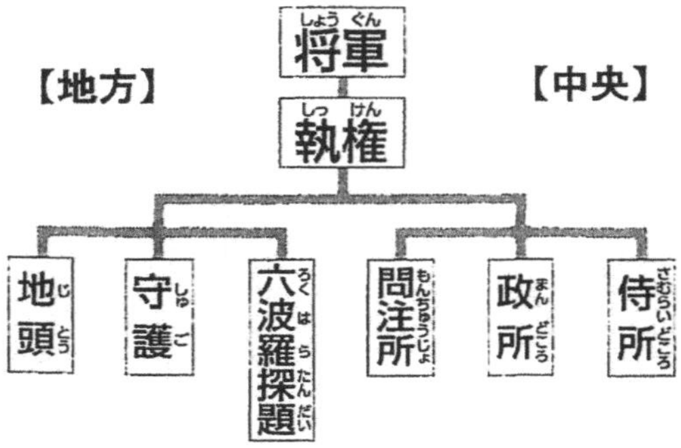

問６　下線部**カ**に関して、次の各問いに答えなさい。

(1)　この一揆は江戸幕府の重い年貢の取り立てとキリスト教に対する厳しい取り締《し》まりに対して、キリスト教信者の農民が中心となっておこした一揆でした。当時 15歳《さい》という若さで、この一揆のリーダーとなった人物名を漢字で答えなさい。

(2)　この一揆の結果、江戸幕府はキリスト教を布教する恐《おそ》れのない国の商人に限定して、貿易する許可を与えました。鎖国後も江戸幕府が貿易を許可したヨーロッパの国として正しいものを、次の①～④から１つ選び、番号で答えなさい。

①　清　　　②　ポルトガル　　　③　スペイン　　　④　オランダ

問７　下線部**キ**に関して、次の各問いに答えなさい。

(1)　江戸幕府のもとでは、武士が世の中を支配する身分とされ、厳しい身分制度がしかれました。右の資料は、江戸時代の終わりごろの身分ごとの人口の割合を示しています。資料中の一番多い割合の身分として正しいものを次の①～④から１つ選び、番号で答えなさい。

資料

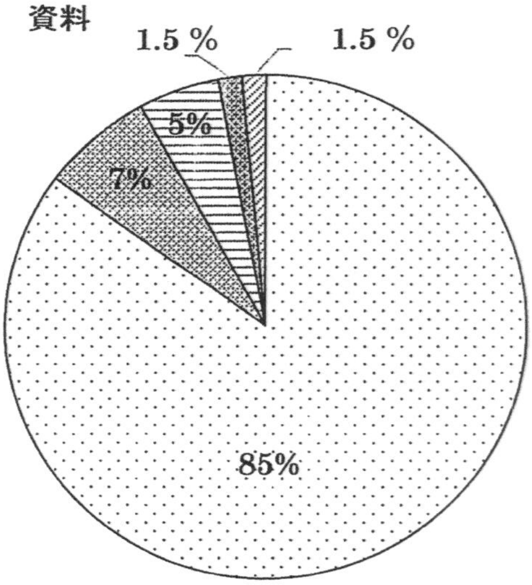

①　武士

②　百姓

③　町人

④　公家《くげ》・僧・神官《しんかん》、百姓・町人とは別の身分とされた人々など

(2)　江戸幕府は、全国200以上の大名を親藩《しんぱん》・譜代《ふだい》・外様《とざま》に区別し、次の史料のきまりを定めて、大名を厳しく取り締まるしくみを整えました。次の史料は何というきまりか、漢字で答えなさい。

史料

一、学問や武芸を身につけ、常にこれにはげむこと。
一、城を修理する場合は、幕府に届け出ること。
一、幕府の許可を得ずに、結婚してはならない。

問８　下線部**ク**に関して、現在の日本においては選挙で選ばれた国会議員が衆議院と参議院に分かれて話し合い、国の政治の方針を決めています。この衆議院と参議院の会議場がある国会議事堂を次の①～④から１つ選び、番号で答えなさい。

①

②

③

④

問９　次の①～④の人物は下線部ａ・ｂ・ｃ・ｄのいずれかの出来事に関係する人物です。

下線部ａ・ｂ・ｃ・ｄの出来事がおきた順に次の①～④の人物を並《なら》べ替《か》え、古い順に番号で答えなさい。

①

②

③

④

四

150

120

一

二

三

四

※100点満点
（配点非公表）

合 計

氏 名

受 験 番 号

2023
1

算数　解答用紙

氏名	

受験番号					

※100点満点
（配点非公表）

1

(1)		(2)	
(3)		(4)	

2

(1)	分	(2)	
(3)	°	(4)	g
(5)	円		

【解答

2023
1

理　科　解　答　用　紙

※50点満点
（配点非公表）

氏名	

受験番号					

1

問1	記号				
問2	ア	イ	ウ	エ	
問3	ア	イ			
	ウ	エ	オ		

2

問1		
問2		
問3	(1)	(2)

2023
1

社　会　解　答　用　紙

※50点満点
（配点非公表）

氏名	

受験番号					

1

問１	(1)　　　　　県	(2)		
問２	(1)　　　　　k㎡	番号 (2)	山脈の名称　　　山脈	
問３	(1)			
	(2) あ	い	う	
	(3)	問４		

2

問１	①	②	③

【解答

問4	買い物をする人が

問5		問6	

3

問1	
問2	

問3				問4		問5	

問6	(1)	(2)
問7	(1)	(2)

問8		問9	⇒　⇒　⇒

3

問1		問2		問3	
問4	ア	イ	ウ		
	エ	オ	問5		

4

問1	ア　イ　ウ	問2		問5	
問3		問4	記号		
理由					

5

問1	(1)	(2)　A	B	問2	
問3		問4	(1)	(2)	

3

(1)		(2)	cm^2
(3)		(4)	
(5)	cm^3		

4

(1)	m	(2)	m
(3)	秒		

5

(1)	cm^2	(2)	cm^2
(3)	cm^2		

2023
1

国語解答用紙

一

① ② ③ ④ ⑤ ⑥ ⑦ ⑧ ⑨ ⑩

二

問一 X Y

問二

問三

問四 A B C D

問五

問六

問七

内容。

問八

三

問一 X Y

問二 (一) (二)

問三

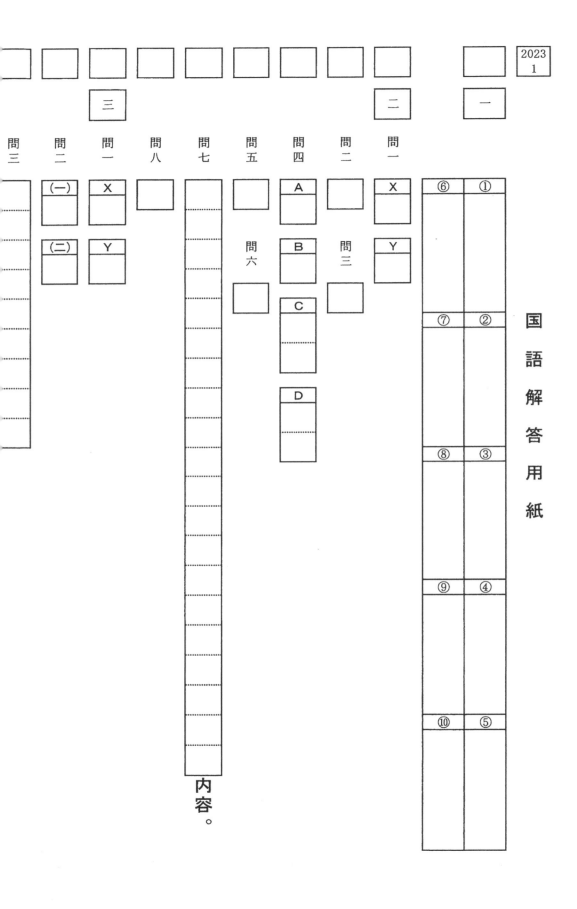

一般

2023
2

国語

（試験時間　五〇分）

※解答用紙・配点非公表

注意

1. 開始の合図があるまでこの冊子《さっし》を開いてはいけません。
2. この冊子は一ページから十五ページまであります。解答用紙は中にはさんであります。
3. 開始の合図があったら、問題冊子の表紙、解答用紙に受験番号および氏名を記入しなさい。
4. 解答はすべて解答用紙に記入しなさい。解答を書き直す場合は、前に書いたものをきれいに消してから書き直しなさい。
5. 最後に作文の問題があります。
6. 終了の合図があったら、ただちに筆記用具を置いて、指示に従《したが》いなさい。

受験番号						氏名	

2023(R5) 駿台甲府中　一般
教英出版

駿台甲府中学校

一　次の①～⑩の傍《ぼう》線のついた漢字をひらがなに、カタカナを漢字に直しなさい。

① 知らせを聞いて急に形相を変える。

② 自己の責務を果たす。

③ 京都の寺院を見学する。

④ 八月半ばに海に行くことになった。

⑤ 功績を列挙する。

⑥ ゾウセン業が盛《さか》んに行われる。

⑦ 島のフウドに慣れる。

⑧ 考え方はセンサ万別《ばんべつ》だ。

⑨ ネンリョウを補給《ほきゅう》する。

⑩ 海外からメンカを輸入する。

二　次の文章を読んで、後の問いに答えなさい。＊のついた言葉は後の〈注〉もよく読みなさい。

陸上部の中学三年生「おれ」（桝井《ますい》）、設楽《したら》、中学二年生の俊介《しゅんすけ》は、他の部活から＊助《すけ》っ人《と》で陸上部に仲間入りした大《おお》田《た》、渡部《わたべ》、ジローと共に、二週間後の駅伝大会に向け、練習に励《はげ》んでいる。部長の「おれ」は、体調管理をしっかりと行い、誰《だれ》よりも早いタイムで走り、これまでチームを引っ張ってきた。しかし、最近は貧血の症状《しょうじょう》で思うように走ることが出来ないでいる。

駅伝大会が着々と近づく中で、みんなの走りもよくなっていた。大田のケンカ早さがそのまま出たような走りは他を寄せ付けないパワフルさがあったし、渡部はよりスマートで磨《みが》かれた走りをしていた。ジローは根性がある。みんなが帰った後も＊自主トレをしているだけあって、走りが安定してきた。

不調だった設楽も徐々《じょじょ》に調子を取り戻しているし、俊介に至《いた》ってはさらに勢いを増していた。その一方で、おれの走りはまったく上がらなかった。みんなが結果を出す中、おれはだめになっていくだけだった。

「今日は＊１０００のインターバル三本、＊間のジョグは一周四十秒で。＊最後の１０００のタイムはフリーね。レースをイメージして、最後の一本は全力で上げてきて」

＊上原はみんなが集まったのを確認《かくにん》し、メニューを発表した。

二学期に入って練習メニューもしっかりとした内容のものになってきた。最初は＊記録会に行くたびにＡおろおろしていた上原が、何回目かの記録会の後から他校の練習メニューを集め始めたのだ。「どこの学校の先生もいくらでも聞いてくださいって。中学校のスポーツってオープンでいいよね」と上原はいろんな学校のメニューを集めては、おれたちに嬉《うれ》しそうに見せていた。
「げー。＊ロングのインターバルかよ」
メニューを聞くなり、大田は舌打《したう》ちをした。
「水曜日はつかれるんだよなあ」
ジローもため息をついている。週の真ん中の水曜日は、みんなの意欲《いよく》も低くなる。
「明日は軽めのメニューだし、今日はがんばっとこうよ。大田もジローも今すぐごく速くなってきてるんだしさ」
おれが**B**弾《はず》みをつけるように言うと、「そっかな」と単純《たんじゅん》なジローはすぐに顔を［**X**］。
「そうそう。最初とは比べ物にならないよ」
「自分でもこんなに走れるとは思ってなかったけどな」
ジローは自慢《じまん》げに笑った。
「大田はもともと速いけどな」
おれが付け加《くわ》えると、「わかりきったこと、いちいち言ってんな」と大田は**ア**頭をかいた。
自分がうまく走れないのなら、せめてみんなに思いっきり走ってもらわなくてはいけない。運のいいことにおれは部長だ。
イそれができる立場にいる。おれは今まで以上にみんなに声をかけ、チームを盛《も》り上げることに努めた。
「えっと……、俊介は余裕《よゆう》だろ？」
視線《しせん》を感じて振《ふ》り向くと、俊介が神妙《しんみょう》な顔でおれを見ていた。俊介は陸上部だし、ロングインターバルだって慣れているはずだ。
「あ、ああ。うん」

「二年だからとか遠慮《えんりょ》せずにガンガン走れよ。俊介は絶好調だからな」
「わかりました」
俊介は静かに微笑《ほほえ》んだ。いつもの俊介なら「任せといて」と無邪気《むじゃき》に笑ったはずだ。少し前、おれが崩《くず》れだしたころから、ウ俊介はおれに接しにくそうにしていた。もちろん、変わらずおれを慕《した》ってくれていたし、誰よりもおれのそばにいた。でも、よそよそしかった。うまく走れないおれとどう関わっていいのか戸惑《とまど》っているのだ。今のおれを抜《ぬ》くことは、俊介には難《むずか》しいことじゃない。このまま行けば、俊介はおれより速くなる。だけど、おれを越《こ》えてはいけない。その迷いが俊介をぎこちなくさせているのだ。
今日こそ走ろう。このままではみんなに気を遣《つか》わせてしまう。貧血なんて関係ない。もう大会は間近だ。甘《あま》いことは言ってられない。精一杯《せいいっぱい》やればできるはずだ。いつもと同じように、そう唱えてからスタートを切った。しかし、いつもと同じように、やっぱりうまく走れなかった。最後の1000メートル、みんなが力を振《ふ》り絞《しぼ》る中で、おれはただ足を進めることしかできなかった。何とかトップを守ることはできたけど、すぐ後ろには俊介がいた。
「だ、大丈夫《だいじょうぶ》？」
走り終え呼吸《こきゅう》を整えるために、グラウンドの周りを歩くおれのそばに設楽がやってきた。
「何が？」
「い、いや、な、なんていうか」
緊張《きんちょう》や不安が高まると設楽は言葉がつっかかる。何か言って設楽を笑わせなくてはと思ったけど、疲《つか》れ切った頭に気の利《き》いた言葉など浮《う》かばなかった。
「ま、桝井さ、も、も、も、もしかしたらさ……」

設楽は言葉がつまってごくりと唾《つば》をのんだ。
「もしかしたら、太ったんじゃないかって？そうだな。最近食べ過ぎてるのかな。そのせいで遅くなってるのかも。ダイエットしなきゃな」
呼吸が整い始めたおれは、やっと冗談《じょうだん》めかした。
「あーでも、走るとおなかすくんだよな」
「あ、ああ」
「食べるの我慢《がまん》するのって難しいよな」
「そ、そうだな。うん、そうだ」
設楽はかすかに笑ってうなずいた。三年間一緒《いっしょ》に走ってきたのだ。設楽が感づいてもおかしくはない。エみんなおれに困惑《こんわく》している。早く何とかしなくては。この空気を変えなくては。もう時間はないのだ。

（瀬尾《せお》まいこ『あと少し、もう少し』新潮文庫刊より。）

〈注〉
＊助っ人……手助けをする人。
＊自主トレ……自主トレーニング。自ら進んで練習を行うこと。
＊１０００のインターバル３本……１０００メートルのインターバル走を３周すること。インターバル走とは、一定の間隔《かんかく》で早く走ったりゆっくり走ったりするのを繰《く》り返し行う走法。

＊間のジョグ……インターバル走の間に行うジョギング（ゆっくり走ること）のこと。
＊最後の１０００のタイムはフリー……最後の１０００メートルは時間を決めず、自由に走ること。
＊上原……新しく陸上部の顧問《こもん》になった先生。普段は美術を教えており、陸上についての知識はほとんどなかった。
＊記録会……市の陸上部の生徒などが集まって行われる大会。
＊ロングのインターバル……長い距離《きょり》で行うインターバル走。

問一　二重傍《ぼう》線部**Ａ**「おろおろして」、**Ｂ**「弾《はず》みをつける」の意味として最適《さいてき》なものを次の**あ**～**え**の中からそれぞれ選び、記号で答えなさい。

Ａ「おろおろして」
あ　どうしてよいか分からず慌《あわ》てて
い　上手くいかないことに悩《なや》んで
う　失敗することを恐《おそ》れて
え　はじめから緊張《きんちょう》して

Ｂ「弾みをつける」
あ　なだめる
い　いたわる
う　助言する
え　勢いを与《あた》える

問二　空欄《らん》［**X**］に当てはまる言葉として最適なものを次の**あ**〜**え**の中から一つ選び、記号で答えなさい。

あ　そろえた　　**い**　ほころばせた　　**う**　こわばらせた　　**え**　曇《くも》らせた

問三　傍線部**ア**「頭をかいた」とありますが、このときの大田の気持ちとして最適なものを次の**あ**〜**え**の中から一つ選び、記号で答えなさい。

あ　自分の走りの才能を「おれ」が褒《ほ》めてくれたので本当は嬉《うれ》しいが、それを素直に表現できず、照れくさく思っている。

い　大して走りが速くない「おれ」から、上から目線で走りを褒められたことが納得いかず、ついつい反抗的《はんこうてき》になってしまっている。

う　「おれ」が走りを褒めてくれたことは嬉しい一方で、自分はもっと速く走ることができるはずなのに、タイムが上がらず悩んでいる。

え　自分の走りには元々自信があったのに、「おれ」がジローのことばかり褒めるので、なぜ自分のことは褒めてくれないのかといらだっている。

問四　傍線部**イ**「それができる立場」とありますが、「おれ」は部長としてどのようなことをしましたか。目的と行動がわかるように「～ために……した」の形で説明しなさい。

問五　傍線部**ウ**「俊介はおれに接しにくそうにしていた」とありますが、なぜですか。最適なものを次の**あ**～**え**の中から一つ選び、記号で答えなさい。

あ　本当は走ることがそんなに好きではないが、俊介は速く走ることができると「おれ」に期待されてしまっていることを負担《ふたん》に感じているから。

い　学年が違うとは言え「おれ」と俊介はとても仲が良いのに、自分の体調のことをなかなか打ち明けてくれない「おれ」に嫌気《いやけ》がさしているから。

う　「おれ」の走りを超えたいと思っているが、二年生という立場なので、先輩より速く走ってしまったら文句を言われるのではないかと、困惑《こんわく》しているから。

え　「おれ」の調子が悪いことに薄々《うすうす》気付いてはいるが、部長の「おれ」より速く走って「おれ」の立場をなくし、他の部員を動揺《どうよう》させてはいけないと、気を遣《つか》っているから。

問六　傍線部**エ**「みんなおれに困惑《こんわく》している。早く何とかしなくては」とありますが、みんなはなぜ困惑しているのですか。最適なものを次の**あ**～**え**の中から一つ選び、記号で答えなさい。

あ　みんな「おれ」の異変《いへん》を感じているが、それを指摘《してき》することによって、今まで誰よりも早く走っていた「おれ」の部長というプライドを傷つけてしまい、部員たちに対する態度も大きく変わってしまうかもしれないと心配しているから。

い　「おれ」のタイムはどんどん悪くなっているのにも関わらず、「おれ」は全然気にしていない素振《そぶ》りをしており、部員たちの走りにばかり口を出してくるので、このままでは駅伝大会で良い成績を収めることができないと思っているから。

う　「おれ」は、自分のことを心配している部員たちを笑わせるために「タイムが落ちているのは、太ったからだ」という冗談を言ったが、部員たちは誰も笑ってくれず「おれ」の機嫌が悪くなったことで、部活内の空気が重くなってしまったから。

え　みんな「おれ」が不調であることに気付いているが、「おれ」は周りに悟《さと》られないように空元気《からげんき》を装《よそお》っており、部員が心配して不調のことに触《ふ》れようとしても無理やり話題をそらしてしまい、そのような「おれ」に対してどのように接すればよいか分からないから。

問七　「おれ」の人物像として**あてはまらないもの**を次の**あ**～**え**の中から一つ選び、記号で答えなさい。

あ　周囲を気遣い、困難な出来事も自分だけで何とか解決しようとする人物。

い　他人に対して優しくて思いやりがあり、人が傷つくような言動はしない人物。

う　人をまとめるのが上手で、自分の意見を全てはっきりと伝えることができる人物。

え　いつも周りのことをよく観察し、友達の微妙《びみょう》な心の変化にも気付くことができる人物。

三　次の文章を読んで、後の問いに答えなさい。＊のついた言葉は後の〈注〉もよく読みなさい。

1 「いつでも、どこでも、誰《だれ》でも」災害に＊遭遇《そうぐう》する危険性が高まっています。自分や家族が災害に巻《ま》き込《こ》まれない、巻き込まれても極力、被害《ひがい》が少なくなるような生活は不可能なのでしょうか。私《わたし》は可能だと思います。私はそうした社会を「**ア**ユビキタス減災社会」と名づけました。皆《みな》さんは＊「孫子の兵法」を知っていますか。そこでは、自分の弱点を知ることがとても大事だと言っています。「ユビキタス減災社会」を実現するうえでも、弱点を知ることがまず第一です。なぜでしょう。それは、被害《ひがい》は弱点が拡大《かくだい》する形で発生するといっても過言ではないからです。

2 ＊阪神《はんしん》・淡路大震災《あわじだいしんさい》のあと、災害時要援護《えんご》者に温かい目線を置いた対策《たいさく》が進められています。それは、高齢《こうれい》者や身体に何らかの＊ハンディキャップをもっている弱者に配慮《はいりょ》することが、健常者が被災しない、あるいは被災しても＊軽微《けいび》に留まることにつながるとわかったからです。［A］、災害に関する掲示《けいじ》板を、視力《しりょく》の弱い人でも見やすいサインに変えれば、健常者にも見やすいものになります。［B］、災害時要援護者という弱点を拡大させないことが減災につながるということです。決して、要援護者だけを特別視しているわけではありません。

3 誰もがどこにいても災害に巻き込まれ得るという環境《かんきょう》で、災害が起こったときに家族や関係者の**イ**安否《あんぴ》確認がとれないことも弱点になります。たとえ消防署員《しょいん》などの災害対応要員であっても、家族が災害に巻き込まれなかったことがわかるまでは仕事に身が入らないのは当たり前です。災害時には＊一般《いっぱん》加入電話の＊伝言ダイヤルや携帯《けいたい》電話のメールによる災害用伝言版が利用できるようになっているからといって、災害時に活用できる保証はありません。朝、家を出るとき携帯電話を忘《わす》れた場合を想像してみてください。便利な道具もちょっとしたことで使えなくなることが身に＊沁《し》みてわかるはずです。

4 私の場合もそれが弱点で、京都の大学の研究室、東京や神戸での研究活動など、常時、居る場所が定まっていませんので、不在のときに災害が起こる、あるいは私自身が災害に巻き込まれることを想定して、一日の行動のほぼすべてが家族や研究室の秘書《ひしょ》や＊同僚《どうりょう》に把握《はあく》されているような環境《かんきょう》を作ってきました。いまこの瞬間《しゅんかん》にどこにいて何をしているのかという情報を、自分以外の複数の人間がわかっていることは、災害発生時にとても重要です。朝、家を出たら深夜に帰宅《たく》するまでどこにいるかがわからないというのでは、家族や周囲の人は私の安否確認にとても手間どりますし、私の安否がわからない状況《じょうきょう》では、災害に立ち向かうどころではありません。

5 私はこの本で、ウ災害の特効薬はない事を何度も述べました。防災・減災のための小さな努力の継続《けいぞく》が、皆《みな》さんの防災・減災力を強くすることは間違《まちが》いありません。そして、その＊処方箋《しょほうせん》は自分で作らなければいけないところが災害の場合の特徴《とくちょう》でしょう。なぜなら、弱点は人それぞれに違うからです。

6 ユビキタスの考えの下では、自分が被災する可能性を考えることが重要です。他人ごとと思っていると、自分が災害に巻き込まれた瞬間から混乱《こんらん》が始まりますし、最悪の場合、何がなんだかわからないうちに命を失うことも起こるのです。決して対岸の X と考えないことが、エ災害多発時代の生き方の基本になると思います。

（河田恵昭《かわたよしあき》『これからの防災・減災がわかる本』岩波ジュニア新書より。）

〈注〉

＊遭遇……思わぬ場面にあうこと。

＊「孫子の兵法」……中国の思想家・孫子の考えをもとにした、戦の方法を書いた本。

＊阪神・淡路大震災……一九九五年に発生した大地震。兵庫・大阪・京都を中心に大きな被害が出た。

＊ハンディキャップ……不利な条件。

＊軽微……少しばかりであること。

＊一般加入電話……契約《けいやく》をして利用する電話のこと。

＊伝言ダイヤル……災害時に電話回線を使わなくても伝言を残すことができる番号。

＊沁みて……心に深く感じられること。

＊同僚……同じ職場で働く人のこと。

＊処方箋……医者が患者に適切な薬を処方するため、薬剤《やくざい》師に対し指示を出す書類。この場合は、ある問題を解決するための対処法。

問一　空欄《らん》 **A** 、 **B** にあてはまる言葉として最適なものを、次の**あ**～**え**の中からそれぞれ一つずつ選び、記号で答えなさい。

A
あ　そして
い　やはり
う　ところで
え　たとえば

B
あ　すなわち
い　すると
う　そして
え　ところで

問二　傍《ぼう》線部**ア**「ユビキタス減災社会」とありますが、これはどのような社会ですか。四十五字以内で答えなさい。ただし、句読点も字数に入ります。

問三　傍線部**イ**「安否確認がとれないことも弱点になります」とありますが、筆者はこのことをふまえてどのような対策をとっていますか。「～という対策。」という形で四十五字以内で答えなさい。ただし、句読点も字数に入ります。

問四　傍線部**ウ**「災害の特効薬はない」とありますが、これはなぜですか。「弱点は～」という書き出しに続けて、二十字以内で答えなさい。ただし、句読点も字数に入ります。

問五　空欄 **X** に漢字二字を入れ、「他人にとって重要なことでも、自分には関係ないので痛くもかゆくもないということ。」という意味の慣用句を完成させなさい。

問六　傍線部**エ**「災害多発時代の生き方」とありますが、これはどのような生き方ですか。本文全体をふまえ三十字以内で答えなさい。ただし、句読点も字数に入ります。

問七　この文章の[1]～[6]の形式段《だん》落の関係性を図にしたものとして、最適なものを次の**あ**～**え**の中から一つ選び、記号で答えなさい。

あ

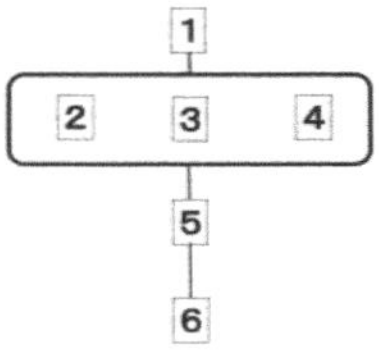

い

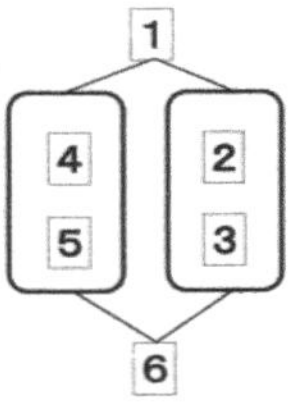

う

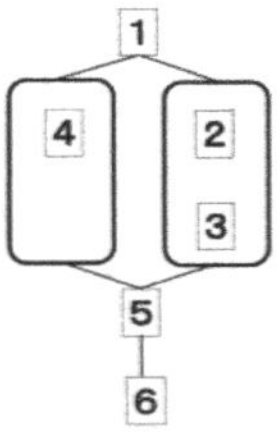

え

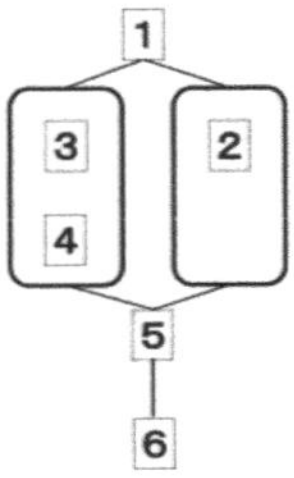

四　三の文章の2の段落では、「災害時要援護者に温かい目線を置いた対策」について述べられていました。実際、東京都練馬区では、高齢《こうれい》者・身体障《しょう》害者・知的障害者・精神障害者・＊妊産婦《にんさんぷ》・乳幼児のそれぞれに向けて、災害発生時を想定した「災害にそなえて」という案内書を公開しています。「災害にそなえて」の中には、避難《ひなん》所で必要となるものや、過ごし方についての案内もあります。あなたが考える、災害時要援護者が避難所で過ごすにあたっての対策と、その対策の必要性を書きなさい。その際《さい》、次の《条件《じょうけん》》に従《したが》うこと。

＊妊産婦……妊娠《しん》している女性、出産直前あるいは出産後まもない女性。

《条件》

1　**高齢者・身体障害者・妊産婦・乳幼児のうち、いずれかの災害時要援護者を一つ取り上げて述べること。**

2　字数は百二十字以上百五十字以内で書きなさい。句読《くとう》点（「。」や「、」）も字数に入ります。

3　解答欄《らん》には最初の一マスをあけて書き出しなさい。

4　その他、原稿《げんこう》用紙の正しい使い方に従うこと。ただし、段落《だんらく》分けが必要な場合でも**行を変えず続けて**書きなさい。

2023
2

算　　　　　数

（ 試験時間　５０分 ）

※解答用紙・配点非公表

注　　意

1．開始の合図があるまでこの冊子《さっし》を開いてはいけません。

2．この冊子は１ページから５ページまであります。解答用紙は中にはさんであります。

3．開始の合図があったら，問題冊子の表紙・解答用紙に受験番号および氏名を記入しなさい。

4．解答はすべて解答用紙に記入しなさい。解答を書き直す場合は，前に書いたものをきれいに消してから書き直しなさい。

5．分数で答えるときは，約分しなさい。

6．問題の中の図は必ずしも正確ではありません。

7．終了《しゅうりょう》の合図があったら，ただちに筆記用具を置いて，指示に従《したが》いなさい。

8．円周率《えんしゅうりつ》は 3.14 とします。

受験番号						氏名	

駿 台 甲 府 中 学 校

1 次の計算をしなさい。

(1) $23-16\div2+9$

(2) $2.7\times0.8\div0.45$

(3) $\frac{4}{9}+1\frac{5}{12}-\frac{17}{18}$

(4) $21\times4.16-7\times2.48$

2 次の問いに答えなさい。

(1) 時速 21 km で移動すると 10 分かかる道のりを，分速 70 m で移動すると何分かかるか求めなさい。

(2) 35000 cm^3 は何 m^3 か答えなさい。

(3) ある品物を定価の 3 割引に値下げしました。消費税 10 % を含めると売価は 231 円になりました。この品物の定価を答えなさい。

(4) 連続する 7 つの整数の和が 2023 となるとき，小さい方から数えて 4 番目の整数を答えなさい。

(5) 1 周 300 m のトラックをスタート地点から，A さんは分速 40 m で，B さんは分速 35 m でAさんとは逆方向に進んでいきます。スタートしてから再び出会うのは，2 人がスタートしてから A さんが何 m 進んだときか答えなさい。

(6) 整数を 1 から順番に下の図のように並べました。このとき，上から 10 段目の一番右側の整数を答えなさい。

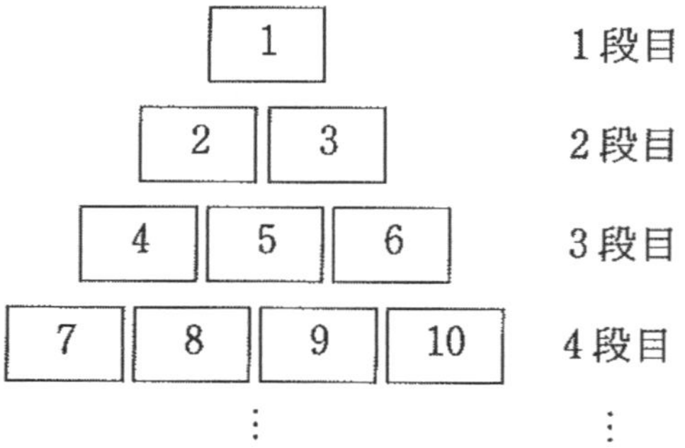

3　次の問いに答えなさい。

(1)　右の直方体の体積が 120 cm^3 のとき，直方体の表面積を求めなさい。

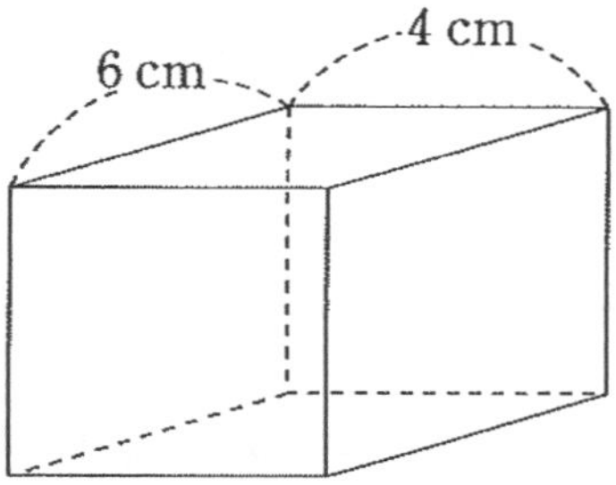

(2)　右の図は長方形を折り返した図です。このとき，(ア)の角の大きさを求めなさい。

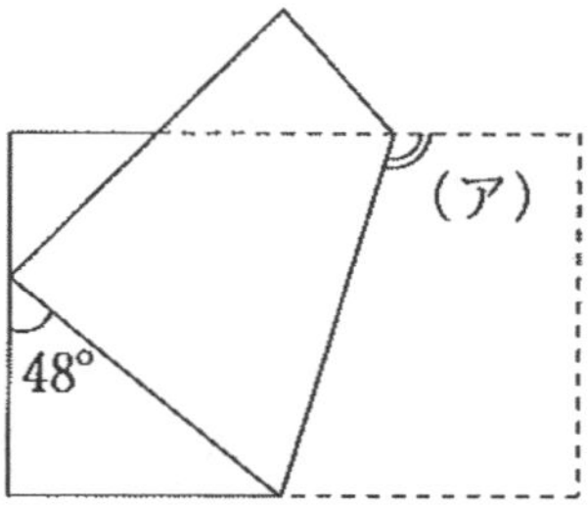

(3)　下の図の四角形 ABCD は平行四辺形で，点 E と点 F はそれぞれ辺 BC, CD上の点で，EF と BD は平行です。このとき，三角形 AFD の面積を求めなさい。

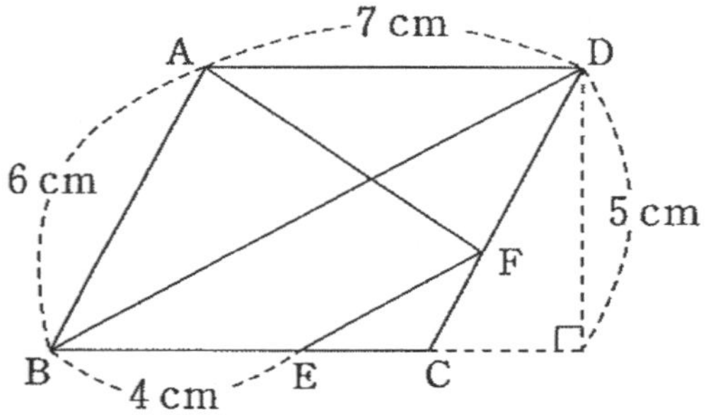

(4)　下の図は三角形 ABC を面積が等しい 4 つの三角形に分けた図です。AF の長さが 3 cm のとき，AC の長さを求めなさい。

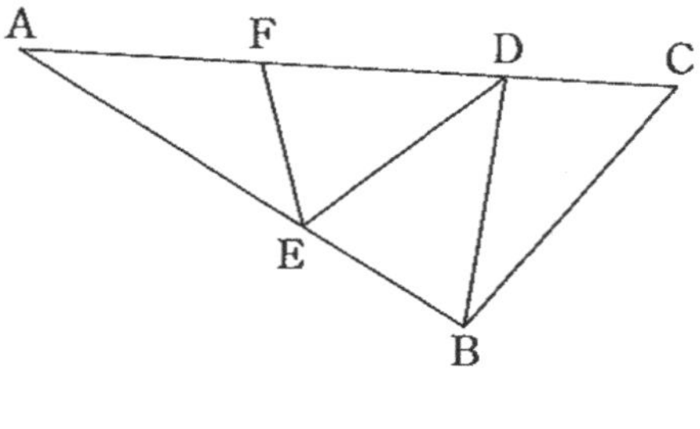

4　下の図のように，AD＝3 cm，AB＝4 cm，対角線の長さ 5 cm の長方形 ABCD を，点 B を中心に矢印の方向に 90° 回転させました。
このとき，次の問いに答えなさい。

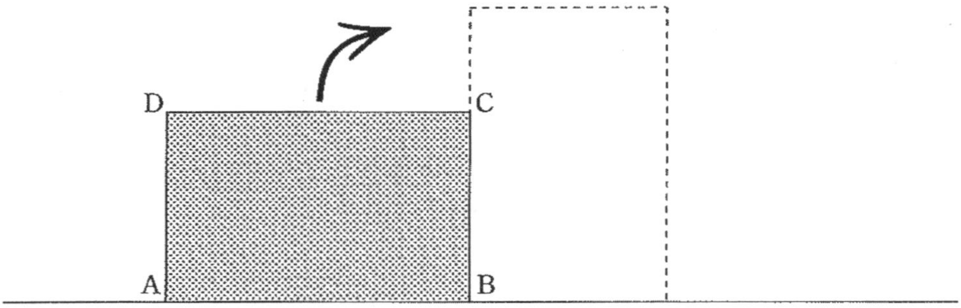

(1) 点 A が通ったあとにできる線の長さを求めなさい。

(2) 点 D が通ったあとにできる線の長さを求めなさい。

(3) 辺 AD が通ったあとにできる図形の面積を求めなさい。

5　2つの水そうA，Bに，はじめ14：9の割合で水が入っています。Aに毎分1Lずつ，Bに毎分0.5Lずつ入れると，いっぱいになるまでにかかった時間は同じでした。2つの水そうの容積の比は11：6です。このとき，次の問いに答えなさい。

(1)　水そうBの容積が102Lであるとき，水そうAの容積は何Lか答えなさい。

(2)　水そうBについて，いっぱいになったときに入っていた水の量は，はじめに入っていた水の量の何倍か答えなさい。

(3)　AとBの容積の合計が340Lのとき，2つの容器がいっぱいになるまでに何分かかるか答えなさい。ただし，2つの容器には同時に水を入れ始めます。

2023
2

理　　　科

（ 試験時間　３０分 ）

※解答用紙・配点非公表

注　　意

1．開始の合図があるまでこの冊子《さっし》を開いてはいけません。
2．この冊子は１ページから10ページまであります。解答用紙は中にはさんであります。
3．開始の合図があったら、問題冊子の表紙・解答用紙に受験番号および氏名を記入しなさい。
4．解答はすべて解答用紙に記入しなさい。解答を書き直す場合は、前に書いたものをきれいに消してから書き直しなさい。
5．特に指示のないかぎり、漢字で書けないときはひらがなで解答しなさい。
6．終了《しゅうりょう》の合図があったら、ただちに筆記用具を置いて、指示に従《したが》いなさい。

受験番号						氏名	

駿台甲府中学校

1　植物の葉と日光とのかかわりについて、次のような実験を行いました。これについて後の問いに答えなさい。

【実験１】

(1) 図１のように、２つのジャガイモの葉X、Yを用意し、Xは日光に当て、Yは日光が当たらないように容器をかぶせました。

(2) X、Yそれぞれのジャガイモの葉を１枚とり、お湯につけました。

(3) あたためたエタノールに葉を入れました。

(4) 葉を湯に入れて洗ってから、ある溶液《ようえき》にひたしました。

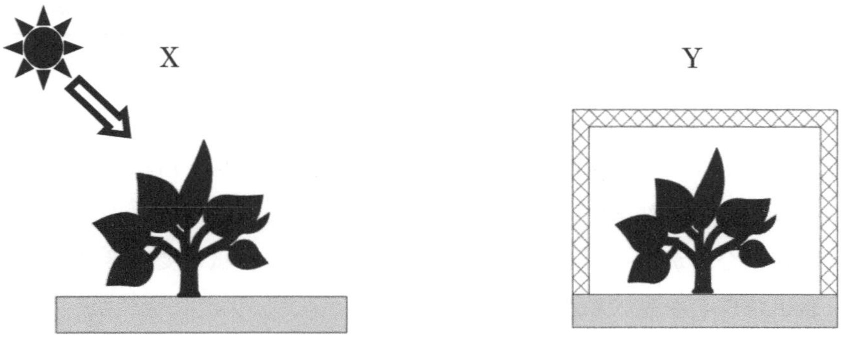

図１

【結果】　Xは青紫《あおむらさき》色になりましたが、Yは変化しませんでした。

問１　【実験１】について、あたためたエタノールに入れる目的は何ですか。

問２　ある溶液とは何ですか。

問３　実験後、図２のように、日光が当たらないようにXに容器を数日間かぶせました。実験１と同じ操作を行うと、どのような結果が得られると予想されますか。理由も合わせて 40 字以内で説明しなさい。ただし、句読点も字数に入ります。

図２

次に、植物と空気とのかかわりについて、次のような実験を行いました。

【実験２】

図３

(1) 図３のように、ジャガイモの葉にふくろをかぶせて､息をふきこみました。

(2) ふくろの中の気体の体積の割合を、気体検知管を使って調べました。ただし、酸素は 6～24%用の気体検知管を、二酸化炭素は 0.5～8%用の気体検知管を使用しました。

(3) 植物を一定時間日光に当てました。

(4) 再《ふたた》び、ふくろの中の気体の体積の割合を、気体検知管を使って調べました。

【結果】　以下のようになりました。

酸素　　　　二酸化炭素

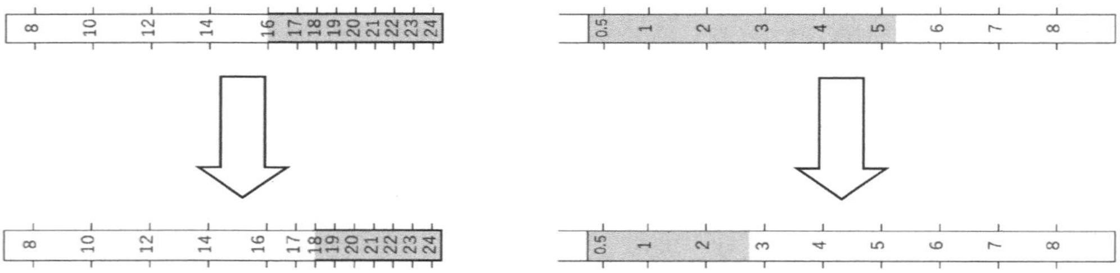

問４　【実験２】の結果から、植物は日光に当たると、何を行っていると考えられますか。「酸素」、「二酸化炭素」という言葉を使って説明しなさい。

問５　【実験２】の(3)を、日光が当たらないように植物に容器をかぶせたとすると、植物は何を行うと予想されますか。「酸素」、「二酸化炭素」という言葉を使って説明しなさい。

2　Ａ～Ｆの６本の試薬びんに次のいずれかの水溶液《すいようえき》が入っていますが、ラベルがなく、どの水溶液が入っているのかわかりません。

食塩水	アンモニア水	石灰水
塩酸	水酸化ナトリウム水溶液	炭酸水

それぞれの試薬びんに入っている水溶液が何かを調べるために、様々な実験を行いました。以下はその実験と結果をまとめたものです。後の問いに答えなさい。

【実験および結果】

(1) においをかぐと、ＢとＦはつんとしたにおいがしましたが、それ以外の水溶液はにおいがしませんでした。

(2) それぞれの水溶液を試験管にとりBTB溶液を加えると、ＢとＥが黄色になりました。

(3) 赤色リトマス紙にガラス棒で水溶液をつけると、ＡとＣとＦが青色になりました。

(4) 水溶液を試験管にとり、貝殻《かいがら》を入れると、Ｂの水溶液を入れた試験管だけ、気体**ア**が発生しました。

(5) (4) で発生した気体**ア**を試験管に集め、Ｃの水溶液を加えると、白くにごりました。

(6) 水溶液を試験管にとり、アルミニウムを入れると、ＡとＢとＣではアルミニウムがとけ、気体**イ**が発生しました。

(7) Ｄの水溶液を蒸発《じょうはつ》皿にとり、加熱して水を蒸発させると、白い固体が残りました。また、ルーペで観察すると立方体の形をしていました。

(8) 試験管にＣとＥを入れて混ぜると白くにごりました。

問１　実験(2)の結果からＢとＥの水溶液は何性か答えなさい。

問２　実験(4)で生じた気体**ア**および(6)で生じた気体**イ**の名前を答えなさい。

問３　実験(4)および(6)では、右の図のようにして気体を集めます。この時、最初に出てくる気体は集めません。その理由を説明しなさい。

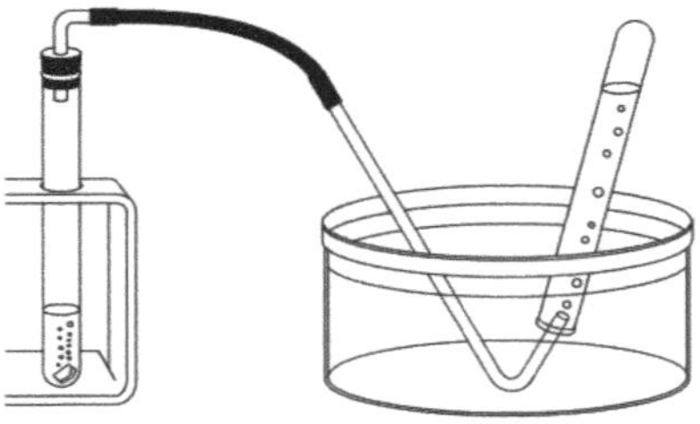

問４　気体**ア**は空気中にも存在しています。近年、空気中の気体**ア**の濃度《のうど》が高まったことによる環境《かんきょう》問題が起こっています。その環境問題とは何ですか。１つ答えなさい。

問５　Ｃ、Ｅ、Ｆの試薬びんに入っていた水溶液をそれぞれ答えなさい。

3　フィールドワークを行い、何か所か地層《ちそう》が観察できる崖《がけ》をスケッチしました。後の問いに答えなさい。

問１　ある地点では下の図の地層が観察されました。地層のスケッチからこの地域の海の深さはどのように変化しましたか。下の文章に当てはまる最も適当なものを次の①～④から１つ選び、番号で答えなさい。

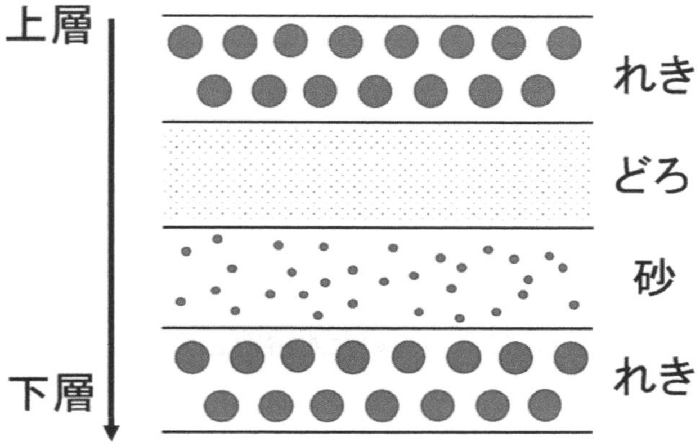

海の深さは、最初は（　ア　）、だんだんと（　イ　）なり、（　ウ　）と考えられる。

①　ア　：　浅く　　イ　：　浅く　　ウ　：　さらに浅くなった

②　ア　：　深く　　イ　：　深く　　ウ　：　さらに深くなった

③　ア　：　浅く　　イ　：　深く　　ウ　：　急に浅くなった

④　ア　：　深く　　イ　：　浅く　　ウ　：　急に深くなった

問２　別の地点の地層を観察していると、サンゴの化石を見つけました。この化石の含《ふく》まれている地層ができたころはどのような環境の海だったと考えられますか。海の深さや水温にふれて、簡単に説明しなさい。

問３　さらに別地点では右の図のような地層が観察されました。Ｇのような地層のずれを何といいますか。

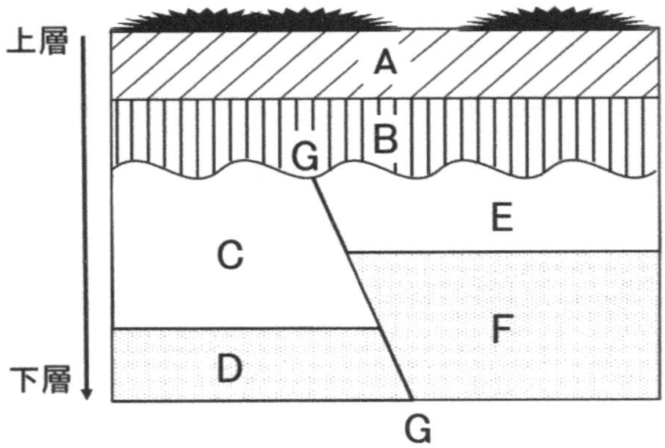

問４　問３の地層においてＣとＥの地層とＢの地層の境目がでこぼこしています。このような境目のできた理由を簡単に説明しなさい。

問５　問３の地層について最も適当なものを次の①～④から１つ選び、番号で答えなさい。

①　Ｇは上下からおす力がはたらいてできた。

②　ＡとＤではＡの方が古い地層である。

③　ＣとＦは同年代に堆積《たいせき》した。

④　この地域は現在を含《ふく》めて、少なくとも２回陸地になった。

4　右の図のように、細い糸に鉄球**ア**〜**ウ**を取り付けた実験装置を用意し、それぞれの鉄球をふれはばを同じにして、ゆっくり手をはなし、ふりこの周期（鉄球が 1 往復する時間）を求める実験をしました。次の【実験】を読んで後の問いに答えなさい。

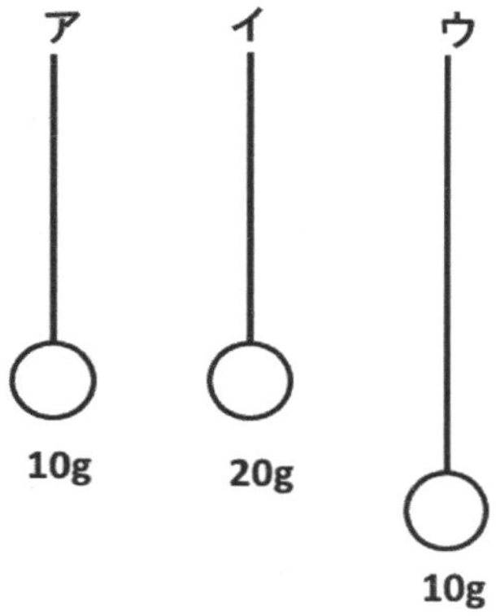

【実験】

まず鉄球を① 2往復させてから、その後、② 10往復する時間を測り、その時間から周期を求めました。③これを複数の班で行い、それぞれの班で求めた周期の平均をとって、これらのふりこの周期としました。

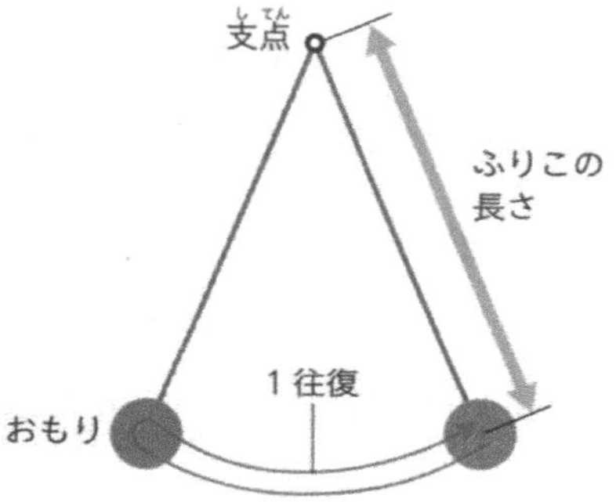

問１　「糸の長さとふりこの周期の関係」を調べたい場合は、**ア**〜**ウ**のうち、どのふりこを比べればよいか。図中の**ア**〜**ウ**からそれぞれ選び、記号で答えなさい。

問２　なぜ、①、③のようにするのか、その理由として最も適したものを次のＡ〜Ｅからそれぞれ選び、記号で答えなさい。

Ａ　計算しやすくするため

Ｂ　動き始めは安定しないため

Ｃ　規則性のある運動か確かめるため

Ｄ　空気による抵抗《ていこう》を減らすため

Ｅ　測り方のわずかな違《ちが》いで結果が変わってしまうため

問３　なぜ、②のようにするのか、その理由を説明しなさい。

【結果】

５つの班で**ア**のふりこの周期を求めたところ下の表のようになりました。

班	1 班	2 班	3 班	4 班	5 班
求めた周期（秒）	0.89	0.86	0.91	0.87	0.88

問４　実験結果からこのふりこの周期を求めなさい。ただし、小数第３位を四捨五入して小数第２位まで答えること。

問５　**イ**、**ウ**のふりこについても同じように周期を求めました。**イ**、**ウ**のふりこの周期は**ア**のふりこと比べるとどうなりますか。次の**Ａ**～**Ｃ**からそれぞれ１つずつ選び、記号で答えなさい。同じものを２つ選んでもよい。

Ａ　長くなる

Ｂ　短くなる

Ｃ　変わらない

5　次の各問いに答えなさい。

問１　A～Dの４つのビーカーに20℃の水を100gずつ用意し、そこに異なる量の食塩を入れ、ガラス棒でよくかき混ぜ、食塩がすべて溶《と》けるかどうか調べ、結果を下の表のようにまとめました。

	食塩の量	かき混ぜた後の様子
A	15g	すべて溶けた
B	30g	すべて溶けた
C	45g	溶け残りがあった
D	60g	溶け残りがあった

(1)　ビーカーA～Dから同じ体積の上澄《うわず》み液をとって重さを比べた場合、最も軽いのはどれですか。A～Dから１つ選び、記号で答えなさい。

(2)　A～Dで同じ濃《こ》さの食塩水と考えられるのはどれとどれですか。A～Dから選び、記号で答えなさい。

問２　電流計の5Aの－端子《たんし》に導線をつないだところ、下の図のように針がふれました。豆電球に流れている電流は何mAか答えなさい。

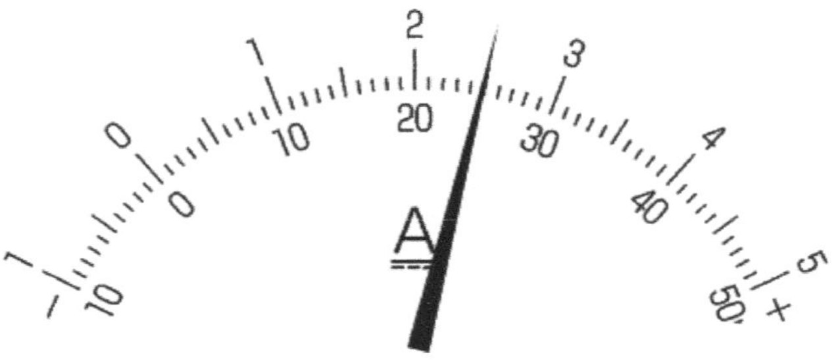

問３　日本から夜に、一年中見ることができる星座を次の①～④から１つ選び、番号で答えなさい。

①　はくちょう座　　②　オリオン座　　③　こぐま座　　④　さそり座

問４　カエルはバッタを食べますが、モズには食べられてしまいます。

(1)　カエルの数がへると、バッタとモズの数は一時的にそれぞれどうなりますか。「ふえる」、「へる」、「変わらない」のいずれかで答えなさい。

(2)　動物の「食べる」、「食べられる」という関係がくずれる原因を１つ答えなさい。

2023
2

社　　　会

（試験時間　３０分）

※解答用紙・配点非公表

注　意

1．開始の合図があるまでこの冊子《さっし》を開いてはいけません。

2．この冊子は１ページから18ページまであります。解答用紙は中にはさんであります。

3．開始の合図があったら、問題冊子の表紙・解答用紙に受験番号および氏名を記入しなさい。

4．解答はすべて解答用紙に記入しなさい。解答を書き直す場合は、前に書いたものをきれいに消してから書き直しなさい。

5．終《しゅう》了《りょう》の合図があったら、ただちに筆記用具を置いて、指示に従《したが》いなさい。

受験番号						氏名	

駿台甲府中学校

1　鉄道が大好きな駿《しゅん》さんは、**A**～**D**の鉄道の写真を集めました。この**A**～**D**の写真を見て、後の問いに答えなさい。なお、写真の下には列車の愛称《あいしょう》と主な走行区間を示してあります。

A

特急「北斗《ほくと》」

札幌《さっぽろ》～函館《はこだて》間

B

特急「あずさ」

新宿（東京都）～松本（　　　県）間

C

新幹線「はやぶさ」

東京～新函館北斗間

D

特急「南風《なんぷう》」

岡山～高知間

問１　**A**に関して、次の各問いに答えなさい。

(1)　**A**の列車に乗ると、車内放送で「イランカラㇷ゚テ」と放送がかかりました。これは、北海道で昔から生活していた先住民族の言葉です。この先住民族の名前を答えなさい。

(2)　列車の窓から外を眺《なが》めていると、甲府ではみられないような形式の住居がたくさんみられました。北海道でみられる住居の多くは、冬の厳しい寒さを越《こ》すために工夫がなされています。その工夫を、下の写真を参考にして特徴を１つあげて、簡潔に説明しなさい。

問２　**B**に関して、次の各問いに答えなさい。

(1)　□にあてはまる県の名前を漢字で答えなさい。

(2)　次の表は特急「あずさ」が通る都県(東京都、神奈川県、山梨県、長野県)の１世帯当たりの乗用車保有台数(2021 年)と林野《りんや》面積※(2020 年)です。山梨県にあたるものを①～④から１つ選び、番号で答えなさい。

※ 林野面積とは、森林面積に森林以外の草生地(野草などが生えているところ)を加えた面積です。

	1世帯当たり 乗用車保有台数 (台) 2021年	林野面積 (千ha) 2020年
①	0.45	77
②	1.57	349
③	0.71	94
④	1.60	1029

農林水産統計データ,
日本統計年鑑令和3年より作成

問３　**C**に関して、下の表は、東京都と宮城県、岩手県、福島県、青森県との間における利用交通機関別の割合（年間）と移動者数全数をあらわしたものです。次の各問いに答えなさい。

	宮城県	岩手県	福島県	青森県
鉄道（JR）　（%）	93.3	92.5	92.3	68.7
航空機　（%）	0.0	0.3	0.0	22.9
自動車　（%）	6.7	7.2	7.7	8.4
移動者数全数　（千人）	2615.3	793.2	1772.2	814.8

2020年度　旅客地域流動調査より作成

(1)　この表から読み取れるものとして正しいものを次の①～④から**すべて**選び、番号で答えなさい。

①　東京都との移動において自動車で移動する人数は、宮城県が最も少ない。

②　東京都との移動において航空機を利用する人の割合は、青森県が最も高い。

③　東京都－宮城・岩手・福島各県の移動においては、鉄道（JR）の利用者はいずれも９割を超《こ》えている。

④　東京都からの距離《きょり》が離《はな》れているほど、鉄道（JR）の割合は減少する。

(2)　東京都－青森県間の航空機の利用者数の人数を、表を参考に計算しなさい。ただし、単位は千人とし、**小数第２位を四捨五入**して答えなさい。

(3)　次の地図は、仙台《せんだい》市にある秋保《あきう》温泉の地図です。この地図から読み取れるものを次の①～⑥から**すべて**選び、番号で答えなさい。

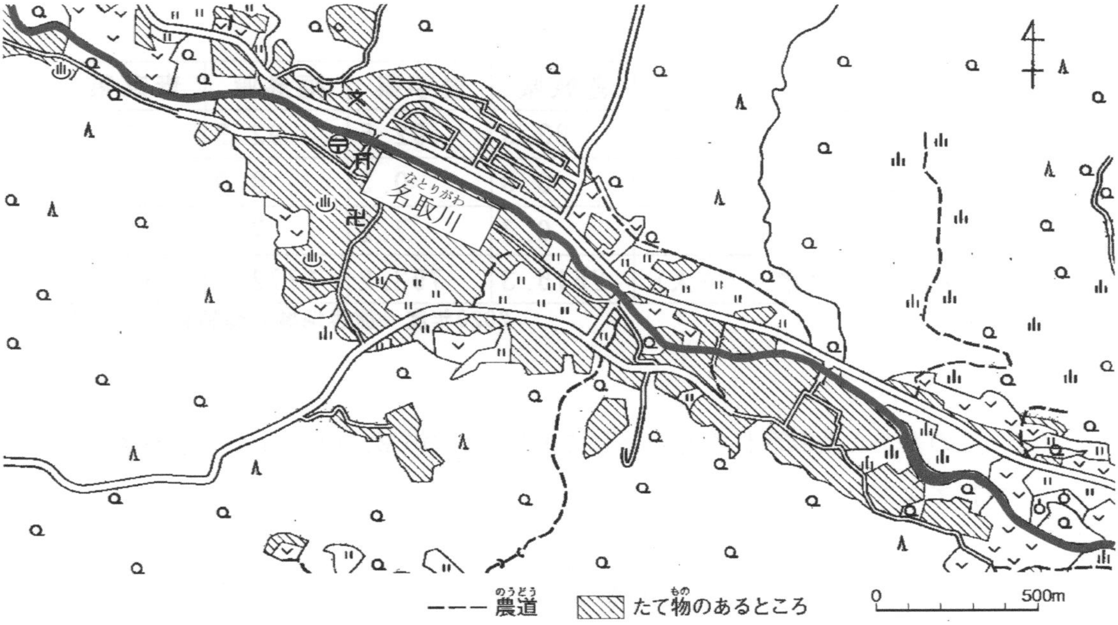

※地図中の ♨ は現在の ♨ を表しています。

①　名取川沿《ぞ》いに建物が集中している。

②　名取川から離れたところでは果樹園が広がっている。

③　名取川より北側にある農道周辺には林が広がっている。

④　郵便局の北東側には神社がある。

⑤　この地図でみられる温泉はすべて名取川の南側にある。

⑥　この地図上には田んぼはみられない。

問４　**D**に関して、次の各問いに答えなさい。

(1)　下の雨温図は、岡山・高知・那覇《なは》(沖縄《おきなわ》県)のいずれかのものです。岡山にあたるものを①～③から１つ選び、番号で答えなさい。

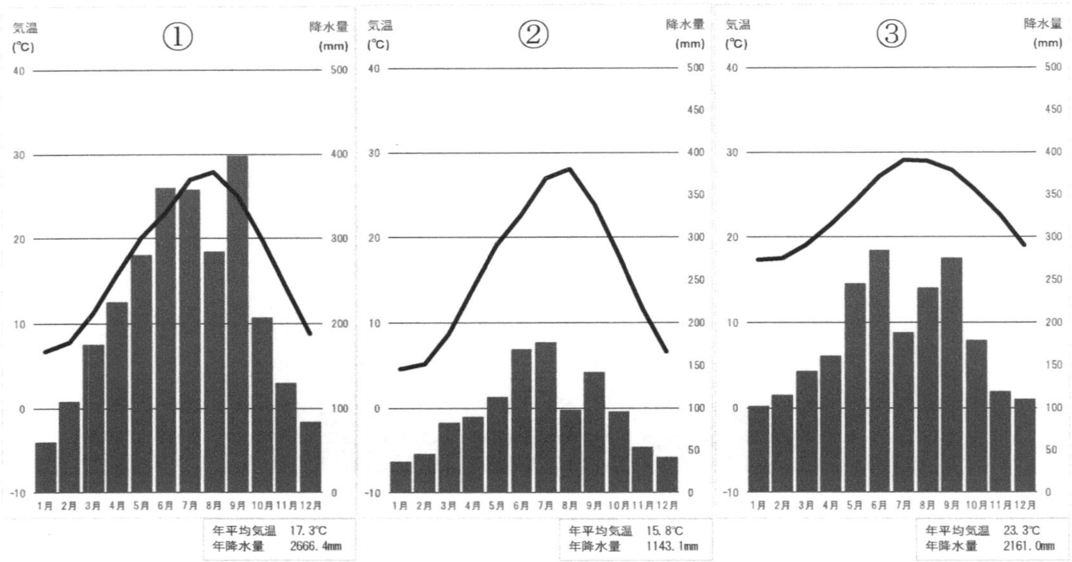

気象庁のデータをもとに作成

(2)　高知県は県の面積の５分の４以上が森林です。これらの森林はどのような働きを持っていますか。下のイラストを参考にして、簡潔に説明しなさい。

森林がある場合

森林がない場合

2　次の文は、駿台甲府中学校のある生徒が「課題研究」で 2022 年の気になる出来事を発表するために作ったメモです。メモを読んで、後の問いに答えなさい。

発表テーマ：沖縄復帰 50 周年

・太平洋戦争が始まる。→最初は日本軍進撃《しんげき》、しかし、戦局悪化へ
・アメリカ軍が沖縄本島へ上陸、沖縄戦
・ **ア　ポツダム宣言受諾《せんげんじゅだく》、日本降伏《にほんこうふく》へ** →沖縄はアメリカの統治下に入る
・アメリカ主導の下、琉球《りゅうきゅう》政府設置　→円からドルへ、 **イ　道路は右側通行**
・本土と沖縄の行き来には **ウ　パスポート** のような身分証明書が必要
・米兵による事件が発生しても、琉球政府には **エ　裁判** 権なし
　→逮捕《たいほ》は現行犯に限られ、身柄《みがら》はアメリカ軍へ
・沖縄本土復帰を目指して、外交交渉
・1972 年 5 月 15 日、沖縄の本土復帰が実現　→佐藤栄作《えいさく》 **オ　内閣総理大臣** のとき
・日米地位協定の問題
・基地問題、普天間《ふてんま》基地の移設問題
　→在日アメリカ軍施設の 7 割が沖縄に集中、沖縄のあり方
・ **カ　入域《にゅういき》観光客数の変化**
・「奄美大島《あまみおおしま》、徳之島《とくのしま》、沖縄島北部及《およ》び西表《いりおもて》島」が世界自然遺産へ登録
　→沖縄の自然を守る取り組み

問１　下線部**ア**以後、国の政治のあり方を定めた日本国憲法の作成が進められました。日本国憲法が施行《しこう》された日を、解答欄《らん》に合うように答えなさい。施行された日は憲法記念日という国民の祝日になっています。

問２　日本国憲法の三つの原則の１つに「基本的人権の尊重」があります。基本的人権にあたるものとして**誤っているもの**を次の①～④から１つ選び、番号で答えなさい。

①　働く権利　　②　法の下の平等　　③　言論・出版の統制　　④　団結する権利

問３　沖縄復帰 50 周年記念式典が 2022 年 5 月 15 日に行われ、天皇がオンラインで参加しました。天皇について、日本国憲法第 1 条では次のように記しています。条文の（　※　）にあてはまる言葉を漢字で答えなさい。（　※　）は同じ言葉が入ります。

天皇は、日本国の（　※　）であり日本国民統合の（　※　）であって、この地位は、主権《しゅけん》をもつ日本国民の総意にもとづく。

問４　下線部**イ**について、現在の日本では、道路交通法により左側通行が規定されています。このような法律をつくっている国会について、次の各問いに答えなさい。

(1)　国会では、国の政治の方針を決める重要な話し合いをしています。その審議《しんぎ》は衆議院と参議院を通じて行い、下の表は、それぞれの院の違《ちが》いをまとめたものです。表中**Ａ**～**Ｄ**に入る数字の組み合わせとして正しいものを、次の①～④から 1 つ選び、番号で答えなさい。

	衆議院	参議院
議員定数	465 人	（　Ａ　）人
任期	（　Ｂ　）年	6 年
投票できる人	18 歳以上	18 歳以上
立候補できる人	（　Ｃ　）歳以上	（　Ｄ　）歳以上

2022 年参議院選挙後からのデータ

①　**Ａ**　248　**Ｂ**　4　**Ｃ**　25　**Ｄ**　30
②　**Ａ**　300　**Ｂ**　3　**Ｃ**　25　**Ｄ**　30
③　**Ａ**　248　**Ｂ**　4　**Ｃ**　30　**Ｄ**　25
④　**Ａ**　300　**Ｂ**　3　**Ｃ**　30　**Ｄ**　25

(2)　国会の権限《けんげん》としてあてはまるものを次の①～⑥から**すべて**選び、番号で答えなさい。

①　内閣総理大臣を指名する。
②　行政処分《しょぶん》が憲法に違反《いはん》していないかを審査《しんさ》する。
③　衆議院の解散を決める。
④　法律が憲法に違反していないかを審査する。
⑤　裁判官をやめさせるかどうかの裁判を行う。
⑥　最高裁判所の長官を指名する。

問５　現在の省において、下線部**ウ**の発行を担当《たんとう》しているのは何という省ですか。次の **a** の①～④から１つ選び、番号で答えなさい。また、**a** で選んだ省は他にどんな仕事をしていますか。最も適切なものを **b** の①～④から１つ選び、番号で答えなさい。

a　①　厚生労働省　②　文部科学省　③　国土交通省　④　外務省

b　①　スポーツ、文化の振興《しんこう》　②　まちづくりや交通手段の整備
　③　食品や薬の安全の確認《かくにん》　④　在外邦人の保護

問６　下線部**エ**について、次の各問いに答えなさい。

(1)　下の図は裁判所のしくみです。図中の（**あ**）～（**え**）に入る言葉の組み合わせを、次の①～④から１つ選び、番号で答えなさい。

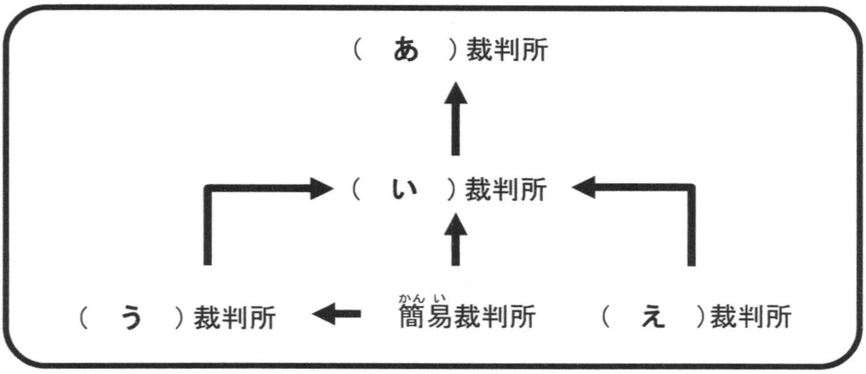

①　**あ**　最高　　**い**　高等　　**う**　家庭　　**え**　地方
②　**あ**　高等　　**い**　最高　　**う**　家庭　　**え**　地方
③　**あ**　最高　　**い**　高等　　**う**　地方　　**え**　家庭
④　**あ**　高等　　**い**　最高　　**う**　地方　　**え**　家庭

(2)　裁判所に関連する次の文章の（　①　）にあてはまる数字を答えなさい。また、（　②　）にあてはまる言葉を漢字で答えなさい。

・裁判所の判決に納得《なっとく》できない場合は、上級の裁判所にうったえて原則（　①　）回まで裁判を受けることができる。
・有権者《ゆうけんしゃ》は、最高裁判所の裁判官が裁判官として適格であるかを投票で決め、不適格とされた者をやめさせる（　②　）を行うことができる。

問７　下線部**オ**は内閣の長です。内閣では、内閣総理大臣と国務大臣たちが会議を開き、政治の進め方を話し合います。このような会議を何というか**漢字２字**で答えなさい。

問８　下の**資料Ⅰ**は下線部**カ**を示したものであり、**資料Ⅱ**は沖縄県の産業別就業者《しゅうぎょうしゃ》数の割合を、**資料Ⅲ**は沖縄県の令和２年度の観光収入を示したものです。これらの資料を参考にして、入域観光客数が令和２年に減少した理由と入域観光客数の減少が沖縄の産業に与える影響を、簡潔に説明しなさい。

資料Ⅰ　入域観光客数の推移《すいい》（暦年《れきねん》）

（単位：人）

	入域観光客数（合計）	国内客	外国客
平成28年	8,613,100	6,531,000	2,082,100
平成29年	9,396,200	6,854,000	2,542,200
平成30年	9,847,700	6,943,900	2,903,800
令和元年	10,163,900	7,233,900	2,930,000
令和2年	3,736,600	3,479,700	256,900

内閣府沖縄総合事務局の資料より作成

資料Ⅱ　沖縄県の産業別（3部門）15歳以上就業者の割合

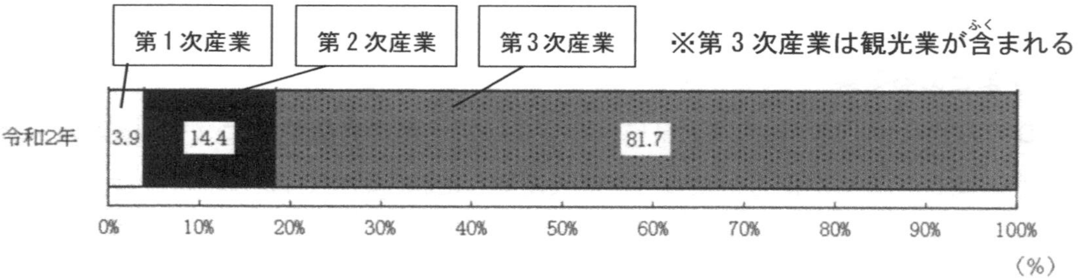

沖縄県企画部統計課の資料より作成

資料Ⅲ　沖縄県の令和２年度の観光収入【試算値】

○観光収入	**（試算値）2,485億円**
（前年度比　−4,562億4,500万円、　−64,7%）	

沖縄県文化観光スポーツ部観光政策課の資料より作成

3　次の歴史上の人物たち**A**～**E**の会話文を読み、後の問いに答えなさい。

A：2022年に **ア イギリス女王** が逝去《せいきょ》されました。在位70年という長い期間、女王として国のために尽力《じんりょく》されましたね。わたしも女王として邪馬台国をまとめていましたから、その気苦労は大変なものであったと思われます。

B：**A**の頃は、まだ日本が一つの国としてまとまらず、各地で争いも多くて大変だったことでしょう。わたしは3代将軍として参勤交代制度をつくり、各地の大名が反乱をおこすことができないように厳しく取り締《し》まりました。また、その制度によって日本各地と江戸を結ぶ **イ 主要道路** が整い、国内の経済を発展させることもできました。

C：**B**の一族がつくり上げた時代は15代将軍まで続き、260年間に及ぶ争いの少ない時代と言われますね。わたしも 3 代将軍として **ウ 海外との貿易** に力を入れて幕府の財政を整え、2 つに分かれていた朝廷を統一し、国をまとめ上げたのですが…。どうやらその後が安定せず、**B**の幕府と同様に15代将軍まで続いたものの、最後の頃は日本中が分裂《ぶんれつ》して各地の **エ 戦国大名** が領地を奪《うば》い合う時代に突入《とつにゅう》してしまいました。

D：**C**の時代はアジアにとどまらず、ヨーロッパとのつながりが次第に生まれてきた時代で、日本にとっても様々な価値観が生まれた時代でした。なかなか、国として一つにまとまらなくなっていったのも当然かもしれませんよ。その点、わたしは仏教を日本中に広めることで、時代の変化に新たな価値観をうまく一致《いっち》させ、天皇として **オ 国をまとめる事業** を成功させました。

E：**D**の朝廷も、平安時代には天皇に代わって **カ 一部の貴族や武士** が絶大な権力を持ってしまい、天皇が権力を保つことが大変でしたね。わたしは、朝廷に代わり、日本で初めて幕府を開いた経験があるので、権力を維持《いじ》する難しさはよくわかります。たった3代で一族の将軍がとだえてしまったときには、 **キ 源平合戦** とは何だったのか、この世のはかなさ、むなしさを感じてしまいました…。

A：昨年のＮＨＫ大河ドラマ『鎌倉殿《どの》の13人』では、**E**の幕府内の権力争いの様子が描《えが》かれていましたね。それでも**E**の幕府は **ク 妻の一族** に政治の実権が移り、およそ150年間も続きました。わたしの国では男性の王に代わってから、再び争いがおきてしまいました。国をまとめ、安定した世の中をつくり上げることは難しいことです。

B：今年の大河ドラマでは、そのような国づくりを実現させたわたしの祖父が主人公として描かれています。国をまとめるヒントが見つかるかもしれませんよ。

問１　歴史上の人物たち**Ａ**～**Ｅ**が活躍《かつやく》した時代を古い順に並《なら》べ替《か》えたとき、3 番目にくる人物を**Ａ**～**Ｅ**の記号から１つ選び、記号で答えなさい。また、その人物名を漢字で答えなさい。

問２　下線部**ア**に関して、このイギリス女王とその後を引き継いだ新国王の名前の組み合わせとして正しいものを、次の①～④から１つ選び、番号で答えなさい。

①	女王 ― ヴィクトリア	新国王 ― ウィリアム
②	女王 ― エリザベス２世	新国王 ― チャールズ３世
③	女王 ― ヴィクトリア	新国王 ― チャールズ３世
④	女王 ― エリザベス２世	新国王 ― ウィリアム

問３　下線部**イ**に関して、次の図は江戸の日本橋を起点として、当時の主要都市へとつながる五街道を表しています。図中の［　　　　］にあてはまる太線の街道名を何というか、**漢字３字**で答えなさい。

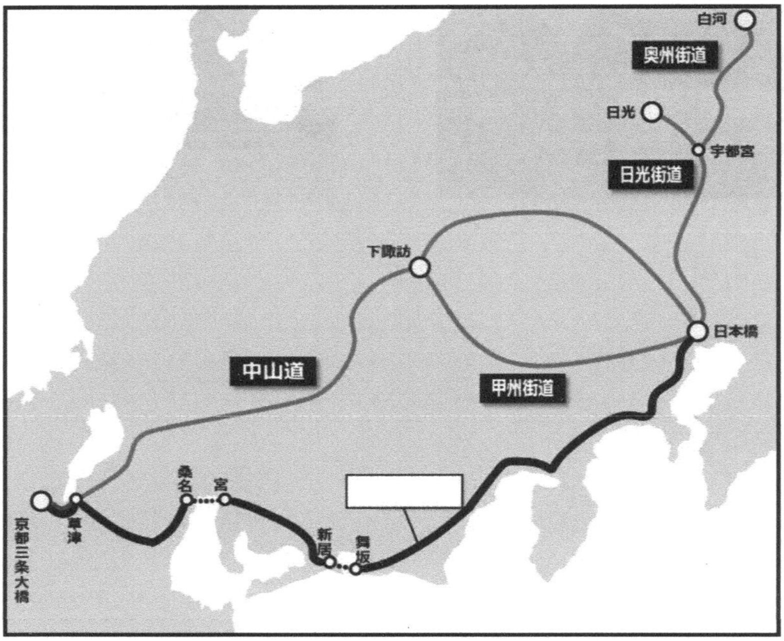

問４　下線部**ウ**に関して、貿易を通じて富をたくわえた歴史上の人物**C**は、世界文化遺産の１つである金閣（鹿苑《ろくおん》寺）を現在の京都府に建てました。京都府には他にも16の世界文化遺産を構成する歴史的建造物があります。京都府にある世界文化遺産を構成している歴史的建造物を、次の①～④から１つ選び、番号で答えなさい。

①

②

③

④

問５　下線部**エ**に関して、下の**史料Ⅰ**のような独自の法律を定め、**史料Ⅱ**のような治水工事を行い、支配する領地をまとめることに成功した戦国大名を、次の①～④から１つ選び、番号で答えなさい。

①　徳川家康　　②　織田信長　　③　上杉謙信　　④　武田信玄

史料Ⅰ

一、けんかはどのような理由があろうと処罰する。ただし、けんかをしかけられても、がまんした者は処罰しない。　（甲州法度之次第）

史料Ⅱ

問６　下線部**オ**に関して、当時伝染病やききん、貴族の反乱がおこって世の中が混乱していました。そこで、歴史上の人物**Ｄ**は全国に国分寺を、都には国分寺の中心となる寺と大仏をつくることで、人々に仏教を広めて不安をしずめ、国を守ろうとしました。この国分寺の中心となる寺の名称を**漢字３字**で答えなさい。

問７　下線部**カ**に関する説明として**誤っているもの**を次の①～④から１つ選び、番号で答えなさい。

①　藤原氏は他の貴族を次々と退け、一族で朝廷の官職を独占《どくせん》し、多くの私有地を持つようになった。

②　藤原道長は自分の娘を天皇の后《きさき》とし、さらには征夷大将軍になることで、天皇に代わって政治を行う権力を得た。

③　朝廷や貴族たちの勢力争いの中で平治の乱がおき、源氏に勝利した平氏は、貴族をおさえて政治の実権をにぎった。

④　平清盛は武士として初めて太政大臣となり、さらに娘を天皇の后にして、その子どもを天皇にすることで朝廷との関係を深めた。

問８　下線部**キ**に関して、次の①～⑨から、源平合戦に**あてはまらないものをすべて**選び、番号で答えなさい。

①　屋島の戦い	②　倶利伽羅《くりから》峠の戦い	③　長篠《ながしの》の戦い
④　石橋山の戦い	⑤　関ヶ原の戦い	⑥　壇ノ浦《だんのうら》の戦い
⑦　桶狭間《おけはざま》の戦い	⑧　一ノ谷の戦い	⑨　富士川の戦い

問９　下線部**ク**に関して、この一族が中心となり幕府を動かしていた 13 世紀ごろ、中国を支配していた元が２度にわたって日本へ攻めてきました。次の２つの史料は、御家人の竹崎季長《すえなが》が元と戦い活躍する自分の様子と、争いの後、幕府の役人にうったえる自分の様子を自ら描《か》かせたものです。なぜ、このような絵図を描かせたのか、**「土地」**という語句を用いて、簡潔《かんけつ》に説明しなさい。

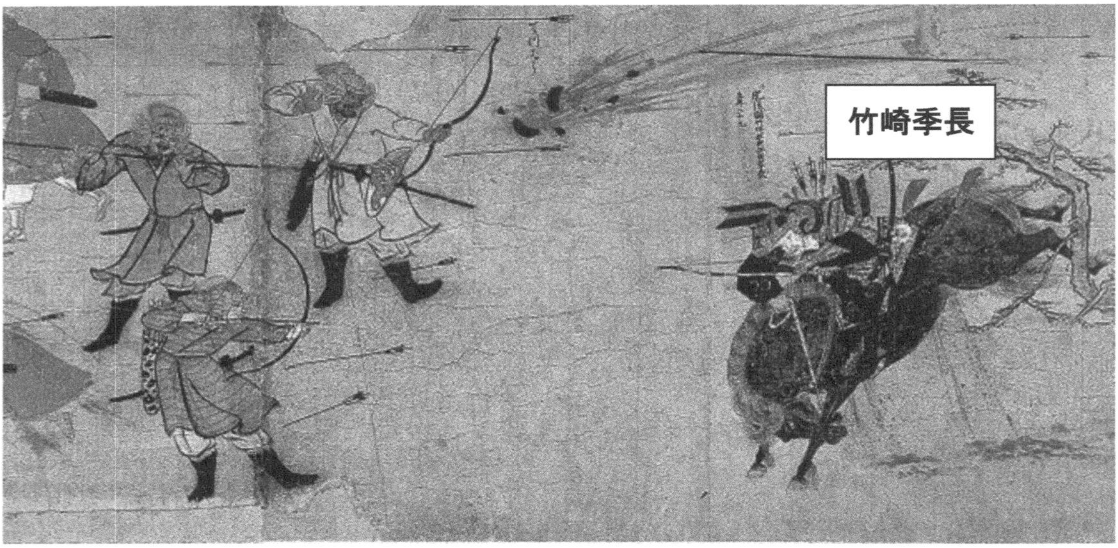

専願

2022
1

国語

（試験時間　五〇分）

注意

1. 開始の合図があるまでこの冊子《さっし》を開いてはいけません。
2. この冊子は一ページから二十六ページまであります。解答用紙は中にはさんであります。
3. 開始の合図があったら、問題冊子の表紙、解答用紙に受験番号および氏名を記入しなさい。
4. 解答はすべて解答用紙に記入しなさい。解答を書き直す場合は、前に書いたものをきれいに消してから書き直しなさい。
5. 最後に作文の問題があります。
6. 終了《しゅうりょう》の合図があったら、ただちに筆記用具を置いて、指示に従《したが》いなさい。

受験番号						氏名	

駿台甲府中学校

2022(R4) 駿台甲府中　専願
教英出版

一　次の①～⑩の傍《ぼう》線のついた漢字をひらがなに、カタカナを漢字に直しなさい。

① 羊毛から服を作る。

② 他者に便乗する。

③ 統計を取って調査する。

④ 類いまれな才能を持つ。

⑤ 倉庫に物を入れておく。

⑥ 道路にガイトウが設置される。

⑦ ハタを振って応援する。

⑧ 金属が採れるコウミャクが見つかる。

⑨ コウシの先生が来てくださる。

⑩ ごぼうはコンサイに分類される。

二　次の文章を読んで、後の問いに答えなさい。＊のついた言葉は後の〈注〉もよく読みなさい。

吹奏楽《すいそうがく》部へ入ってから、しほりんはますます学校が楽しくなった。

教室ではクラスの友達が、放課後の音楽室では部活のみんなが、しほりん、しほりんとあたりまえみたいに声をかけてくれる。いつでも誰《だれ》かがそばにいる。

それだけで、中学校という場所はしほりんにとって、まぶしすぎるくらいきらきらしていた。あたたかすぎるくらいほかほかしていた。

でも――ふっとひとりになった瞬間《しゅんかん》、今でも、急に怖《こわ》くなる。

このまぶしさはいつまで続くんだろう。

このぬくもりはいつまで続くんだろう。

千鶴《ちづる》とレイミーは、いつまであたしのそばにいてくれるんだろう？

本音を言えば、女子の仲良し三人組なんてろくなものじゃない、としほりんは思っている。とにかく、奇数《きすう》はいけない。これは鉄則《てっそく》だ。しかも、よりによってまた三人組だなんて不運すぎる。

千鶴やレイミーと三人でいると、しほりんはどうしても思いだしてしまう。忘《わす》れたい記憶《きおく》。今でも傷口《きずぐち》は生々しくて、かさぶたにすらなっていない。

小六の秋に、突然《とつぜん》、親友の真衣《まい》と杏《あんず》から仲間外れにされた。何をするにも三人一緒《いっしょ》だったのに、しほりんが風邪《かぜ》で学校を休んでいるあいだに、ふたりは別人みたいに変わってしまった。自分のどこが悪いのか。どう改めればいいのか。何を聞いても答えてくれない。そのうえ、ふたりはあることないことしほりんの悪口を言いふらし、気がつくと、クラスの女子の半数は口をきいてくれなくなっていた。教室が氷の＊牢獄《ろうごく》となった。

逃《に》げたら、負け。学校を休んじゃいけない。我慢《がまん》して、我慢して、やっとのことで小学校を卒業した。

気絶《きぜつ》しそうなくらい緊張《きんちょう》した北見二中の入学式。小六のころに自分を無視《むし》していた女子が一年A組にひとりもいないのを知ったとき、だから、しほりんは涙《なみだ》が出るほどほっとしたのだった。

初日から、前の席の千鶴が積極的に話しかけてくれたのもラッキーだった。この子となら仲よくなれそう。ア不安でいっぱいの中学生活に光がさしこんだ。

ところが、安心したのもつかのま、そこには不吉《ふきつ》な影《かげ》がまじった。

北小出身者たちから「ふしぎちゃん」と言われているレイミーが、やたらと千鶴についてまわるようになったのだ。

元クラスメイトのレイミーを、千鶴は自然に受けいれた。しほりんも＊露骨《ろこつ》にいやな顔はできず、結局、絶対《ぜったい》に避《さ》けたかった三人組として定着してしまった。

以来、しほりんは何かにつけてレイミーを意識《いしき》し、警戒《けいかい》してしまう。

自分のいないところで千鶴とレイミーが仲よくしすぎていないか。

しほりんってちょっとね、なんて悪口を言いだしていないか。

毎日、びくびくと神経《しんけい》をとがらせている。千鶴とレイミーがふたりでトイレに行ったり、しほりんの知らない北小時代の話を口にしたりするたび、不安で不安で、泣きたくなる。あわててレイミーの知らない吹奏楽部の話題をもちだし、挽回《ばんかい》を図《はか》ってみたりもする。

レイミーもレイミーで、気のせいか、しほりんに対抗《たいこう》している節もある。

「ね、千鶴、生玉子の一気飲みってできる？　しほりんは？」

「千鶴、ネギ畑の妖精《ようせい》、見たことある？　しほりんは？」

「千鶴は甘《あま》いカレーライスと辛《から》いチョコレートパフェと、どっちか絶対に完食しなきゃいけないって言われたら、どっち？　しほりんは？」

しほりんは？　と聞かれるたびに、いかにもついでに話をふられているような気がして、しほりんは内心むっとした。意味のわからない質問《しつもん》にもイラついて、X つっけんどんな声を返してしまうこともある。いったん機嫌《きげん》を損《そこ》ねると、しほりんは修復《しゅうふく》に時間がかかる。空気をこわしているとわかっていても、思うようにスイッチを切りかえられない。

レイミーさえいなければ。

イ 気の休まらない毎日の中で、いけないとは思いながらも、しほりんは心のどこかでいつも願っていた。

レイミーさえいなければ、嫉妬《しっと》にも、自己嫌悪《じこけんお》にも苦しまないですむのに。

千鶴とふたり影のない光のなかだけにいられるのに。

その思いが届《とど》いたかのように、レイミーの身にある事件《じけん》がふりかかったのは、五月の半ばのことだった。

中略《ちゅうりゃく》　（「ある事件」がショックだったのか、レイミーは「ある事件」の翌日《よくじつ》、学校を休んでしまいます。）

中学に入って一ヶ月と少し、いつも一緒にいたはずなのに、いざレイミーの机《つくえ》が空席になると、そこに座《すわ》っていた女の子のことを自分は何も知らなかった気がする。

「鈴木《すずき》さんは腹痛《ふくつう》ですって。大事をとって休ませますって、お母さんから電話がありました」

藤田《ふじた》先生からそう聞くと、しほりんはますます落ちつきをなくした。

腹痛？　本当に？　仮病《けびょう》じゃなくて？

胸《むね》がざわめく。授業《じゅぎょう》にも身が入らず、ふと気がつくと、レイミーの空席ばかりをながめている。そんな自分がしほりんには驚《おどろ》きでもあった。

ウレイミーさえいなければとあんなに願っていたのに、いざ教室から彼女《かのじょ》がいなくなっても、それほど心が浮《う》きたたない。むしろ、歯磨《はみが》き粉《こ》をつけないで歯を磨いているみたいな［A］がつきまとう。千鶴を独占《どくせん》できてうれしくないと言ったらうそになるけれど、ふたりきりになったらなったで、おたがいに沈黙《ちんもく》を気にしてからまわりしたり、へんに疲《つか》れてしまったりもする。

思えば、レイミーはいつもふたりを笑わせてくれた。「しほりんは？」と問いかけるまんまるの瞳《ひとみ》。あれだって、彼女なりに気をつかっていた証拠《しょうこ》かもしれない。

このままレイミーが学校に来なくなったら、本当にあたしは不安から解放《かいほう》される？

千鶴とふたりきりの時間がすぎるにつれて、しほりんはそんなふうにも思いはじめた。

そもそも、千鶴とレイミーは、理由もなしに突然、あたしを仲間外れにするような子たちなの？

考えるほどに、自分がいやになっていく。少なくとも、レイミーは学校を休んでいる今も、仲間外れにされるなんて心配はちっともしていないはず。

そうだ、としほりんは気がついた。あたしを不安にさせる影は、レイミーでも千鶴でもない、あたしが自分で**Y**こしらえたものだ――。

小六の教室で真衣《まい》や杏《あんず》から無視されていたころ、しほりんはそこから消えていなくなってしまいたかったけれど、それでも、負けずに留《とど》まった。一日も休まずに学校へ通いつづけた。強くなりたいと願って、卒業したときは強くなった気がした。
でも、その一方で、別のところが弱くなっていたのかもしれない。
エ何かに勝ったつもりでも、何かに負けていたのかもしれない。

その放課後、しほりんは千鶴に宣言《せんげん》した。
「あたし、今日の部活は休む」
「え、なんで?」
「レイミーの家、行ってみようかなって」
何度か瞳を瞬《またた》いたあと、千鶴は「そっか」とにっこりした。その日一番の晴れやかな笑顔《えがお》。
「じゃ、わたしも行く」
正直、しほりんにはその笑顔がどこかさびしくもあった。
やっぱり、あたしだけじゃダメなのかな。ふたりきりより三人のほうがいいのかな。
きっと、これからも三人でいつづけるかぎり、ときどき、こんなふうになるのだろう。たまらなく不安になることも、嫉《しっ》妬《と》に苦しむことも、自分が嫌《きら》いになることもあるだろう。
ざらざらとした心でしほりんは思う。でも——。
オそれでも、友達は信じたい。

（森絵都《もりえと》『クラスメイツ〈前期〉』KADOKAWAより）

〈注〉

*牢獄……人を閉じ込《こ》めておくおり。牢屋《ろうや》。

*露骨に……はっきりとわかるように。あからさまに。

問一　二重傍《ぼう》線部**X**「つっけんどんな」、**Y**「こしらえた」の言葉の意味を次の**あ**〜**え**の中から一つずつ選び、それぞれ記号で答えなさい。

X　つっけんどんな

あ　否定《ひてい》的で手厳《てきび》しい

い　感情《かんじょう》がなく無反応《むはんのう》な

う　あいそがなく荒《あら》っぽい

え　感情に任《まか》せて暴力《ぼうりょく》的な

Y　こしらえた

あ　つくりだした

い　たどりついた

う　めぐりあった

え　おもいしった

問二　傍線部**ア**「不安でいっぱいの中学生活に光がさしこんだ」とありますが、これは「しほりん」のどのような状況《じょうきょう》を表していますか。その説明として最適《さいてき》なものを次の**あ**～**え**の中から一つ選び、記号で答えなさい。

あ　小学校時代に自分をいじめていた女子たちと中学では別のクラスになれたことで安心したのに加え、吹奏楽《すいそうがく》部では自分のことをちやほやしてくれるので、人気者になれるかという心配が解消《かいしょう》されて得意になっている状況。

い　中学校に入ったら別の小学校から来た前の座席《ざせき》の子が積極的に話しかけてきてくれたことに加え、すぐにもう一人の友達もグループに入ってくれたので、物足りなかった中学校生活が充実《じゅうじつ》したものになって喜んでいる状況。

う　小学校時代に自分をいじめていた女子たちと中学では別のクラスになれたことで安心したのに加え、別の小学校から来た前の座席の子が積極的に話しかけてくれたので、不安だった中学校生活に希望が見いだせている状況。

え　中学校に入ったら別の小学校から来た前の座席の子が積極的に話しかけてきてくれたことに加え、吹奏楽部に入ったことでみんなから声をかけられるようになったので、期待していなかった中学校生活が楽しくなってきている状況。

問三　傍線部**イ**「気の休まらない毎日」とはどんな毎日ですか。その説明として最適なものを次の**あ**～**え**の中から一つ選び、記号で答えなさい。

あ　しほりんと千鶴の間にレイミーが加わったことで、ただでさえ千鶴への気づかいで苦労していたのに、それに加えてレイミーの意味のわからない質問《しつもん》にもイラついてしまい、心が落ち着かない毎日。

い　しほりんと千鶴の間にレイミーが加わったことで、どちらの友達にも平等に接《せっ》するように配慮《はいりょ》したり、レイミーの知らない吹奏楽部の話題は持ちださないようにと気づかって、神経《しんけい》をすり減《へ》らす毎日。

う　しほりんと千鶴の間にレイミーが加わったことで、小学校時代の自分が属《ぞく》していた三人組が思い出され、千鶴もレイミーも決して一人にしてはいけないと思い、三人に共通の話題を探《さが》すのに苦心する毎日。

え　しほりんと千鶴の間にレイミーが加わったことで、自分のいないところで二人が仲よくしていないか気になってしまったり、そのことで自分が不機嫌《ふきげん》になってグループの雰囲気《ふんいき》をこわしていることに落ち込《こ》んだりする毎日。

問四　傍線部**ウ**「レイミーさえいなければとあんなに願っていた」とありますが、「しほりん」はレイミーさえいなければどうなれると思っていましたか。本文中から**二十字程度**《ていど》で、**二つ**抜き出しなさい。

問五　空欄《らん》 **A** に当てはまる言葉として最適な言葉を次の**あ**～**え**の中から一つ選び、記号で答えなさい。

あ　物足りなさ　　**い**　しらじらしさ　　**う**　なさけなさ　　**え**　申し訳《わけ》なさ

問六　傍線部**エ**「何かに勝ったつもりでも、何かに負けていたのかもしれない」とありますが、これは「しほりん」のどのような状況を表していますか。その説明として最適なものを次の**あ**～**え**の中から一つ選び、記号で答えなさい。

あ　小学生のとき仲間はずれにされても、たったひとりで我慢《がまん》しつづけて強くなれたと思っていたけれど、中学校では再び三人組に属《ぞく》してしまい、小学校の反省が全く生かされていない状況。

い　小学生のとき仲間はずれにされても、何とかがんばって卒業し、強くなれたと思っていたけれど、中学校ではせっかく仲良くなった友達を傷つけるような言葉をかけてしまい、友情がこわれかけている状況。

う　小学生のとき仲間はずれにされても、だれにも相談せずに解決できて強くなれたと思っていたけれど、中学校では仲間はずれにされないように、いつも友達の機嫌《きげん》をうかがいながらおどおど生活している状況。

え　小学生のとき仲間はずれにされても、一日も休まずに学校に通って強くなれたと思っていたけれど、中学校でも同じ目にあったらどうしようと思うあまり、友だちのことを憎《にく》く思ったり不安を感じすぎたりしている状況。

問七　傍線部**オ**「それでも、友達は信じたい」とありますが、これは「しほりん」のどのような気持ちを表していますか。その説明として最適なものを次の**あ**〜**え**の中から一つ選び、記号で答えなさい。

あ　この先、千鶴とレイミーとの三人グループでいつづけるかぎり、二人が仲良くすることを防《ふせ》ぐために一日たりとも学校を休めないという焦《あせ》りはあるけれど、レイミーには千鶴を横取りするまでの度胸《どきょう》はないはずだと信じて、自分も少しくらいは学校を休んでもいいかなと思う気持ち。

い　この先、千鶴とレイミーとの三人グループでいつづけるかぎり、自分だけが千鶴を独占《どくせん》できることはなくて少しさびしい気持ちはするけれど、今日のようにレイミーが休んで千鶴と二人きりになれる機会もあるのだから、そういう機会を信じて友達づきあいを続けていきたいという気持ち。

う　この先、千鶴とレイミーとの三人グループでいつづけるかぎり、自分だけが大事にされることはなく、それどころかいつだれが仲間はずれにされたり、軽く扱《あつか》われたりするかはわからなくて不安だけれど、ずっと一人の人が仲間はずれにされるわけではないはずだと、お互《たが》いを信じて向き合っていきたいという気持ち。

え　この先、千鶴とレイミーとの三人グループでいつづけるかぎり、自分だけが大事にされることはなく、それどころか仲間はずれにされたり、軽く扱われたりして不安や嫉妬《しっと》を感じるかもしれないけれど、彼女たちが、突然理由もなく自分を仲間はずれにすることはありえないと、彼女たちを信じて向き合っていきたいという気持ち。

三　次の文章を読み、後の問いに答えなさい。＊のついた言葉は後の〈注〉もよく読みなさい。

おそらく、＊年輩《ねんぱい》の方々のなかには、子どもや若者《わかもの》が家族のケアをするのは良いことだと考える人もいるだろう。家族が助け合って世話し合うのは当たり前という感覚もあるかと思う。確《たし》かに、子どもや若者が家族の世話をする話は、昔から存在《そんざい》していた。

たとえば、「アやまなしもぎ」という昔話では、病気の重いお母さんが「やまなしを食べたい」と切望して、三人の息子《むすこ》がその実を手に入れようと山奥《やまおく》に出かける。一九三二年に児童文学作家の新美南吉《にいみなんきち》が書いた「イごんぎつね」でも、主人公の兵十《ひょうじゅう》が病気の母親のためにウナギをとろうとしていたエピソードが出てくる。また、昔は、子どもが年下の子の子守《こも》りをすることもめずらしくなかった。

では、かつての子どもたちと、今話題になっている「＊ヤングケアラー」と呼《よ》ばれる子どもたちとでは、いったい何が違《ちが》うのだろうか？

おそらく一番大きな違いと思われるのは、今日の日本では、多くの子どもが介護《かいご》や家事やきょうだいの世話をするとは想定されていないことだ。これは、子どもの貧困《ひんこん》の議論《ぎろん》にも重なる論点である。

日本では、二〇一三年六月に「子どもの貧困対策《たいさく》の推進《すいしん》に関する法律《ほうりつ》」が成立し、その前後に子どもの貧困がメディアで盛《さか》んに取り上げられた。

たとえば、二〇一三年五月二五日に放送されたNHK『週刊《しゅうかん》ニュース深読み　6人に1人！　どうする〃子どもの貧困〃』

では、子どもの貧困の現状《げんじょう》が説明された後で、六〇代の人々からの声として、「私《わたし》は貧しく育ったことを一番誇《ほこ》りに思っているし、それは人間を鍛《きた》える基本《きほん》になると考えている」「戦後のより厳《きび》しい貧しさを体験している世代からみれば、働く意欲《いよく》があれば生活できる」などの意見も寄《よ》せられていると紹介《しょうかい》された。それを受けて、スタジオでは、六〇代以上の人の子ども時代の貧困経験と今日の子どもたちの貧困経験はまったく違うとの指摘《してき》が研究者や解説者《かいせつしゃ》からなされた。

その指摘の具体的な内容《ないよう》を見てみよう。六〇代以上の人々が子どもだった頃《ころ》には、貧しい家庭は多くあり、ある種の連帯感が見られた。しかも、時代は経済的《けいざい》に成長していく時期で、今は貧しくてもがんばれば豊《ゆた》かになれると思うことができた。しかし、今日《こんにち》では貧しさを知らない人が多く、学校でもほとんどの人はそれを察することができない。そのため、ウ貧しい子どもやその親たちは気づかれず、孤立《こりつ》した状態《じょうたい》になってしまいやすい。

子どもたちが教育を受ける平均的《へいきん》な年数も、昔に比《くら》べてはるかに長くなった。かつては＊中卒で社会に出られた人も多かったが、今は五〇％以上が四年制《せい》大学に行く時代になっている。しかも、その教育費が非常《ひじょう》に高い。高校無償《むしょう》化になっても、学用品や通学、修学《しゅうがく》旅行などにかかる費用は高く、A、今日の子どもたちにとって、＊携帯端末《けいたいたんまつ》などは友達との関係を築《きず》く上で欠かせないものになってしまっている。番組では、このような議論がなされた（ＮＨＫ　二〇一三）。

比較《ひかく》的生活のレベルが上がった先進諸国《しょこく》で貧困が議論される際《さい》に用いられるのは、「＊相対《そうたい》的貧困」という考え方である。「エ絶対《ぜったい》的貧困」が、人間が生きるのに最低限《さいていげん》の衣食住を満たせない生活水準《すいじゅん》を指すのに対し、「相対的貧困」は、その社会の平均的な生活レベルよりも著《いちじる》しく低い層《そう》を指す。

B、＊発展途上《はってんとじょう》国の栄養失調の子どもたちに比べれば、日本の貧しい家庭の子どもたちは、一日に一回以上は食事が

できて、学校にも通え、靴《くつ》も持っているかもしれない。それでも、経済的理由で修学旅行に行けなかったり、まわりの子が持っている学用品を揃《そろ》えられなかったりする子どもには、その立場ならではの苦しさがある。このように、先進国では、その社会の平均に比べてどうかという視点《してん》から、子どもの貧困が議論されている。

オ同様のことが、今日のヤングケアラーについても当てはまるだろう。＊高度経済成長期には平均的な生活水準は上がり、父親が働いてお金を稼《かせ》ぎ、母親が育児や家事を担《にな》い、子どもは将来《しょうらい》に向けて勉強をするのが、日本の平均的家族モデルとして機能《きのう》した。それまで子どもは早くから家の内外で働くことを期待されたが、この時期から、子どもは守られながら自分の知識《ちしき》や経験を広げ将来に向けて力を蓄《たくわ》えていく存在とみなされるようになったのである。

もちろん、いつの時代にも階層《かいそう》差はあるが、それでも、今日の日本人の平均的な感覚として、子どもが家族のケアを担うことはあまり想定されていない。子どもは自分の勉強や友達づきあいや体験を広げることに自分の時間と力を使えるものだとされている社会では、家族の事情《じじょう》でケアを担い、学校生活や人間関係が充分《じゅうぶん》に維持《いじ》できないことは、カヤングケアラーを肩身《かたみ》の狭《せま》い状況に置いている面もある。

（渋谷智子《しぶやともこ》『ヤングケアラー ―介護を担う子ども・若者の現実』より。出題にあたり省略《しょうりゃく》や表記を改めた部分があります。）

〈注〉

＊年輩……おおむね四〇代以上の大人。

＊ヤングケアラー……家族に介護（お世話）を必要とする人がいるために、家事や家族の世話などを行っている、一八歳《さい》未満の子どものこと。

＊中卒……最終学歴が中学卒業であること。

＊携帯端末……携帯電話やスマートフォンなど持ち運び可能《かのう》な通信機器のこと。

＊相対的・絶対的……「相対的」は他と比べて対象をとらえる考え方なのに対し、「絶対的」は他と比べず、対象そのものの内容をとらえる考え方をいう。

＊発展途上国……まだ経済・政治《せいじ》・文化の面で成長の途中にある国のこと。

＊高度経済成長期……一九五〇年代後半頃から一九七〇年代前半頃の日本の経済が大きく成長した時期のこと。

問一　空欄《らん》 A ・ B に当てはまる言葉の組み合わせとして、最適《さいてき》なものを次の**あ**〜**え**の中から一つ選び、記号で答えなさい。

あ　**A**　したがって　**B**　一方で

い　**A**　さらに　**B**　確かに

う　**A**　しかし　**B**　例えば

え　**A**　さて　**B**　要するに

問二　傍《ぼう》線部**ア**「やまなしもぎ」、傍線部**イ**「ごんぎつね」は何を説明するための例として挙げられていますか。本文中から**十六字**で抜《ぬ》き出しなさい。

問三　傍線部**ウ**「貧《まず》しい子どもやその親たちは気づかれず、孤立《こりつ》した状態《じょうたい》になってしまいやすい」とありますが、今日の貧困《ひんこん》家庭においてそのようなことが起こってしまうのはなぜですか。その説明として最適なものを次の**あ**～**え**の中から一つ選び、記号で答えなさい。

あ　以前は貧しい家庭が多くあり、共通の理解《りかい》があったが、経済的発展《はってん》に伴《ともな》って周囲に貧しさを知らない人が多くなり、ほとんどの人が他者の貧困に気づくことができないから。

い　以前の貧しさを経験《けいけん》している世代と比《くら》べると、現在《げんざい》の貧困家庭は、他の人に貧困の状況《じょうきょう》を知られることを恐《おそ》れて、自ら助けを求めることや発信することをしないから。

う　以前の貧しさを経験している世代から見ると、現在の貧困家庭は、はるかに恵《めぐ》まれた状況に置かれていると考えられており、貧困の状況にあるとは言えないから。

え　以前は貧しい家庭が少なかったが、日本の経済状況が悪化して貧しい家庭が全体的に増加《ぞうか》したことで、周りを気にする余裕《よゆう》のある家庭が少なくなったから。

問四　傍線部**エ**「絶対的貧困」とありますが、本文中で説明されている「絶対的貧困」の例としてあてはまるものを、次の**あ**～**え**の中から一つ選び、記号で答えなさい。

あ　友達が持っているゲームを自分は金銭《きんせん》的な理由から買ってもらえない。

い　自宅の水道を止められてしまったため、公園の水飲み場で水を飲む。

う　電気代が非常に高いため、夏場でもなるべくエアコンを使わない。

え　ダイエットをするために一日の食事を二回に減らしている。

問五　傍線部**オ**「同様のことが、今日のヤングケアラーについても当てはまる」とはどのようなことですか。その説明として最適なものを次の**あ**〜**え**の中から一つ選び、記号で答えなさい。

あ　今日の貧困について議論されるときは、ヤングケアラーについての議論と同様に、標準的な教育を受けることのできる年数がどれだけ長いかという点で考えられるということ。

い　今日のヤングケアラーについて議論されるときは、貧困についての議論と同様に、社会の標準的な生活水準からどれだけ離《はな》れているかという点で考えられるということ。

う　今日の貧困について議論されるときは、ヤングケアラーについての議論と同様に、家庭の経済状況がどれだけ悪化の傾向《けいこう》にあるかという点で考えられるということ。

え　今日のヤングケアラーについて議論されるときは、貧困についての議論と同様に、自宅で家族と過ごす時間がどれだけ長いかという点で考えられるということ。

問六　**傍線部カ**「ヤングケアラーを肩身《かたみ》の狭《せま》い状況《じょうきょう》に置いている面もある」とありますが、それはなぜですか。その説明として最適なものを次の**あ**～**え**の中から一つ選び、記号で答えなさい。

あ　社会では子どもは家族のケアをするのが当たり前と考えられているため、家族のケアに自分の時間を取られ、学校生活や人間関係が充分《じゅうぶん》に保てないから。

い　社会では子どもは保護されながら、知識《ちしき》や経験《けいけん》を将来《しょうらい》のために広げていく存在と考えられており、それに反して家族の世話や家事をすることは考えられていないから。

う　社会では子どもは自分の努力次第《しだい》で周囲との差を埋《う》められると考えられているため、その努力をしないヤングケアラーはなまけていると判断《はんだん》され、他の人となじめないから。

え　社会では子どもは早くから家の外で働き、家族のためにお金を稼ぐことを求められているため、家の中で家事や家族の世話をする子どもの存在《そんざい》は想定されていないから。

問七　次の**あ**～**え**のうち、ヤングケアラーの例として本文の内容と合っているものを一つ選び、記号で答えなさい。

あ　学校から帰ったら、親に代わって弟を幼稚園《ようちえん》に迎《むか》えに行く。

い　ＳＮＳでヤングケアラーの情報《じょうほう》を集めて、支援《しえん》団体に取材する。

う　お盆《ぼん》や正月に母の実家を訪《おとず》れて、祖父母《そふぼ》が元気な様子を確認《かくにん》する。

え　高齢者《こうれいしゃ》のことを深く知るために、介護《かいご》に関するボランティアをする。

問八　この文章を読んだ先生と生徒の会話を読んで、後の問いに答えなさい。

先生　この文章を読んでみて、いかがでしたか。

生徒　多くの人が知らないだけで、ヤングケアラーが実際に存在していることがわかりました。

先生　そうですね。私たちはもっとこの問題について深く知る必要がありますね。

生徒　実際に私たちの身の回りにもヤングケアラーがいるんでしょうか。

先生　高校生にとった、ヤングケアラーに関するアンケートがあります。次のグラフを見てください。

質問１　あなたが世話をしている家族がいますか

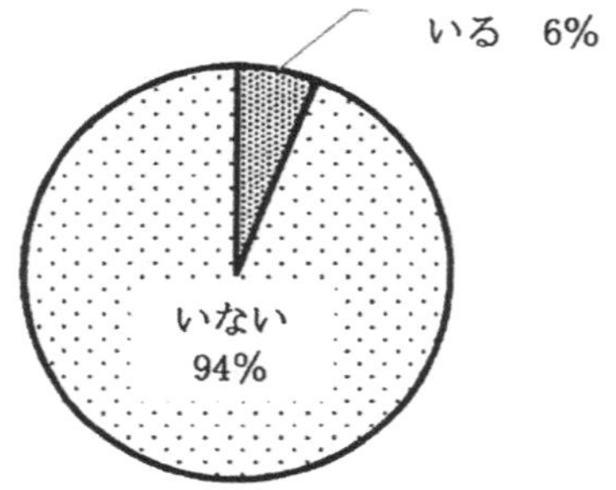

質問２　あなたはヤングケアラーにあてはまりますか

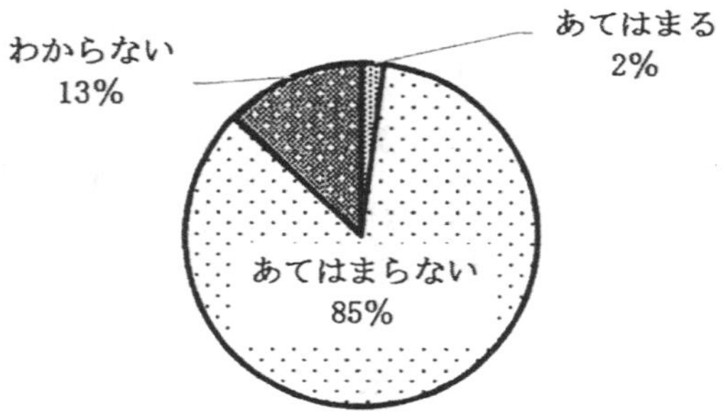

質問３　ヤングケアラーについて聞いたことがありますか

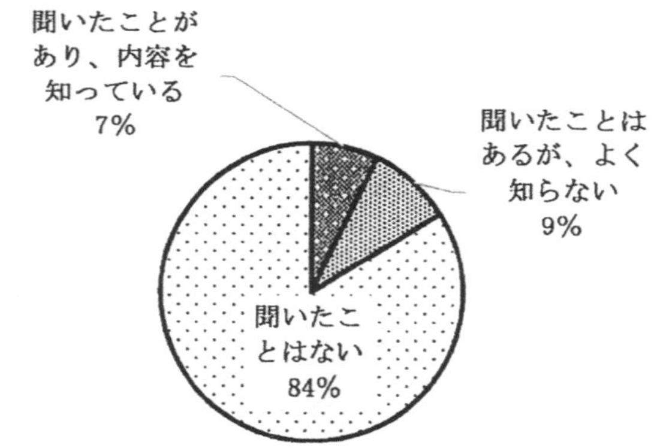

調査方法

高校生 100 人に１～３の質問をした。

100 人が質問１～３の全てに回答した。

生徒　実際に私たちの身の回りにもヤングケアラーは存在するんですね。

先生　はい、そうなんです。しかも、［**X**］。そうすると、おうちで家族のお世話をしていて、ヤングケアラーであると言えるにもかかわらず、「自分はヤングケアラーだ」と言っている高校生は少ないことがわかります。

生徒　本文で、「今日の日本では、多くの子どもが介護や家事やきょうだいの世話をするとは想定されていない」とあります。周囲の人たちも「この国にヤングケアラーはいない」と思っているだろうし、そういう状況では、ヤングケアラーであっても、周囲も本人もそのことに気づいていないことがあるかもしれませんね。

問　［**X**］にあてはまる先生の言葉として、最適なものを次の**あ**～**え**の中から一つ選び、記号で答えなさい。

あ　質問１のグラフと質問２のグラフを照らし合わせて見てください

い　質問２のグラフと質問３のグラフを照らし合わせて見てください

う　質問３のグラフと質問１のグラフを照らし合わせて見てください

え　質問３のグラフだけ特に注目して見てください

四 左の文章は**三**の『ヤングケアラー ―介護を担う子ども・若者の現実』の続きです。この文章を読むと、ヤングケアラーを経験した子どもが大人になったとき、ケアの経験を生かしたプラスの影響《えいきょう》があることがわかります。あなたはヤングケアラーのプラスの影響が、将来どのような職業《しょくぎょう》に生かされると思いますか。あなたの意見を書きなさい。その際、後の《条件》に従《したが》うこと。

> 約三〇年前からヤングケアラーの調査と支援を続けてきたイギリスでは、子どもや若者がケアの経験を通して得たプラスの影響にも目が向けられている。年齢《ねんれい》の割《わり》に高い生活能力を身に付けていること、＊マルチタスクをこなせること、聞き上手《じょうず》であること、忍耐《にんたい》強いこと、病気や障《しょう》がいについての理解が深いこと、思いやりがあること……。これらは、多くのヤングケアラーに見られる特徴《とくちょう》であり、仕事をしていく上でも大いに発揮《はっき》できる長所である。
>
> ＊マルチタスク……同時に行う複数の作業。

《条件》

1 **「僕《ぼく》は（私《わたし》は）〇〇という職業に生かされると思う**（**思います**）。**」**という書き出しにしなさい。

2 右の文章にある**ヤングケアラーを経験したことによって生まれる長所**を必ず一つ取り入れて書きなさい。

3 字数は百二十字以上百五十字以内で書きなさい。句読《くとう》点（「。」や「、」）も字数に入ります。

4 解答欄《らん》には最初の一マスをあけて書き出しなさい。

5 その他、原稿《げんこう》用紙の正しい使い方に従うこと。ただし、段落《だんらく》分けが必要な場合でも、**行を変えず続けて**書きなさい。

これは、下書き用の原稿《げんこう》用紙です。使っても使わなくてもどちらでもかまいません。

150

120

このページに問題は印刷されていません。

このページに問題は印刷されていません。

2022
1

算　　　　　数

（ 試験時間　５０分 ）

注　　意

１．開始の合図があるまでこの冊子《さっし》を開いてはいけません。

２．この冊子は１ページから５ページまであります。解答用紙は中にはさんであります。

３．開始の合図があったら，問題冊子の表紙・解答用紙に受験番号および氏名を記入しなさい。

４．解答はすべて解答用紙に記入しなさい。解答を書き直す場合は，前に書いたものをきれいに消してから書き直しなさい。

５．分数で答えるときは，約分しなさい。

６．問題の中の図は必ずしも正確ではありません。

７．終了《しゅうりょう》の合図があったら，ただちに筆記用具を置いて，指示に従《したが》いなさい。

８．円周率《えんしゅうりつ》は 3.14 とします。

受験番号						氏名	

駿台甲府中学校

1 次の計算をしなさい。

(1) $30-4\times3+7$

(2) $1.41+1.73-0.91-1.33$

(3) $2\frac{1}{12}+\frac{10}{9}-\frac{55}{18}$

(4) $\frac{1}{8}\times\left(\frac{1}{5}+\frac{13}{35}\right)-\left(0.25-\frac{1}{12}\right)\div7$

2 次の問いに答えなさい。

(1) 分速 60 m で歩くと 32 分かかる道のりを，分速 80 m で歩くと何分かかりますか。

(2) 2 本の対角線の長さの和が 20 cm である正方形の面積は何 cm^2 ですか。

(3) 8 で割ると 7 余る 3 けたの整数のうち，もっとも小さい数は何ですか。

(4) 頂点の数が 10 で，辺の数が 15 である角柱の面の数を答えなさい。

(5) ある仕入れ値で仕入れた品物に 2 割の利益を見込んで定価をつけましたが，実際には定価の 1 割引きで売ったので，利益は 120 円になりました。この品物の仕入れ値はいくらですか。

3　次の問いに答えなさい。

(1)　5本の同じえんぴつをAさん，Bさん，Cさんの3人に配ります。必ず1人につき1本以上は配るとき，配り方は何通りありますか。

(2)　右の図のように，三角形ABCの角B，角Cをそれぞれ2等分する線がつくる角 ア の大きさは何度ですか。

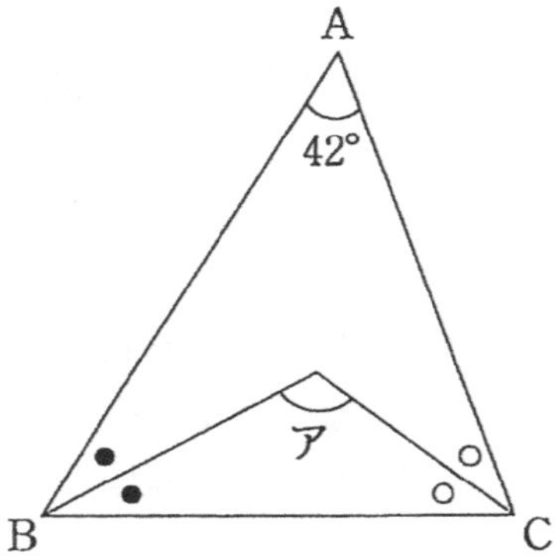

(3)　4％の食塩水400gに8％の食塩水100gを加えて混ぜると何％の食塩水になりますか。

(4)　直方体の形をした水そうに，50cmの深さまで水が入っています。この中に，底面積が200 cm^2 で，高さ30cmの直方体のおもりを入れたところ，水の中まで完全にしずみ，水面の高さは60cmになりました。水そうの底面積は何 cm^2 ですか。

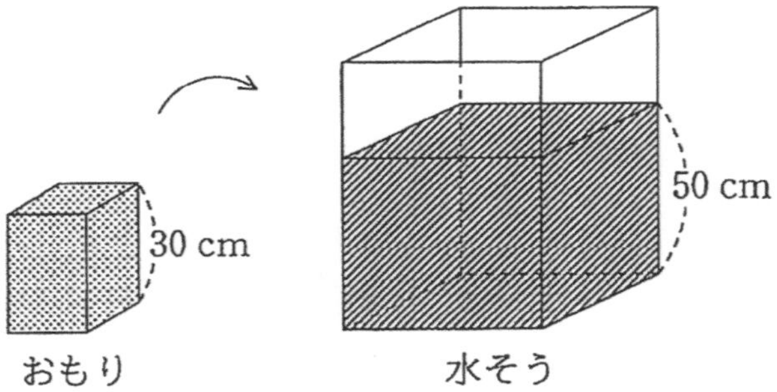

(5)　下のように，5で割ると1余る数と，5で割ると4余る数を小さい方から順に並べます。左から40番目の数はいくつですか。

1，4，6，9，11，14，16，19，……

4　長さ18 m の横断歩道があり，A さんがこの横断歩道を渡《わた》るとき，歩いて渡ると18秒かかり，走って渡ると10秒かかります。また，この横断歩道には歩行者用の信号機がついていて，青信号から赤信号に変わるときに6秒間の点滅《てんめつ》時間があります。このとき，以下の問いに答えなさい。ただし，A さんの歩く速さと走る速さはそれぞれ一定であるとします。

(1)　A さんの走る速さは，秒速何 m ですか。

(2)　横断歩道を歩いて渡っている途中《とちゅう》で信号機の点滅が始まったので，点滅が始まったのと同時に走り始め，そのまま横断歩道を渡り切りました。そして，渡り切った2秒後に赤信号に変わりました。走り始めたのは渡り始めてから何 m の地点ですか。

(3)　横断歩道を半分まで渡った時に信号機の点滅が始まりました。赤信号に変わる前に横断歩道を渡り切るためには，最低何秒走ればよいですか。

5 図1は，1辺の長さが6 cmの正六角形Aと，Aの6個の頂点をそれぞれ中心とする半径2 cmの円6個を表しています。図2のように，半径1 cmの円Oが，6つの円のいずれかに常にくっつくように動いて1周したところ，円Oの中心は図3の太線部分をえがきました。このとき，以下の問いに答えなさい。

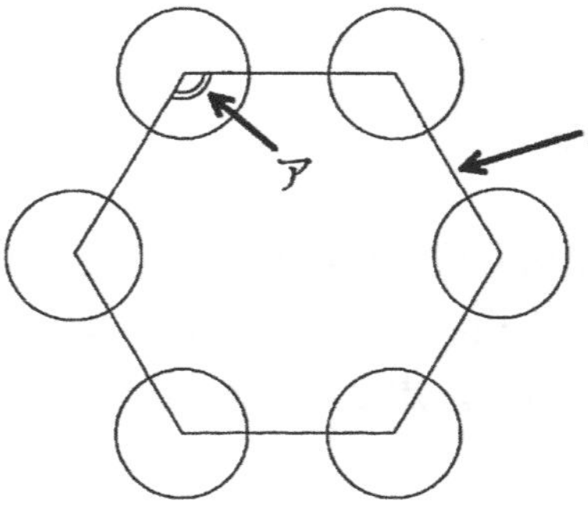

図1

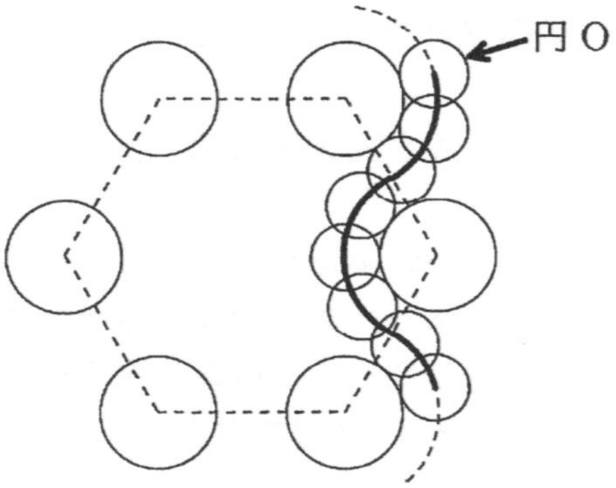

図2

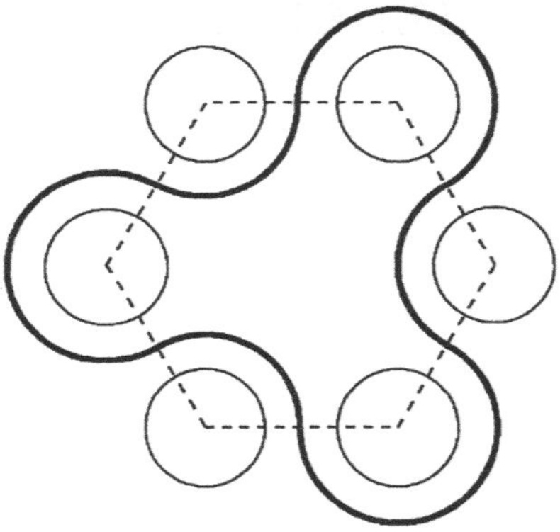

図3

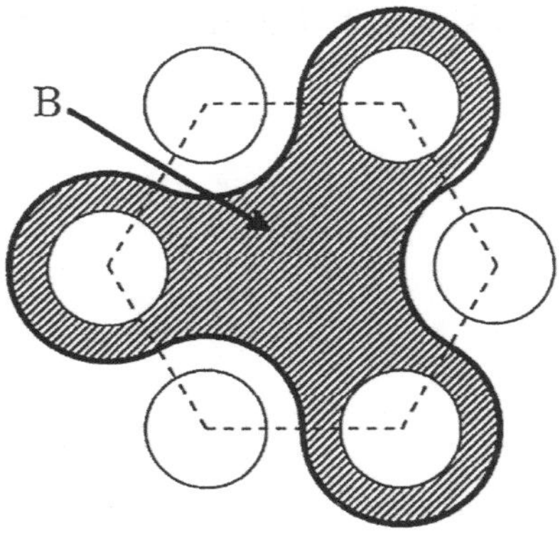

図4

(1) 図1の角 ア は何度ですか。

(2) 図3の太線部分の長さは何 cmですか。

(3) 図4のように，図3の一部分に斜線《しゃせん》を書き入れました。斜線部分をBとするとき，正六角形Aの面積と斜線部分Bの面積では，どちらの方が何 cm^2 大きいですか。答えは結果のみではなく，その考え方も書きなさい。

2022
1

理　　　　　科

（ 試験時間　３０分 ）

注　　意

１．開始の合図があるまでこの冊子《さっし》を開いてはいけません。

２．この冊子は１ページから10ページまであります。解答用紙は中にはさんであります。

３．開始の合図があったら、問題冊子の表紙・解答用紙に受験番号および氏名を記入しなさい。

４．解答はすべて解答用紙に記入しなさい。解答を書き直す場合は、前に書いたものをきれいに消してから書き直しなさい。

５．特に指示のないかぎり、漢字で書けないときはひらがなで解答しなさい。

６．終了《しゅうりょう》の合図があったら、ただちに筆記用具を置いて、指示に従《したが》いなさい。

受験番号						氏名	

駿台甲府中学校

1 人の呼吸に関する以下の文を読み、後の問いに答えなさい。

私たちは生きるために呼吸をしています。鼻や口から取り込まれた空気は、（　ア　）を通って左右の（　イ　）に入ります。あ（　イ　）の中の（　ア　）の先は、図のAのような小さな袋になっています。Aのまわりは毛細血管が取り巻いていて、ここで酸素と二酸化炭素の受け渡しが行われています。

Aに取り込まれた空気中の酸素は、毛細血管の中を流れている血液の中に取り込まれ、い全身に送られます。また、血液によってう全身から戻ってきた二酸化炭素は、Aの中に排出され、はく息に混じって鼻や口から体外へ出されます。

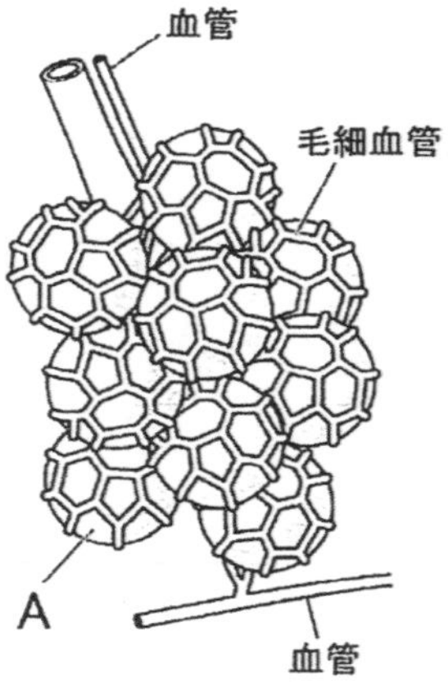

問１　上の文中の（　ア　）、（　イ　）に当てはまる言葉を答えなさい。

問２　（　イ　）が下線部あのようなつくりになっていることの利点を書きなさい。

問３　下線部いについて、血液を全身に送るポンプのようなはたらきをしているのは心臓です。心臓は規則正しく縮んだり緩《ゆる》んだりして全身に血液を送り出しています。この心臓の動きを何というか答えなさい。

問４　下線部うについて、はく息に二酸化炭素が含《ふく》まれていることを確かめるためにはどのような実験を行い、どのような結果が得られればよいか書きなさい。

このページに問題は印刷されていません。

2　物の重さと体積の関係について、次の問いに答えなさい。

問１　１つの粘土《ねんど》のかたまりを、図ア～ウのような形に変えて、それぞれ重さをはかって比べました。比べた結果はどのようであったと考えられますか。後の①～④の中から正しいものを１つ選び、番号で答えなさい。

ア　まるめた

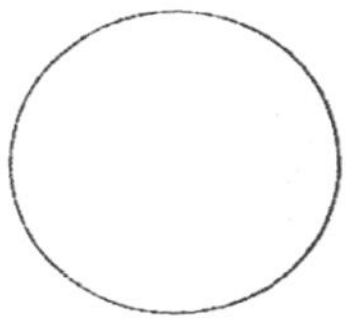

イ　細かく分けた

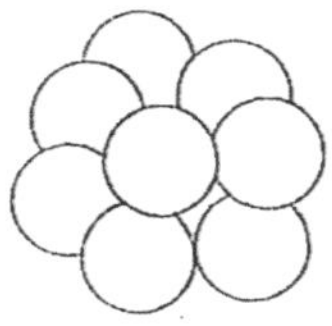

ウ　平らにした

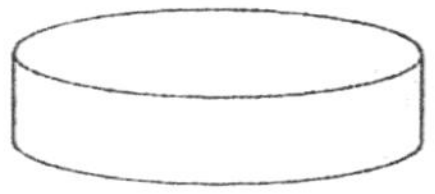

①　アが一番重かった。

②　イが一番重かった。

③　アとウは同じ重さだったが、イは違《ちが》う重さだった。

④　すべて同じ重さだった。

問２　問１のアの形の粘土の体積を測るには、どうしたらよいですか。その方法を書きなさい。

問３　次の表は、A～Dの４つの物の体積と重さを調べたものです。Aの $1cm^3$ あたりの重さは何 g ですか。

	A	B	C	D
体積（cm^3）	4	6	13	8
重さ（g）	12	24	39	18

問４　1cm^{3}あたりの重さが同じ物どうしは、同じ材料でつくられたものであるといえます。Ａ～Ｄの中で、同じ材料でつくられた物と考えられるのは、どれとどれですか。記号で答えなさい。

問５　Ａと同じ材料でつくられた物の重さが 72g のとき、つくられた物の体積は何 cm^{3}になりますか。

問６　問５でつくられた物の半分を、Ｂと同じ材料に変えて、全体の重さが変わらないようにすると、全体の体積は何 cm^{3}になりますか。

3　図は、ある川の中流に見られる流れの様子を表したものです。後の問いに答えなさい。

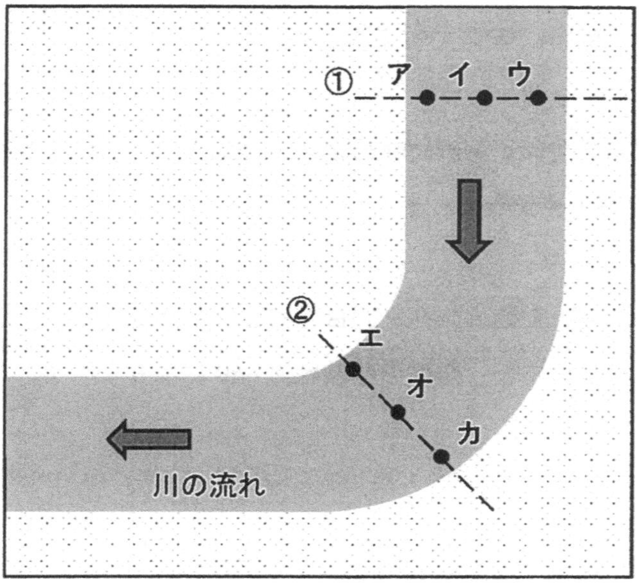

問１　流れる水のはたらきのうち**２つ**を書きなさい。

問２　流れる水の量が多くなると、流れる水のはたらきはどうなりますか。

問３　自然の川で流れる水の量が増えるのはどのようなときですか。

問４　図の①の場所で最も水の流れが速い場所を**ア～ウ**の中から１つ選び、記号で答えなさい。

問５　図の②の場所で土砂が最も積もっていると考えられる場所を**エ～カ**の中から１つ選び、記号で答えなさい。

問６　問５でそう答えた理由を説明しなさい。

このページに問題は印刷されていません。

4 光について次の問いに答えなさい。

問１　木もれ日という現象は、光のどのような性質によるものですか。

問２　虫めがねを用いて日光を集めると、光が集まっている部分の大きさは図のようになり、光が当たったところは明るくなりました。では、図のときよりも虫めがねを遠ざけると、光が集まっている部分の大きさと明るさはどのようになると考えられますか。次の①～④の中から**２つ**選び、番号で答えなさい。

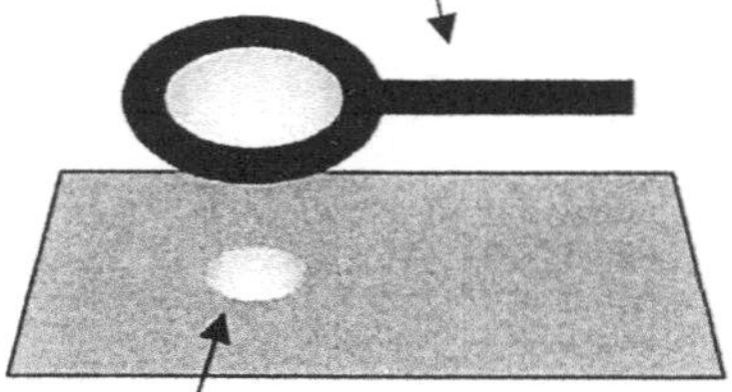

	大きさ	明るさ
①	より大きくなる。	より明るくなる。
②	より大きくなる。	より暗くなる。
③	より小さくなる。	より明るくなる。
④	より小さくなる。	より暗くなる。

問３　次に、①黒くぬった木の板、②白くぬった木の板、③透明《とうめい》なガラス板を用意し、それぞれ日光に当てました。光を最も吸収しやすいのはどれですか。①〜③の中から１つ選び、番号で答えなさい。

問４　光をはね返す面がへこんだ形をした鏡を「凹面鏡《おうめんきょう》」といい、凹面鏡は懐《かい》中《ちゅう》電灯などによく用いられています。凹面鏡を用いる利点を答えなさい。

問５　洗たく物を日光に当てる利点として、「乾《かわ》きやすい」ことのほかに何がありますか。１つ答えなさい。

5 次の各問いに答えなさい。

問１　一定の量の水を冷やし、水の温度変化を 11 分間測定しました。次の問いに答えなさい。

（１）測定している途中で水がすべて氷になりました。水の温度変化を表したグラフとして最も適当なものを、下の①～③のグラフの中から１つ選び、番号で答えなさい。

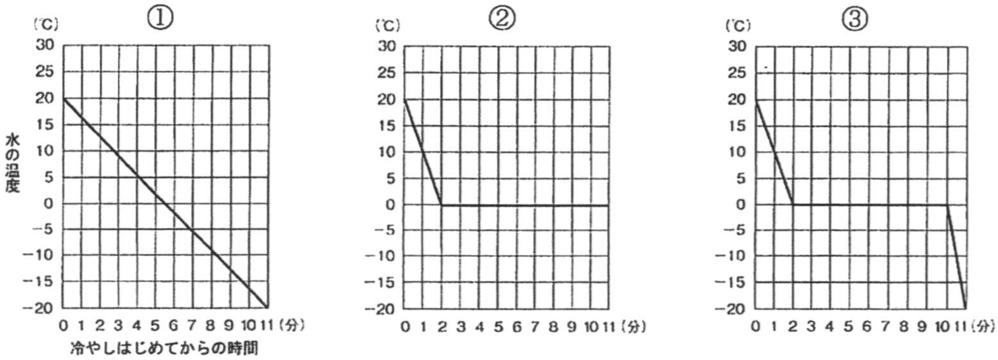

（２）（１）で、冷やしはじめてから８分たったときに、水のようすはどのようになっていますか。次の**ア**～**ウ**の中から正しいものを１つ選び、記号で答えなさい。

ア　すべてが水のままである　　**イ**　一部が氷になっている

ウ　すべてが氷になっている

問２　ごみ処理場では鉄のかたまりを運ぶのに、永久磁石ではなく電磁石がよく使われています。電磁石を使うことの利点を１つ書きなさい。

問３　次の星座のうち、真夜中に常に見ることのできるものを次の①～⑤の中から１つ選び、番号で答えなさい。

① オリオン座　② しし座　③ ペガスス座

④ さそり座　⑤ カシオペヤ座

問４　昆虫《こんちゅう》には、**A** 卵→幼虫→さなぎ→成虫の順に育つものと、**B** 卵→幼虫→成虫の順に育つものがあります。次の①～⑥の昆虫のうち、**A**のように育つものを**３つ**選び、番号で答えなさい。

① トノサマバッタ　② シオカラトンボ　③ カブトムシ

④ モンシロチョウ　⑤ カマキリ　⑥ カイコガ

2022
1

社　　会

（ 試験時間　３０分 ）

注　意

1．開始の合図があるまでこの冊子《さっし》を開いてはいけません。

2．この冊子は１ページから14ページまであります。解答用紙は中にはさんであります。

3．開始の合図があったら、問題冊子の表紙・解答用紙に受験番号および氏名を記入しなさい。

4．解答はすべて解答用紙に記入しなさい。解答を書き直す場合は、前に書いたものをきれいに消してから書き直しなさい。

5．終了《しゅうりょう》の合図があったら、ただちに筆記用具を置いて、指示に従《したが》いなさい。

受験番号						氏名	

駿台甲府中学校

1 次の文章を読んで、後の問いに答えなさい。

ア ユネスコ の世界遺産《いさん》委員会は2021年7月26日、「**イ 奄美大島《あまみおおしま》、徳之島《とくのしま》、沖縄《おきなわ》島《じま》北部および西表島《いりおもてじま》**」を新たに世界自然遺産に登録しました。対象となったのは、鹿児島県《かごしまけん》の奄美大島と徳之島、それに **ウ 沖縄** 本島北部と西表島にまたがる合計 **エ 約43000ヘクタール** の地域です。「国際的にも希少《きしょう》な固有種に代表される生物多様性保全上重要な地域である」とされ、世界遺産の登録基準をクリアしていることが認められました。日本の世界遺産はこれで25件目となり、 **オ 自然遺産としては5件目の登録** となりました。

日本はこのようにさまざまな地形や **カ 気候の特色** がある一方で、台風や地震《じしん》、**キ 火山** の噴火《ふんか》などの自然災害が身近に起きています。昨年は2011年3月11日に起きた **ク 東日本大震災** から10年目を迎《むか》え、改めて災害への意識を高める必要と被災《ひさい》地《ち》のさらなる復興《ふっこう》が望まれています。また、過去には **ケ 国内で工場から出るけむりや排水《はいすい》** などによって、自然環境《かんきょう》が悪化することが問題になったこともありました。自然遺産を守ることは動植物だけでなく、人々のくらしを守ることでもあることを正しく理解して、**コ 保護活動** に取り組む必要があります。

問1 下線部**ア**は国際連合の専門機関の１つですが、この機関の日本語の名称《めいしょう》を、次の①～④から１つ選び、番号で答えなさい。

① 国際労働機関　　② 世界観光機関

③ 世界貿易機関　　④ 国連教育科学文化機関

問2 下線部**イ**に関して、「奄美大島、徳之島、沖縄島北部および西表島」の地域で見られる動物としてあてはまるものを次の①～④の中から１つ選び、番号で答えなさい。

① エゾヒグマ　　② イリオモテヤマネコ

③ トキ　　④ ジャイアントパンダ

問３　下線部**ウ**に関して、沖縄の歴史を象徴《しょうちょう》し、2000 年に世界遺産の一部として登録されましたが、2019 年に火災により焼失してしまい、復元が待ち望まれる次の写真の建物の名称を答えなさい。

問４　下線部**エ**の面積は、甲府市《こうふし》の面積と比較《ひかく》するとおよそ何倍か計算して求め、小数第一位を四捨五入し、整数で答えなさい。なお、甲府市の面積は 212.47 平方キロメートルとします。

問５　下線部**オ**に関して、日本で登録されている世界自然遺産として**あてはまらないもの**を次の①～④の中から１つ選び、番号で答えなさい。

①　知床《しれとこ》　　②　白神山地　　③　小笠原諸島《おがさわらしょとう》　　④　富士山

問６　下線部**カ**に関して、日本海側と太平洋側では気候の特徴《とくちょう》が異なります。日本海側の気候の特徴を次の雨温図を参考にし、**「季節風」**という語句を用いて、簡潔《かんけつ》に説明しなさい。

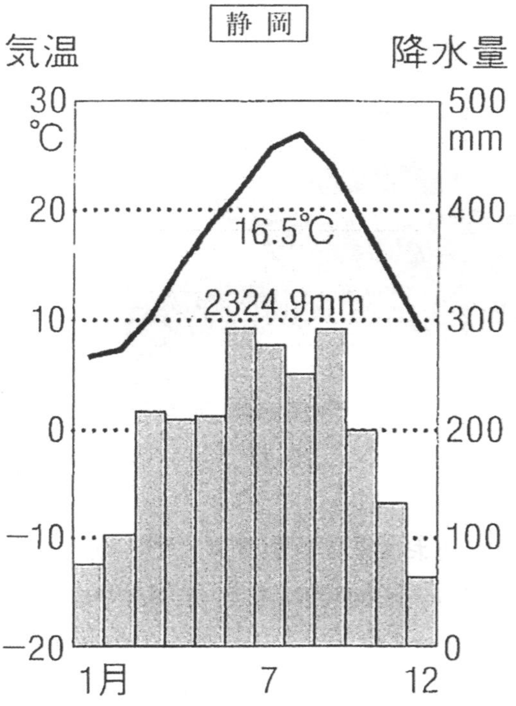

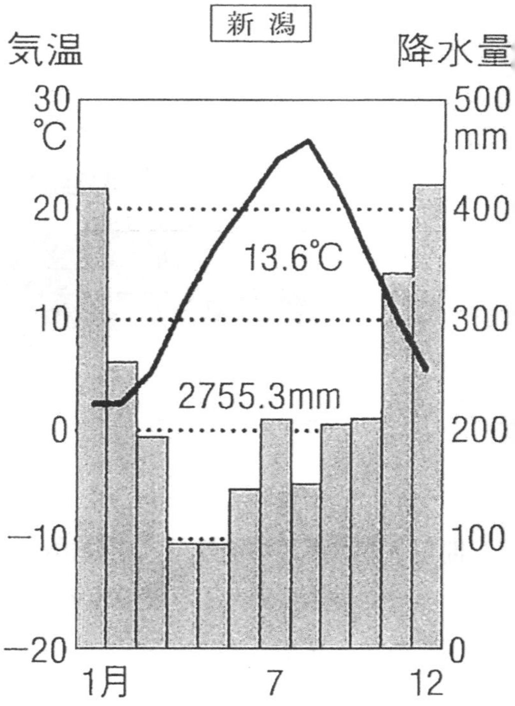

問７　下線部**キ**に関して、火山活動の力を利用した発電方法の名称を答えなさい。

問８　下線部**ク**に関して、津波《つなみ》・高潮をあらわす災害種別の図記号（ピクトグラム）を次の①～④の中から１つ選び、番号で答えなさい。

①

②

③

④

問9　下線部**ケ**に関して、次の各問いに答えなさい。

(1)　四大公害病として知られているイタイイタイ病と新潟水俣病《にいがたみなまたびょう》が発生した地域は現在のどの工業地域・工業地帯にふくまれますか。あてはまるものを次の①～④の中から１つ選び、番号で答えなさい。

①　北陸工業地域　　　②　東海工業地域

③　中京工業地帯　　　④　京浜《けいひん》工業地帯

(2)　関東地方の南部から九州地方の北部にかけて、太平洋側の海沿いには工業地域や工業地帯が帯のように広がり、その一帯での工業生産額の合計は日本全体の２分の１以上をしめています。この一帯の名称を答えなさい。

問10　下線部**コ**に関して、森林を保護することで期待できる環境保全の内容を一つ挙げなさい。

2　次の資料 1、2 は、政治のしくみについての課題研究を作成している駿中生のメモです。後の問いに答えなさい。

資料１　三権分立

【メモ】
・国会は、選挙によって選ばれた議員により組織された、国民の代表機関である。
・憲法では、国会は国権の最高機関であると明記されている。
・国民はそれぞれの機関に対して、選挙や世論、国民審査《こくみんしんさ》で影響《えいきょう》を与える。

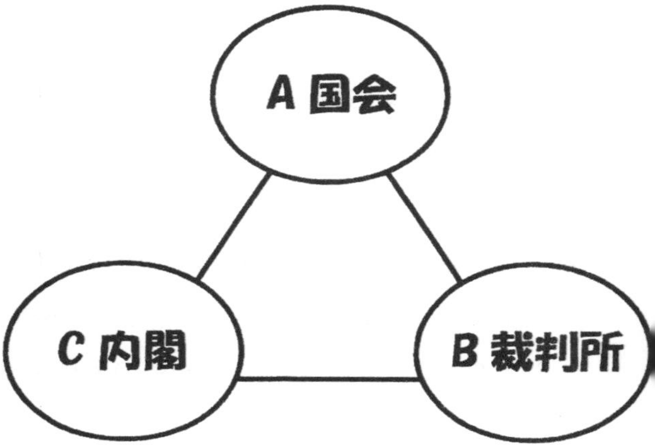

資料２　予算成立の流れ

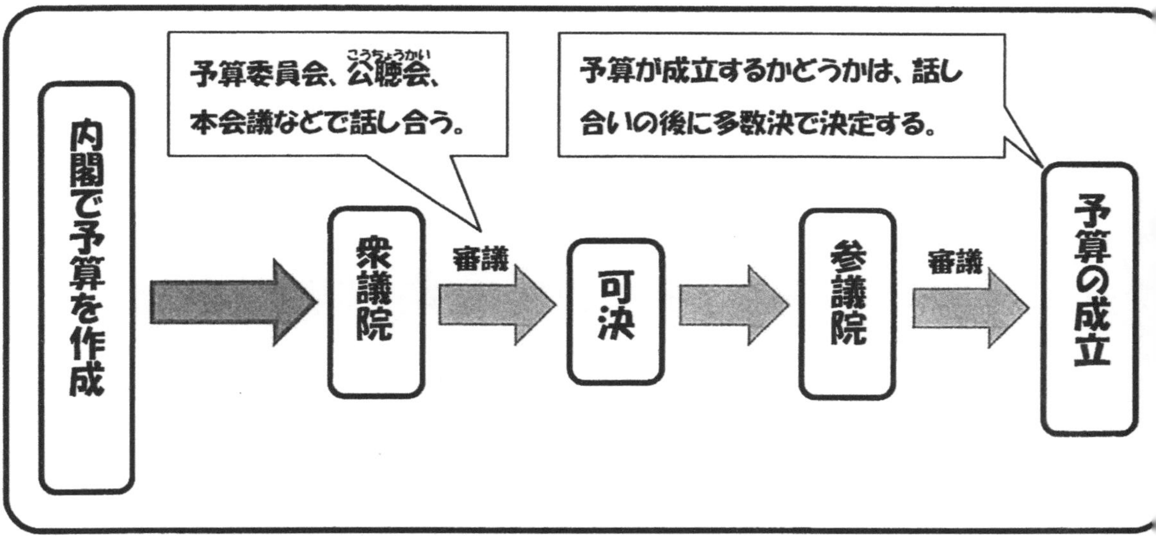

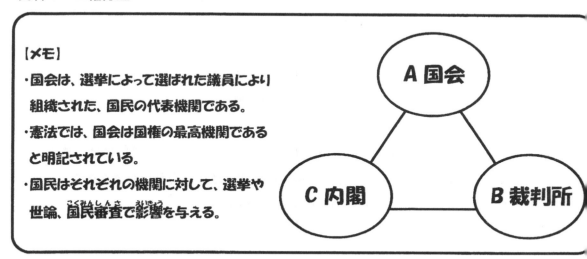

問１　資料１は、三権分立を示しています。なぜこのようなしくみになっているのか簡潔《かんけつ》に説明しなさい。

問２　資料１のＡ～Ｃにあてはまる権力の組み合わせとして正しいものを、次の①～④の中から１つ選び、番号で答えなさい。

①　Ａ—司法権　Ｂ—行政権　Ｃ—立法権　　②　Ａ—行政権　Ｂ—立法権　Ｃ—司法権
③　Ａ—立法権　Ｂ—行政権　Ｃ—司法権　　④　Ａ—立法権　Ｂ—司法権　Ｃ—行政権

問３　日本国憲法は国民の権利を保障しています。日本国憲法について、次の各問いに答えなさい。

(1)　日本国憲法の３つの基本原則のうち、「政治の主人公は国民である」という考え方を何というか答えなさい。

(2)　日本国憲法は、国民の権利を保障する一方で、国民が果たさなければならない義務についても定めています。国民の三大義務は、「子どもに教育を受けさせる義務」「仕事について働く義務」とあと１つは何か答えなさい。

問４　内閣の長は内閣総理大臣です。内閣総理大臣についての説明として最も適切なものを次の①～④の中から１つ選び、番号で答えなさい。

①　内閣総理大臣は、国会議員の推薦《すいせん》があれば民間からも選ばれる。
②　内閣総理大臣は、内閣の最高責任者であり、弾劾裁判所《だんがいさいばんしょ》の設置を行う。
③　内閣総理大臣は、国務大臣を任命して、閣議《かくぎ》を開いて政治を進めていく。
④　内閣総理大臣は、法律が憲法に違反《いはん》していないか調べる義務がある。

問5　資料2の予算の作成については、それぞれの省庁の計画をもとに内閣で話し合い、作成されます。省庁について、次の各問いに答えなさい。

(1)　下の仕事をになう省庁を次の①～④の中から1つ選び、番号で答えなさい。

「国民の健康や労働などに関する仕事」

①　国土交通省　　②　文部科学省　　③　総務省　　④　厚生労働省

(2)　2011 年の東日本大震災を受け、東日本大震災復興基本法が成立しました。この法律にもとづいて設立された新しい庁を何というか答えなさい。

問6　次の文は、衆議院と参議院についての説明です。下線部**ア**と下線部**イ**について、正しければ○を、誤っていたら正しい数字や言葉に書き直しなさい。

衆議院と参議院はどちらも選挙で選ばれるが、衆議院の場合、任期は **ア　6年** で、**イ　解散はある**。

問7　選挙によって選ばれた代表により、政治の方針が決まります。そのため選挙での国民の判断が大切になります。みなさんが選挙で投票する際、大切にしたいと考えることは何か自由に答えなさい。

このページに問題は印刷されていません。

3 次の会話文を読んで、後の問いに答えなさい。

生徒：2019年の年末から感染《かんせん》が世界中に広がった新型コロナウイルスですが、収束するのでしょうか。

先生：ウイルスを根絶することはなかなか難しいのですが、処方薬《しょほうやく》やワクチンの開発などによって、人々への脅威《きょうい》とならないまでに抑《おさ》え込《こ》んでいくことは可能です。多くの研究や意見があり、具体的にいつ頃までに収束するとは予想しにくいのですが、過去の歴史を振《ふ》り返ると人類がさまざまなウイルスを克服《こくふく》してきたことが分かりますよ。日本が経験してきた感染症の歴史を分かりやすく表にまとめてみました。

年	感染症に関する出来事
737	**ア 平城京で天然痘《てんねんとう》が流行**
861	日本で赤痢《せきり》が流行
イ 1331	日本で天然痘が流行
(1347～51)	(**ウ ヨーロッパ** でペストが大流行)
(1817～24頃)	(アジアでコレラが流行)
1858	**エ 日本でコレラが流行**
1877・1879	日本でコレラが流行
1894	北里柴三郎《きたざとしばさぶろう》がペスト菌《きん》を発見
1897	志賀潔《しがきよし》が赤痢菌を発見
1899	日本で初のペスト
(1918～20)	(世界的にインフルエンザが流行)
1979	**オ 世界保健機関** が天然痘の根絶を宣言

生徒：世界でも日本でも今まで何回もさまざまなウイルスや細菌による感染症が流行してきたのですね。

先生：しかし、人類はこれらの危機に対し、知恵《ちえ》と技術とそして助け合う気持ちを持って乗り越《こ》えてきました。その中には日本人の活躍もありました。表の中に名前はありませんが、野口英世は知っていますか？

生徒：はい、知っています。北里柴三郎のもとで学んだことがあると、野口英世の伝記で読んだことがあります。

先生：そうですね。2024 年から新紙幣《しへい》が発行されますが、**カ 新旧の紙幣で師弟が入れ替わる** のも興味深いですね。

生徒：新型コロナウイルスの流行でインフルエンザが影《かげ》を潜《ひそ》めているように感じますが、やはり身近で対策できる基本的な感染症対策は、手洗いとうがいとマスクなのだなと感じます。

先生：そうですね。新型コロナウイルスの予防対策をしていることが、インフルエンザの予防にもつながっている部分はあります。 **キ 3密** という言葉がすっかり定着しましたが、これもインフルエンザの予防にもつながっていますね。正解が分からないこの状況下《じょうきょうか》で、 **ク 政府や各都道府県** はさまざまな対策を考えています。

生徒：過去を学ぶと、今するべきことがわかったり、未来が予想できたりするのですね。

先生：歴史を学ぶ楽しみが見つけられたようですね。今のマスク生活もいずれ収束していきます。マスクから解放される近い未来を見すえて、今できることをしましょう。休校や分散登校となって家で過ごす時間が増えた時は、歴史に関する本を読むのがおすすめですよ。

問１　下線部**ア**に関して、この事態《じたい》に加えて天候不順やききんなどによって高まる人々の不安をしずめるために、東大寺に大仏をつくる 詔《みことのり》 を出した天皇の名を答えなさい。

問２　下線部**イ**に関して、この２年後の 1333 年に足利尊氏は鎌倉《かまくら》幕府を倒《たお》し、さらに５年後の 1338 年に室町幕府を開くことになりますが、朝廷から任じられる、武士をまとめる幕府の最高の地位を次の①～④の中から１つ選び、番号で答えなさい。

①　太政大臣《だいじょうだいじん》　　②　関白《かんはく》　　③　征夷大将軍《せいいたいしょうぐん》　　④　摂政《せっしょう》

問３　下線部**ウ**に関して、この地域がふくまれる世界最大の大陸名を答えなさい。

問４　下線部**エ**に関して、貿易のために入港した外国船から流行が始まったとされています。江戸《えど》幕府は鎖国政策の一環として外国との貿易を制限しましたが、長崎の港につくった人工島での貿易は認めていました。下の絵に示されている人工の島の名称を答えなさい。

問５　下線部**オ**に関して、この国連機関が担《にな》っている仕事内容を次の①～④の中から１つ選び、番号で答えなさい。

①　世界の金融と経済の安定化をはかる。
②　世界の人々の健康を守り健康水準を高める。
③　世界の労働者の労働条件と生活水準を改善する。
④　世界の国々の貿易を管理・運営する。

問６　下線部**カ**に関して、現在の野口英世から北里柴三郎へと変わる予定の紙幣は何円札か答えなさい。

問７　下線部**キ**に関して、3 つの密とは「密閉」・「密接」ともう 1 つは何ですか。下の図を参考にして答えなさい。

問８　下線部**ク**に関して、国と地方とで分かれて政治を分担し合う仕組みにもとづいて、政府の長は内閣総理大臣が置かれています。各都道府県の長の名称を**漢字２字**で答えなさい。

このページに問題は印刷されていません。

このページに問題は印刷されていません。

一

二

三

四

150

120

氏名

（配点非公表）

合計

受験番号

算数　解答用紙

（配点非公表）

2022 1	氏名		受験番号					

1

(1)		(2)		(3)		(4)	

2

(1)	分	(2)	cm^2	(3)	
(4)		(5)	円		

3

(1)	通り	(2)	度	(3)	%
(4)	cm^2	(5)			

4

(1)	秒速	(2)		(3)	秒

【解答

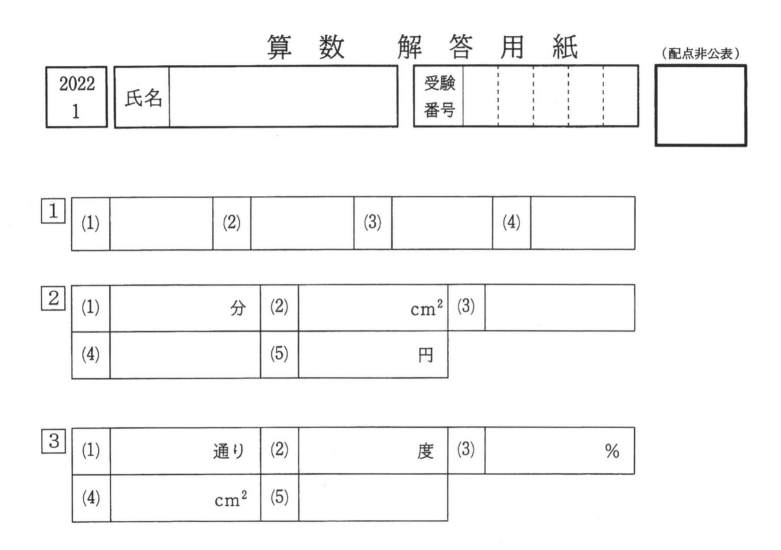

2022
1

理　科　解　答　用　紙

（配点非公表）

氏名	

受験番号					

1

問1	ア	イ
問2		
問3		
問4		

2

問1	
問2	

【解答

2022
1

社 会 解 答 用 紙

（配点非公表）

氏名	

受験番号					

1

問１		問２		問３	
問４	倍	問５			
問６					
問７		問８			
問９	(1)	(2)			
問10					

【解答

問2		問3	(1)	(2)
問4		問5	(1)	(2)
問6	ア	イ		
問7				

3

問1		問2	
問3		問4	
問5		問6	円札
問7		問8	

3

問 1		問 2		問 3	
問 4		問 5		問 6	

4

問 1		問 2	,	問 3	
問 4					
問 5					

5

問 1	(1)	(2)	
問 2			
問 3		問 4	, ,

5

(1)	度	(2)	cm
(3)	答 ＿＿＿の面積の方が＿＿＿＿cm^2大きい。		

2022(R4) 駿台甲府中　専願

2022
1

国語解答用紙

一

①

②

③

④

⑤

⑥

⑦

⑧

⑨

⑩

二

問一

X

Y

問二

問三

問四

一つ

二つ

問五

問六

問七

三

問一

問二

問三

問四

問五

問六

問七

問八

四

一般

2022
2

国語

（試験時間　五〇分）

注意

1．開始の合図があるまでこの冊子《さっし》を開いてはいけません。
2．この冊子は一ページから十九ページまであります。解答用紙は中にはさんであります。
3．開始の合図があったら、問題冊子の表紙、解答用紙に受験番号および氏名を記入しなさい。
4．解答はすべて解答用紙に記入しなさい。解答を書き直す場合は、前に書いたものをきれいに消してから書き直しなさい。
5．最後に作文の問題があります。
6．終了《しゅうりょう》の合図があったら、ただちに筆記用具を置いて、指示に従《したが》いなさい。

受験番号						氏名	

駿台甲府中学校

2022(R4) 駿台甲府中　一般
教英出版

一 次の①～⑩の傍《ぼう》線のついた漢字をひらがなに、カタカナを漢字に直しなさい。

① 作戦を試みる。

② おだやかな口調で話す。

③ 今年の秋分の日は九月二十三日だ。

④ 絶版になった本を図書館で探す。

⑤ 線と線が交わる点。

⑥ ケーキをキントウに切り分ける。

⑦ 江戸時代にサカえた土地。

⑧ 町でヒョウバンのパン屋さんに行く。

⑨ 森に生息するシカ。

⑩ ギョコウでとれた海産物を買う。

二　次の文章を読んで、後の問いに答えなさい。＊のついた言葉は後の〈注〉もよく読みなさい。

[これまでのあらすじ]

二十七歳《さい》の「ぼく」は、生まれ育った家の近所にある本屋「ミツザワ書店」を思い出しています。以下の文章は、高校生の頃《ころ》、母に買い物を頼《たの》まれた「ぼく」が、「ミツザワ書店」へ出かけたシーンです。

　夏の終わりだった。夏休みはとうに終わったのにまだ蒸《む》し暑く、店内には、冷房《れいぼう》がまわる、からからいう音が響《ひび》いていた。台に積まれた本の、一番上に目がいった。箱入りの分厚《ぶあつ》い本だった。おばあさんが母の本を捜《さが》しているあいだ、何気なくそれを手にとって眺《なが》めた。箱から引っぱり出し、目次をめくった。長い小説のようだった。

　そのとき、なぜかぼくは、強烈《きょうれつ》にその本に惹《ひ》かれた。なぜなのかは未《いま》だにわからない。タイトルが魅力《みりょく》的だったせいかもしれないし、目次の言葉が印象的だったからかもしれない。読みたいと思った。というよりも、この本を所有したいと思った。服や＊ＣＤならまだしも、本に対してそんなふうに思うのははじめてだったので、そう思っている自分にびっくりした。

　本をひっくり返し値段《ねだん》を見て息を［ A ］。一万円近かったからだ。そのころのぼくに買える金額《きんがく》ではなかった。お待たせ、ありましたよとおばあさんに声をかけられ、ぼくはあわてて本を箱に収《おさ》め、反射《はんしゃ》的に本を下のほうに隠《かく》した。だれかに買われたくなかったからだ。

　母に頼まれた本を買い、家に帰っても、その本のことが忘《わす》れられなかった。あの本が自分の本棚《ほんだな》におさまるところを幾度《いくど》も想像《そうぞう》したりした。一万円を貯《た》めようと思っていた。

次の週、学校帰りにミツザワ書店に寄《よ》った。おばあさんはあいかわらず何かの本を熱心に読んでいる。ぼくは店内をX物色するふりをしてあの本を捜《さが》した。

下のほうに隠したはずのその本は、またもや積み上げられた本の一番上に出ていた。だれかが買おうとしているんだとぼくは思った。その本を手に取り、さらに下にさしこんで、逃《に》げるように店を出た。

しかし一万円はなかなか貯まらなかった。母に頼めば、ほしいのは本なのだからひょっとしたらぽんと出してくれたかもしれない。けれどなぜか言えなかった。本がほしいなんて、格好《かっこう》つけているみたいでとても言えなかった。

学校帰りにミツザワ書店に寄るのが日課のようになった。不思議なことに、隠しても隠してもその本は目につく場所に並《なら》べ替《か》えてある。ぼくと似《に》たようなだれかが、やはりミツザワ書店に＊日参し、下のほうから引っぱり出して眺め、やっぱり値段に手が届《とど》かず、ぽんとそのへんに置いて店を出ている、そうとしか思えなかった。

だれかに持っていかれるくらいなら、盗《ぬす》んでも自分のものにしたかった。そのアせっぱ詰《つ》まった気分は、今考えると＊滑《こっ》稽《けい》でしかないのだが、女の子を好きになるのに似ていた。

そうしてぼくは盗んだのだ。

ミツザワ書店から本を勝手に持っていくのは、そう難《むずか》しいことではなかった。というより、とことんかんたんだった。店の人はおばあさんしかおらず、防犯《ぼうはん》カメラなんてシロモノがミツザワ書店にあるはずがなく、おばあさんはいつも本の壁《かべ》の向こうで本を読み耽《ふけ》っているのだから。もし、日本全国万引きしやすい店ベストテン、なんてものがあったとしたら、ミツザワ書店は間違《まちが》いなくぶっちぎりで第一位だ。

また本の塔《とう》の表面に出ているその本を、何気ないふりで手にし、手にしたまま店内をぶらつき、なんでもなかったかのように店を出た。おばあさんは一度も顔を上げなかった。店を出てから足が B 震《ふる》えだした。ぼくは昔から小心なのだ。震える足で家まで走った。夏はすでに去り、空気はずいぶん冷えていたのに、脇《わき》の下は汗《あせ》でびっしょり濡《ぬ》れていた。本を握《にぎ》りしめた手が、やっぱり汗でぬるぬるしていた。本を母に見られないようにして、Y一目散に自分の部屋に向かった。制服《せいふく》を着替えもせず、盗んだ本を開いた。読みはじめてすぐに引きこまれた。夕食よ、と母から声をかけられても聞こえなかったくらいだ。食事をしているあいだも、続きを読みたくて仕方なかった。猛《もう》スピードで風呂《ふろ》に入り、部屋に戻って本を開いた。盗んだことなんてすっかり忘れていた。

気がついたら、空が白んでいた。すげえ。静まり返った部屋で、ぼくはそれだけつぶやいた。それしか言葉が思いつかなかった。すげえ。すげえ。すげえ。その言葉ばかりくりかえした。イ自分はほんものの阿呆《あほう》だなと、すげえとくりかえしながら知った。この本にはこれだけの言葉があふれているのに、それをぼくは、すげえという一言でしか言いあらわせないのだから。

明くる日はほとんど徹夜《てつや》状態で学校にいった。頭のなかは、読んだばかりの本の言葉があふれかえっていた。しかしそのどれも、だれかが書いた言葉であって、ぼく自身の言葉というのは、あいかわらず、阿呆な一言しかなかった。

その日は、ミツザワ書店を避《さ》けて、遠まわりして帰った。

以来、母親に買いものを頼まれてもウミツザワ書店には決して近づかなかった。そのまま十八歳になり、進学のため都心に出て、正月に帰省しても、もちろんミツザワ書店にはいっていない。盗んだ本は、ずっとぼくの本棚におさまり続けている。

（角田光代《かくたみつよ》『さがしもの』新潮文庫刊より。）

〈注〉＊ＣＤ……音楽や音声データを記録するディスク。「コンパクト・ディスク」の略《りゃく》。
＊日参……毎日訪問《ほうもん》すること。
＊滑稽……ばかばかしく、おかしいこと。

問一　空欄《らん》［Ａ］は「息を［Ａ］」という形で「驚《おどろ》いた様子」を表す表現《ひょうげん》になります。空欄部分に入る言葉を次の**あ**～**え**の中から一つ選び、記号で答えなさい。

あ　はずませた　**い**　ころした　**う**　のんだ　**え**　ひそめた

問二　二重傍《ぼう》線部**Ｘ**「物色する」、**Ｙ**「一目散に」の言葉の意味を次の**あ**～**え**の中から一つずつ選び、それぞれ記号で答えなさい。

Ｘ　物色する

あ　あちこちを触《さわ》ること。
い　多くの中から探《さが》し求めること。
う　目で見たものの色を味わうこと。
え　きょろきょろとあたりを見回すこと。

Ｙ　一目散に

あ　わき目もふらずに走るさま。
い　怒鳴《どな》り散らしながら走るさま。
う　道に沿《そ》ってまっすぐ走るさま。
え　ゆっくりと落ち着いて動くさま。

問三　傍線部**ア**「せっぱ詰まった気分」とはどんな気持ちですか。その説明として最適《さいてき》なものを次の**あ**～**え**の中から一つ選び、記号で答えなさい。

あ　いつかお金を貯めて本を買おうと、わくわくする気持ち。

い　自分だけではなく他人もその本を欲《ほ》しがっていると考え、慌《あわ》てる気持ち。

う　本を買うお金がなく、母に頼むこともできない自分を情《なさ》けなく思う気持ち。

え　おばあさんがその本を売りたくなさそうにしていると知って、落胆《らくたん》する気持ち。

問四　空欄［**B**］に当てはまる言葉として最適なものを次の**あ**～**え**の中から一つ選び、記号で答えなさい。

あ　ぐらぐら　**い**　がくがく　**う**　けたけた　**え**　ぺたぺた

問五　傍線部**イ**「自分はほんものの阿呆《あほう》だなと、すげえとくりかえしながら知った」とありますが、なぜ「ぼく」は自分のことを「阿呆」だと感じたのですか。その理由を、**四十五字以上五十五字以内**で説明しなさい。

問六　傍線部**ウ**「ミツザワ書店には決して近づかなかった」とありますが、「ぼく」はなぜそうしたのですか。その説明として最適なものを次の**あ**〜**え**の中から一つ選び、記号で答えなさい。

あ　「ミツザワ書店」で本を盗んだことを心から反省しており、罪《つみ》の意識を強く感じさせるその本を自分の記憶《きおく》から消したいと考え、本や万引きを連想させる「ミツザワ書店」をできる限《かぎ》り見ないようにしていたから。

い　「ミツザワ書店」に万引きをしてしまったことを打ち明けたいという気持ちより、その本から受けた影響《えいきょう》があまりにも強く、大人になっても手放せないほど大切なものになってしまい、本を返したくなくなったから。

う　万引きをしてしまったという罪の意識より、「ミツザワ書店」のおばあさんや自分の母に怒《おこ》られることを恐《おそ》れる気持ちの方が強く、「ミツザワ書店」に近づかないことで、万引きが明らかになるのを防《ふせ》ごうとしていたから。

え　「ミツザワ書店」で本を万引きしてしまったことを申し訳《わけ》なく思っているが、それ以上にその本を読んだことで気づかされた自分の無力さやちっぽけさが「ミツザワ書店」を目にすることで思い起こされ、みじめに感じられたから。

このページに問題は印刷されていません。

三　次の文章を読んで、後の問いに答えなさい。＊のついた言葉は後の〈注〉もよく読みなさい。

ア 20世紀までの建築《けんちく》の流れを一言でまとめれば、「大きなハコ」への流れということになると、僕《ぼく》は考えています。効率《こうりつ》的に生活することのできる「ハコ」に人間を詰《つ》め込《こ》むことが、人間を幸せにすることだと信《しん》じ込み、その「ハコ」をどんどん大きくしていったのが、建築の歴史であり、人間の歴史であったのです。

その＊プロセスには、＊疫病《えきびょう》も大きな影響《えいきょう》を与《あた》えました。14世紀のヨーロッパを襲《おそ》った＊ペストの流行は、狭《せま》くて不潔《ふけつ》な＊中世の道、中世の街が原因《げんいん》のひとつであると考えられ、疫病への恐怖《きょうふ》が、広い道と大きな箱型建築を特徴《とくちょう》とする、＊ルネサンス都市を生みました。

大きな災害《さいがい》などのカタストロフ（大変動）もきっかけとなり、「大きなハコ」への流れは加速していきました。1775年にリスボンを襲った大地震《おおじしん》、大津波《おおつなみ》は、3万人とも言われる死者を出し、リスボンの古い街は燃え尽《つ》きてしまいました。当時のリスボンに代表される、ゴチャゴチャとした街並《な》みに代わる、新しい建築を求めるムーブメントが加速し、ヴィジオネール（夢想家《むそうか》）と呼《よ》ばれた一群の＊前衛《ぜんえい》的建築家が、純粋《じゅんすい》＊幾何学《きかがく》の支配《しはい》する大きな箱型建築の絵を描《えが》き始めました。ヨーロッパの近代建築のきっかけは、リスボン地震にあったとも言われます。

レンガと木造《もくぞう》の小さな建築群が、一気に焼失《しょうしつ》してしまった1871年のシカゴの大火も、アメリカ中を恐怖に陥《おとしい》れただけではなく、建築の歴史にも、大きな影響を与えました。コンクリートと鉄で、丈夫《じょうぶ》で強い建築を作ることが社会の目標とされ、アメリカの建築技術《ぎじゅつ》は一気にヨーロッパを逆転《ぎゃくてん》し、その後の20世紀の超高層《ちょうこうそう》建築へとつながるような、新しい大型建築の流れが生まれたわけです。

「大きなハコ」は安全のためだけに必要とされたわけではありません。「大きなハコ」に人間を詰め込むことで、効率を追求するというのが、＊産業革命《かくめい》以降《いこう》の工業化社会の大原則《げんそく》でした。大工場ほど効率的でしたし、大オフィスほど効率的だというのは、工業化社会では真実でした。だから、中小の工場は消え、世界は大工場で埋《う》め尽くされるようになり、世界の都市は超高層ビルの大オフィスで埋め尽くされていったのです。

しかし、「大きなハコ」は本当に人間を幸せにしたのでしょうか。そして、本当に効率的と言えるのでしょうか。そういう難問《なんもん》を僕らののどもとに突《つ》き付けたのが、新型コロナウイルスという疫病でした。イ「大きなハコ」に詰め込まれて働かされる人々は、非常《ひじょう》に大きなストレスを抱《かか》えて生きていることは、すでに知られていました。「大きなハコ」は空間的に人間を管理していただけではなく、朝9時からの8時間労働といった形で、時間的にも人間を管理していたのです。通勤《つうきん》や通学でも、人間は効率的輸送《ゆそう》のために、狭い箱に押《お》し込まれていたのです。

20世紀末からの社会の＊ＩＴ化によって、何が効率的かという基準《きじゅん》も、すでに劇的《げきてき》に変わっていました。「大きなハコ」に詰め込まれなくても、十分に効率的に、そしてストレスの少ない状態で仕事ができる技術を、すでに人間は手に入れていたのです。「大きなハコ」はもはや少しも効率的ではなかったのです。

しかし、「大きなハコ」へと向かう＊慣性力《かんせいりょく》に流されるままに、人類は「大きなハコ」を作り続けて、都市はいよいよ高層化が進み、大都市への集中はますます進んでいたのです。

そのウ人類の＊怠慢《たいまん》に対する警告《けいこく》が、コロナという疫病であったように、僕は感じています。未来の建築は、逆《ぎゃく》の方向に向かわなければなりません。「大きなハコ」へと向かう流れを反転させ、大都市へと集中する流れを反転させなければいけないのです。われわれは、そして君達《たち》は、ちょうど、そのような特別な時代、特別な折り返し地点に立っているのです。それは、建築を志《こころざ》す人間にとっては大きなチャンスだと僕は思います。

エ　コロナを体験した後の建築の課題は、「大きなハコ」をどう解体《かいたい》するかです。「大きなハコ」は、コンクリート、鉄という固く、重い素材《そざい》によって可能《かのう》になりました。逆に、コロナの後には木、布《ぬの》、紙といったやわらかくて軽い自然素材によって、自然の中に溶《と》け込んでいくような建築を作ることがテーマになります。人間を自然から遠ざけ、人間にストレスを与え続けていたコンクリート、鉄の建築から、自然と一体化するやわらかな建築へと向かわなければなりません。

（略）

コロナの後を生きるみなさんは、もはや別の時代を生き始めています。従来《じゅうらい》の建築という枠組《わくぐ》みを超《こ》えて、もっと自由に考えていいのです。自由に考えなければいけないのです。

（隈研吾《くまけんご》『建築家になりたい君へ』より。）

〈注〉＊プロセス……その状態に至《いた》るまでの過程《かてい》。道のり。

＊疫病……多くの人たちの間で、集団的に発生する病気。伝染《でんせん》病。

＊ペスト……ヨーロッパではやった伝染病の名前。

＊中世……ヨーロッパで使われている時代区分のひとつ。今から一六〇〇年くらい前から六〇〇年くらい前までの間。

＊ルネサンス……14世紀にイタリアで始まった文化運動。

＊前衛的……「時代の先を行っている」という意味。

＊幾何学……図形を研究する学問。図形的で規則《きそく》性のある建築を、「幾何学的な建築」という。

＊産業革命……18世紀から19世紀にかけてヨーロッパで起こった産業の大きな変化。それまでの農業中心の産業から、工業中心の産業へと大きく変化した。

＊ＩＴ……情報技術。コンピュータやインターネットで生活を便利にしていく技術。

＊慣性力……ここでは、「ずっとそのままでいようとする力」という意味。

＊怠慢……しなければならないことをなまけて、おろそかにすること。

問一　傍《ぼう》線部**ア**「20世紀までの建築の流れ」とありますが、筆者が考える「20世紀までの建築の流れ」を説明した次の文の空欄《らん》［ 1 ］、［ 2 ］に当てはまる熟語《じゅくご》を答えなさい。熟語は、後の【語群《ごぐん》】の漢字を組み合わせて作ること。ただし、同じ漢字を二度使うことはできません。

人びとは、［ 1 ］で、［ 2 ］的に生活することのできる「ハコ」に人間を詰《つ》め込《こ》むことが、人間を幸せにすることだと信《しん》じ込み、その「ハコ」をどんどん大きくしていった。

【語群】　難　高　全　問　然　率　確　効　果　安

問二　本文9ページの、□で囲まれた部分について、「先生」と「生徒」が話し合っている次の文章を読み、後の問いに答えなさい。

先生　歴史上、建築の様式が大きく変わるきっかけとしては、おおまかに二種類のことが挙げられそうですね。

生徒　はい、ペストなどの[A]と、大地震、津波《つなみ》、大火などの[B]です。

先生　それまでの古い街並《な》みや建築には、どのような特徴があったのですか？　整理してください。

生徒　筆者の説明によると、古い街並みや建築には、[C]という特徴があるといえます。

先生　それらの古い街並みや建築が見直され、「大きなハコ」と言われる、大きくて高い建物に変わっていくのですね。

生徒　先生、日本でも同じようなことは起こったのでしょうか。

先生　はい。この資料を見てください（次のページ）。これは江戸《えど》時代の江戸で起こった大火事を描《えが》いた絵です。本文で紹介《しょうかい》されていた「シカゴの大火」に似《に》ています。

生徒　本当だ。ならば、当時の江戸、後の東京も、こうした大火の経験を経て、建物の建て方に変化が生じたかもしれませんね。

先生　そうですね。

資料：1806 年の「文化の大火」を描いた絵

(1) 空欄 [A] 、 [B] に入る言葉を、9ページの□で囲まれた部分から抜《ぬ》き出して答えなさい。

(2) 空欄 [C] に当てはまる言葉として最適《さいてき》なものを次の**あ**～**え**の中から一つ選び、記号で答えなさい。

あ　狭《せま》い範囲《はんい》に、小さな建物が密集《みっしゅう》している

い　広大な土地に、小さな建物が点在《てんざい》している

う　同じ大きさの土地に、同じ形の建物が並《なら》んでいる

え　整備《せいび》された区画に、小さな建物が整然と建っている

(3) 二重傍線部「本文で紹介されていた『シカゴの大火』に似ています」とありますが、「江戸の大火事」の絵からは、**どのような点が「シカゴの大火」と似ている**と考えられますか。9ページの□で囲まれた部分から、「～点。」という形で抜き出しなさい。

問三　傍線部**イ**「『大きなハコ』に詰め込まれて働かされる人々は、非常に大きなストレスを抱えて生きている」とありますが、それはなぜですか。「人々は〜から。」という形で、**四十字以上五十字以内**で答えなさい。

問四　傍線部**ウ**「人類の怠慢」とはどのようなことですか。その説明として最適なものを次の**あ**〜**え**の中から一つ選び、記号で答えなさい。

あ　人類は「大きなハコ」を効率的に建設する技術を手に入れていたのに、従来《じゅうらい》からの建設方式から抜け出すことができず、結果的に大都市にしか「大きなハコ」を建てられていないということ。

い　人類は「大きなハコ」で働くことで得られる効率的な生活に気づいていたのに、その生活を信じることができず、いまだに「大きなハコ」の建築を大都市でしか進められないでいるということ。

う　人類は「大きなハコ」に詰め込まれることで感じるストレスのことに気づいていたのに、そのストレスに目を向けることなく「大きなハコ」を作り続け、都市の高層《こうそう》化や大都市への人口集中を進めてしまったということ。

え　人類は「大きなハコ」に詰め込まれなくても、少ないストレスで効率的に働ける技術を手に入れていたのに、その技術に目を向けず「大きなハコ」を作り続け、都市の高層化や大都市への人口集中を進めてしまったということ。

問五　傍線部**エ**「コロナを体験した後の建築」とありますが、それはどのような建築ですか。「〜建築」という形で、本文中から**十五字**で抜き出しなさい（「建築」も含めて十五字）。

問六　この文章の筆者、隈研吾《くまけんご》氏は、新しい国立競技場《きょうぎじょう》を設計《せっけい》した建築家です。新国立競技場の特徴のうちで、本文で紹介されている新しい建築のありかたに近いものを、次の**あ**〜**え**の中から一つ選び、記号で答えなさい。

あ　東京都新宿区という大都会の真ん中に立地し、いろいろな駅から気軽に訪《おとず》れることができる。

い　観客席には五つの色が使用されており、六万人もの大観衆《かんしゅう》が一度に観戦することが可能《かのう》である。

う　およそ二千立方メートルにわたり多くの木材が使用されており、四十七都道府県の木材が使われている。

え　体感温度を低減《ていげん》させる「気流創出《そうしゅつ》ファン」や空間の温度を下げる「ミスト冷却装置《れいきゃくそうち》」などで暑さに対応《たいおう》している。

四 三の文章で、「コロナを体験した後の建築」について説明がありましたが、コロナを体験した後の世の中は、建築だけではなく、様々な場面（例えば「医療《いりょう》」、「学校」、「スポーツ」、「旅行」、「コミュニケーション」など）で新しい動きが生じつつあります。「コロナを体験した後の〇〇」について、あなたの考えを作文しなさい。その際《さい》、後の《条件《じょうけん》》に従《したが》うこと。

《条件》

1 **「僕《ぼく》は（私《わたし》は）『コロナを体験した後の〇〇』について考える（考えます）。」**という書き出しにしなさい。

2 右に示《しめ》した例だけでなく、「〇〇」は自由に設定《せってい》してかまいません。

3 字数は百二十字以上百五十字以内で書きなさい。句読点《くとう》（「。」や「、」）も字数に入ります。

4 解答欄《らん》には最初の一マスをあけて書き出しなさい。

5 その他、原稿《げんこう》用紙の正しい使い方に従うこと。ただし、段落《だんらく》分けが必要な場合でも、**行を変えず続けて**書きなさい。

これは、下書き用の原稿《げんこう》用紙です。使っても使わなくてもどちらでもかまいません。

120

150

2022
2

算　　　　　数

（ 試験時間　５０分 ）

注　　意

1．開始の合図があるまでこの冊子《さっし》を開いてはいけません。

2．この冊子は１ページから５ページまであります。解答用紙は中にはさんであります。

3．開始の合図があったら，問題冊子の表紙・解答用紙に受験番号および氏名を記入しなさい。

4．解答はすべて解答用紙に記入しなさい。解答を書き直す場合は，前に書いたものをきれいに消してから書き直しなさい。

5．分数で答えるときは，約分しなさい。

6．問題の中の図は必ずしも正確ではありません。

7．終了《しゅうりょう》の合図があったら，ただちに筆記用具を置いて，指示に従《したが》いなさい。

8．円周率《えんしゅうりつ》は 3.14 とします。

受験番号						氏名	

駿台甲府中学校

1　次の計算をしなさい。

(1)　$32-128\div16$

(2)　$0.3\times0.4\times0.5$

(3)　$2\frac{2}{7}\times1\frac{2}{5}-2\frac{5}{7}\div\frac{6}{7}$

(4)　$\left(\frac{1}{2022}+\frac{3}{1348}\right)\times337$

2 次の問いに答えなさい。

(1) 姉の年令と弟の年令は，足すと 20 になり，かけると 96 になります。姉と弟の年令の差は何才ですか。

(2) 600000 cm^2 は何 m^2 ですか。

(3) ある本を全体の $\frac{1}{3}$ より 15 ページ多く読んだところ，残りが 85 ページになりました。この本は何ページありますか。

(4) A 町から B 町までの 12 km の道のりを，行きは時速 4 km，帰りは時速 6 km で歩きました。往復の平均の速さは時速何 km ですか。

(5) A さんが英語のテストを 6 回受けたところ，1 回目から 5 回目までの平均点は 81 点で，6 回目の得点は 87 点でした。このとき，1 回目から 6 回目までの平均点は何点ですか。

3　次の問いに答えなさい。

(1)　右の図でしるしをつけた角度の合計は何度ですか。

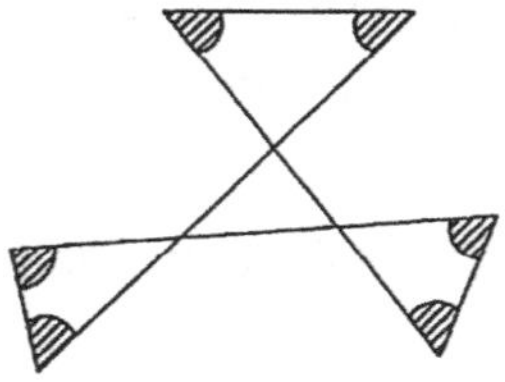

(2)　0，1，3，4の数字が書かれたカードが1枚ずつあります。これらのカードを使って3けたの整数をつくるとき，200以上の整数は何個ありますか。

(3)　下の図のようなAB=8 cm，BC=12 cmの長方形ABCDがあります。点PはAを出発して，長方形の辺上をDを通ってCまで毎秒2 cmの速さで進みます。三角形PBCの面積が24 cm^{2}になるのは点Pが出発してから何秒後ですか。

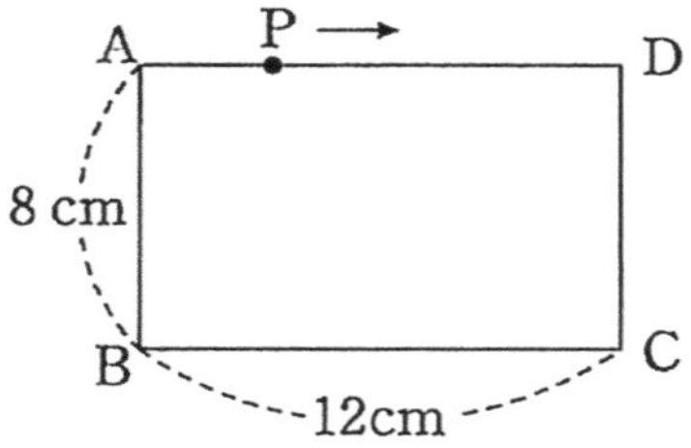

(4)　底面が半径2 cmで，高さが5 cmの円柱の形をした容器があります。これに水を満たし，45°かたむけたとき，こぼれた水の体積は何 cm^{3}ですか。

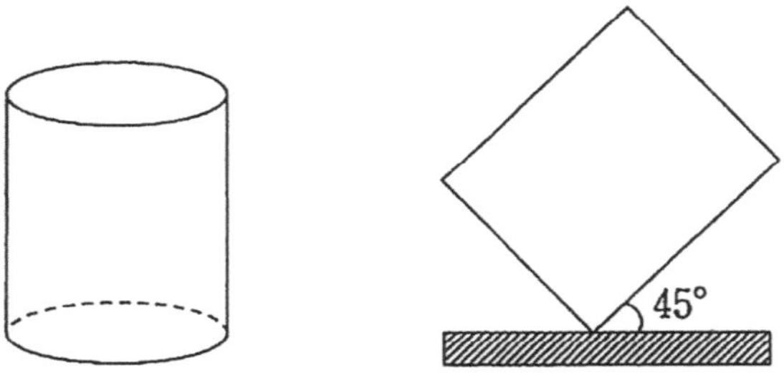

(5)　下のように，2の倍数と3の倍数をのぞいた整数を，小さい方から順に並べます。左から50番目の数はいくつですか。

1，5，7，11，13，17，……

4 夏休みに家族（大人２人，こども３人）で博物館と科学館へ行くことにしました。学校で配られた割引券を利用すると，どちらの施設も，大人の入館料は通常の20％引き，こどもの入館料は通常の半額になります。

(1) 博物館の入館料は，大人1200円，こども800円です。

① ５人全員が割引券を利用すると，入館料の合計はいくらですか。

② 博物館では５人以上の団体については，割引券を利用しない代わりに，団体割引を使うこともできます。しかし，団体割引を利用しても，割引券を利用したときと入館料の合計は変わりませんでした。団体割引は，何％引きですか。

(2) 科学館で５人全員が割引券を利用したところ，入館料の合計は3090円になりました。また，割引券を持っていない別の家族（大人１人，こども２人）が入館したところ，入館料の合計は2590円でした。科学館のこども１人の入館料はいくらですか。

5　下の図１のように，ABを直径とする円Ｏがあり，円周の長さは240 cmです。点Ｐは，はじめ点Ａにあり，円Ｏの周上を毎秒２cmの速さで反時計回りに動きます。また，点Ｑは，はじめ点Ｂにあり，円Ｏの周上を毎秒５cmの速さで反時計回りに動きます。

いま，点Ｐと点Ｑが同時にそれぞれ点Ａ，点Ｂを出発するとき，次の問いに答えなさい。

(1)　下の図２は，Ｐ,Ｑが出発してから20秒後の様子です。図２の太線部分の長さは何cmですか。ただし，図は正確であるとは限りません。

(2)　２点ＰとＱの初めて同じ位置になるのは，出発してから何秒後ですか。

(3)　２点ＰとＱが2022回目に同じ位置になる点をＤとします。図３の太線部分の長さは何cmですか。ただし，図は正確であるとは限りません。答えは結果のみではなく，その考え方を解答用紙の図を利用して説明しなさい。

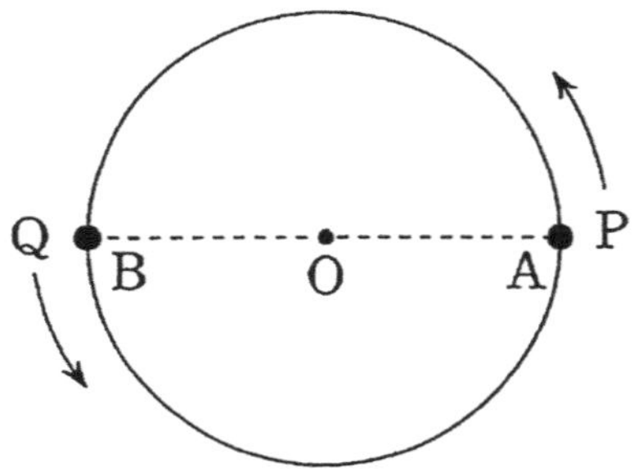

図１

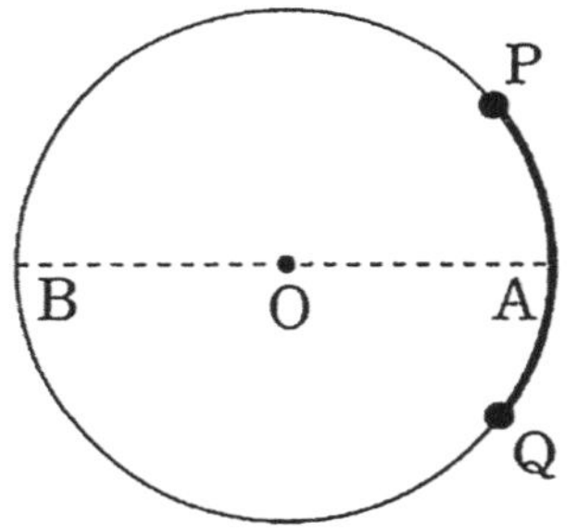

図２

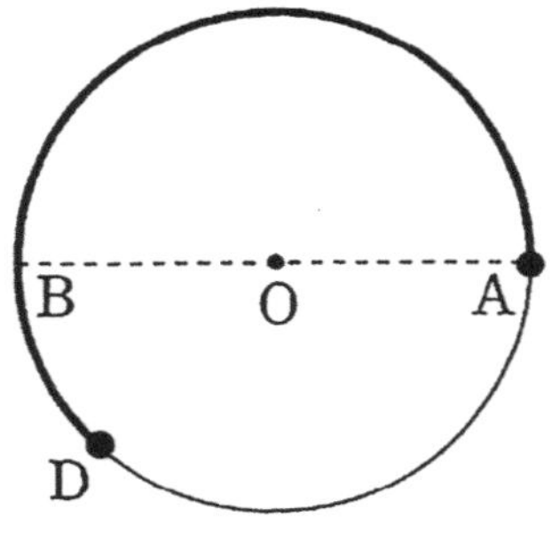

図３

2022
2

理　　　　科

（ 試験時間　３０分 ）

注　　意

1．開始の合図があるまでこの冊子《さっし》を開いてはいけません。

2．この冊子は１ページから10ページまであります。解答用紙は中にはさんであります。

3．開始の合図があったら、問題冊子の表紙・解答用紙に受験番号および氏名を記入しなさい。

4．解答はすべて解答用紙に記入しなさい。解答を書き直す場合は、前に書いたものをきれいに消してから書き直しなさい。

5．特に指示のないかぎり、漢字で書けないときはひらがなで解答しなさい。

6．終了《しゅうりょう》の合図があったら、ただちに筆記用具を置いて、指示に従《したが》いなさい。

受験番号						氏名	

駿台甲府中学校

1　理科の先生が、駿太さんと花子さんに生命の誕生について質問をしました。以下の会話文を読んで後の問いに答えなさい。

先生：これまでの理科の授業で生命の誕生《たんじょう》について勉強してきましたね。教科書にはメダカと人の誕生がのっていました。みなさん、メダカと人の誕生のしかたについて、違《ちが》うところを挙げてみてください。

花子：メダカは卵をうみますが、人は卵ではなく赤ちゃんがうまれてきます。

先生：そうですね。中学校で習うことですが、メダカのようなうまれ方を卵生、人のようなうまれ方を胎生《たいせい》といいます。駿太さん、他にも何か違いはありますか。

駿太：メダカは［　　　　A　　　　］。それに対して人はお母さんの（　ア　）の中で養分や酸素などをもらって育ちます。

先生：そうですね。人の場合には赤ちゃんは（　ア　）の中で育ちます。（　ア　）の中には（　イ　）という液体があって赤ちゃんはその中に浮《う》かんでいます。では駿太さんに質問します。赤ちゃんはどのようにしてお母さんから養分や酸素をもらっているのですか。

駿太：ええと、何かと何かで赤ちゃんとお母さんがつながっていて…。

花子：（　ウ　）と（　エ　）のことね。

駿太：そうそう、（　ウ　）が（　ア　）の壁《かべ》にある（　エ　）とつながっていて、（　ウ　）を通して、お母さんの体から養分や酸素をもらっているんですよね。

先生：そうですね。二人とも理科の授業で勉強したことをよく覚えていましたね。人の場合、受精してからおよそ（　オ　）週たつとうまれてきます。

問１　文中の［　A　］に適当な文章を書きなさい。

問２　文中の（　ア　）～（　エ　）に当てはまる言葉を答えなさい。

問３　文中の（　オ　）に当てはまる数値として正しいものを次の①～⑤の中から１つ選び、番号で答えなさい。

①　18　　②　28　　③　38　　④　48　　⑤　58

問４　文中の下線部に関して、人と同じように胎生である動物を、次の①～⑥の中から**すべて**選び、番号で答えなさい。

①　ネズミ　　②　カメ　　③　アマガエル

④　イルカ　　⑤　イワシ　　⑥　ペンギン

2　下の図は、空気中の気体の体積の割合を表したものです。A、B、Cは気体を表し、Cは物が燃えるときにできる気体です。後の問いに答えなさい。

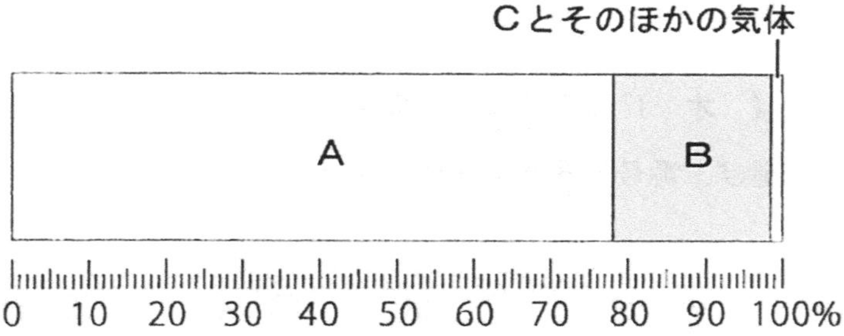

問1　A、B、Cの気体の名前をそれぞれ答えなさい。

問2　気体B、Cを発生させる方法を、次の①～④の中からそれぞれ1つ選び、番号で答えなさい。

①　石灰石にうすい塩酸を加える。
②　アンモニア水を加熱する。
③　二酸化マンガンにうすい過酸化水素水（オキシドール）を加える。
④　亜鉛《あえん》にうすい塩酸を加える。

問3　気体Cは、ある水溶液《すいようえき》と反応すると白くにごります。その水溶液の名前を答えなさい。

問4　燃料電池自動車は、ある気体と気体Bの反応によって発生した電気を用いて走る自動車で、気体Cを出さないこれからの自動車として注目されています。ある気体とは何ですか。その気体の名前を答えなさい。

問５　物が燃えた後の空気中の気体の体積の割合は、図からどのように変化していると考えられますか。次の①～④の中から正しいものを１つ選び、番号で答えなさい。

①

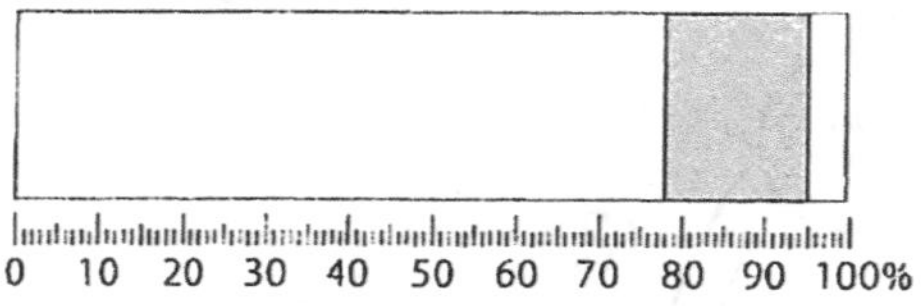

②

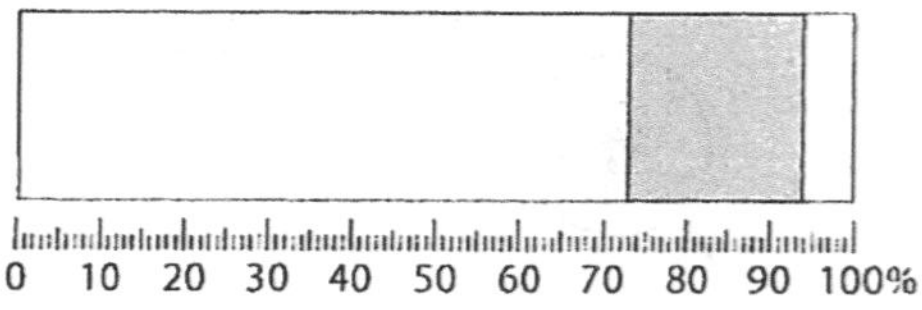

③

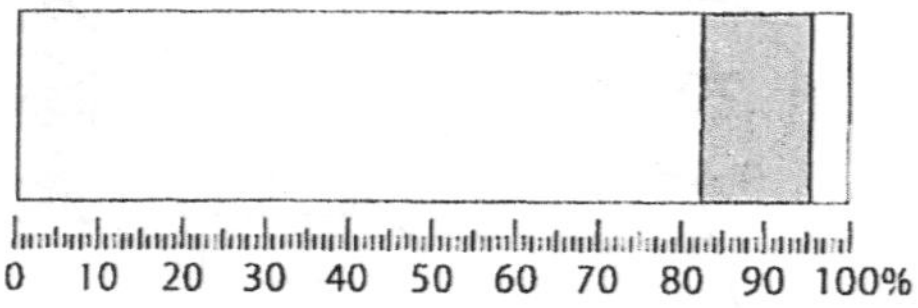

④

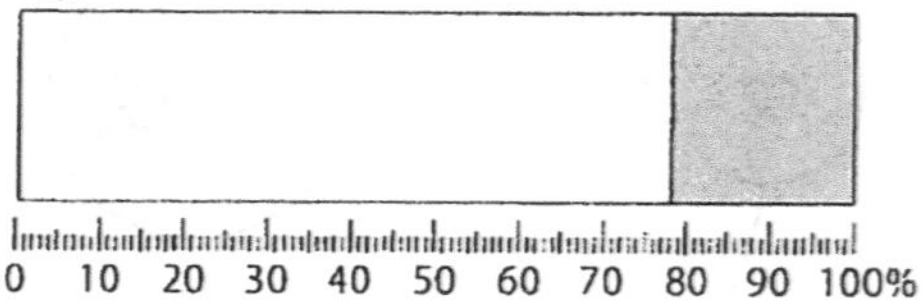

3　下の図は、地球の周りを回る月のようすを北極のはるか上空から見たものをあらわしています。このとき、月は図の**ア～ク**のどこかにあるものとします。後の問いに答えなさい。

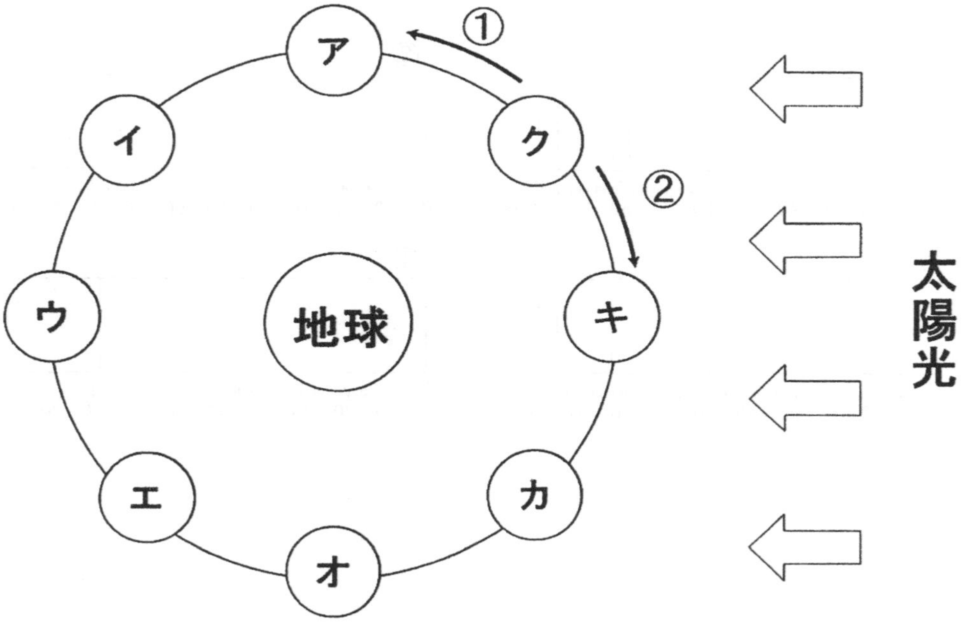

問１　月が地球の周りを回る向きは①、②のどちらですか。番号で答えなさい。

問２　「満月」は、月がどの位置にあるときですか。図中の**ア～ク**から１つ選び、記号で答えなさい。

問３　夕方、三日月はどの方位の空に見えますか。東西南北で答えなさい。

問４　太陽の一部または全部がかくれて暗くなる現象を日食といいます。この現象が見られるのは、月がどの位置にあるときですか。図中の**ア～ク**から１つ選び、記号で答えなさい。

問５　地球は 24 時間かけて西から東へ向かって１回転します。これを地球の自転といい、時間がたつと月の見える位置が西へ移動していくのはこのためです。１時間で月は約何度西へ動くか答えなさい。

4　同じ乾電池《かんでんち》と同じモーターを使って、いろいろな回路をつくりました。これについて次の問いに答えなさい。

問１　スイッチを電気用図記号で表しなさい。

問２　次の①～④の回路のうち、モーターが最も速く回転するのはどれですか。
次の①～④の中から１つ選び、番号で答えなさい。

①

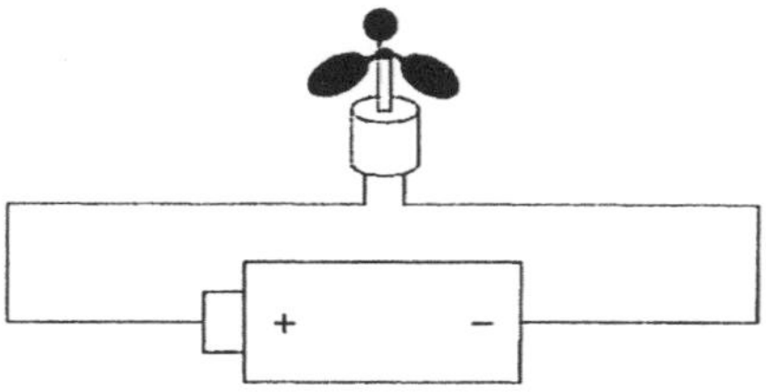

②

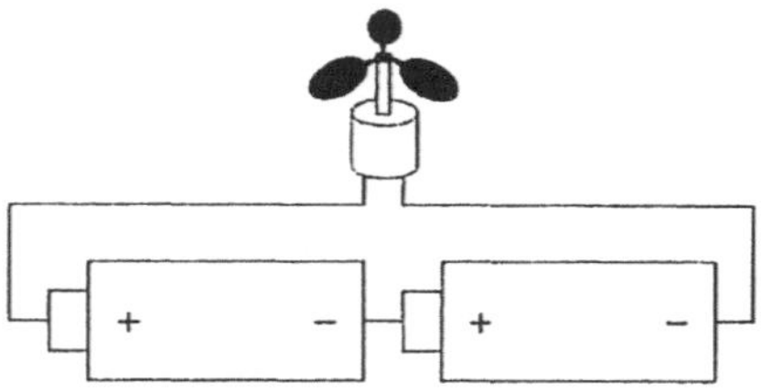

③

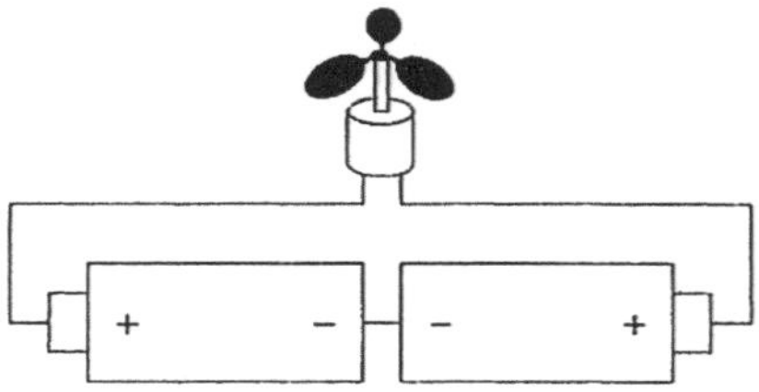

④

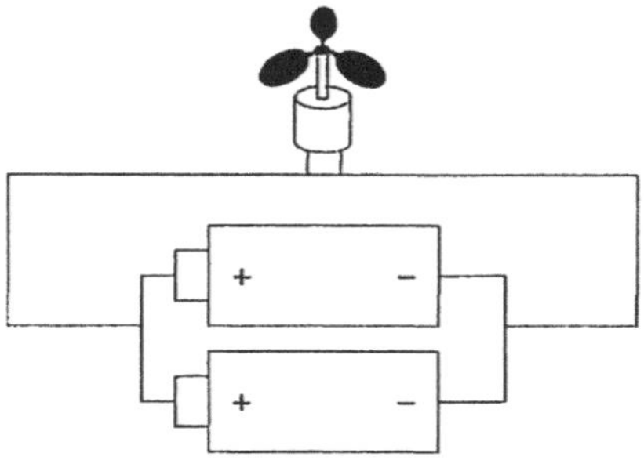

問３　問２の①～④の回路で、モーターの回る速さがほぼ同じ回路はどれとどれですか。

次に、乾電池を光電池に変えて実験を行いました。

問４　光電池の利点を１つ書きなさい。

問５　矢印の方向から光電池に日光を当てたとき、モーターが最も速く回転するのは、光電池をどのような角度で置いたときですか。①～④の中から１つ選び、番号で答えなさい。なお、①～④の図は、光電池を横から見たものです。

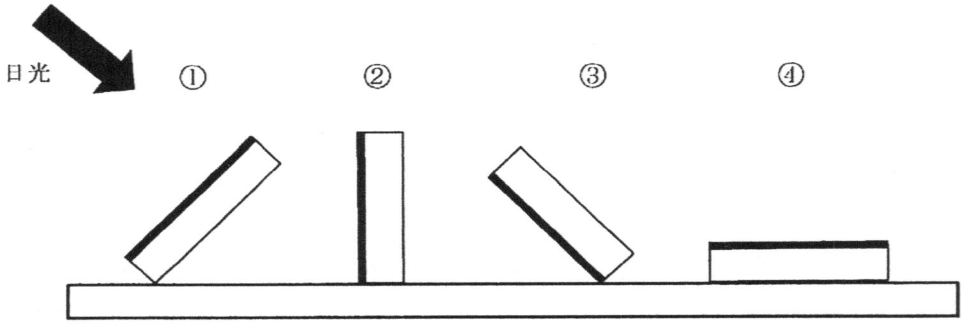

5　次の各問いに答えなさい。

問１　液体を入れた試験管を加熱するとき、試験管の中に、ある石を２～３個入れます。この石の名前を答えなさい。また、この石を入れる理由を答えなさい。

問２　図のように、水の入ったビーカーをガスバーナーで加熱しました。水の動きとして正しいものを、次の①～④の中から１つ選び、番号で答えなさい。

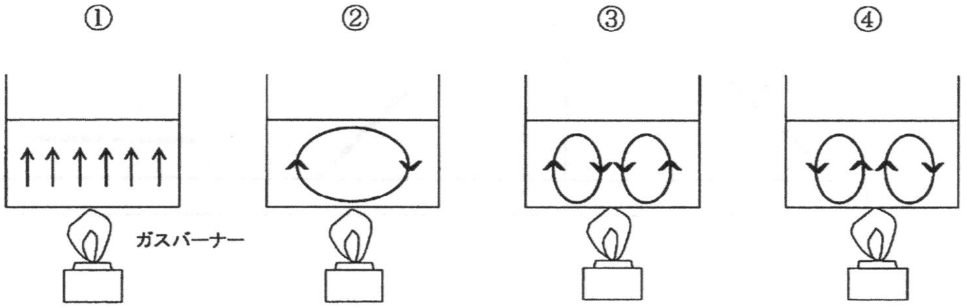

問３　大雨が河川に流れ込《こ》むと、水の流れが急に増えて洪水《こうずい》が発生し、大きな被害《ひがい》をもたらすことがあります。洪水を防ぐ方法や工夫を１つ書きなさい。

問４　特に大事なことを、「かんじんかなめ」といい、漢字では「肝心要《かんじんかなめ》」または「肝腎要《かんじんかなめ》」と書きます。この語源となっているのは人の体の中で重要なはたらきをしている「肝臓《かんぞう》、心臓、腎臓《じんぞう》」です。

この３つの臓器のうち、「腎臓」のはたらきを**20～30字程度**で書きなさい。

このページに問題は印刷されていません。

2022(R4) 駿台甲府中　一般
K 教英出版

2022
2

社　　　会

（ 試験時間　３０分 ）

注　意

1．開始の合図があるまでこの冊子《さっし》を開いてはいけません。
2．この冊子は１ページから14ページまであります。解答用紙は中にはさんであります。
3．開始の合図があったら、問題冊子の表紙・解答用紙に受験番号および氏名を記入しなさい。
4．解答はすべて解答用紙に記入しなさい。解答を書き直す場合は、前に書いたものをきれいに消してから書き直しなさい。
5．終《しゅう》了《りょう》の合図があったら、ただちに筆記用具を置いて、指示に従《したが》いなさい。

受験番号						氏名	

駿台甲府中学校

1　次の文章を読んで、後の問いに答えなさい。

駿台甲府中学校では、毎年夏休みに統計グラフの作成に取り組みます。そこで、駿中《すんちゅう》1 年生の駿太郎《すんたろう》さんは **ア 周囲を山に囲まれた平地** である甲府市の特徴《とくちょう》に興味を持ち、山梨県民の **イ 魚介類** の消費量に関する統計《とうけい》資料を集め、グラフを作成することにしました。

駿太郎さんは、内陸にある山梨県では魚介類《ぎょかいるい》の消費量は少ないと予想しましたが、調べてみると、 **ウ マグロの消費量** は都道府県別で比較《ひかく》すると山梨県が全国第 2 位の消費量を誇《ほこ》ることが分かりました。また、あさりの消費量に関しては、なんと山梨県が全国第 1 位の消費量であることが分かりました。一方で、あさりの消費量が最も少ない都道府県は **エ 沖縄県** でした。さらに興味を持った駿太郎さんは、 **オ 寿司《すし》** 店の店舗《てんぽ》数を調べたところ、山梨県が 10 万人当たりの割合で全国第 1 位の店舗数の多さがあることが分かり、驚《おどろ》きました。

統計グラフを作成しながら、新たな山梨の特徴を知ることができた駿太郎さんは、早くも来年の夏休みに取り組むテーマとして、祖母から聞いた「山梨県は車社会」という言葉をヒントに都道府県別の **カ 自動車保有台数** を調べてみようと考えています。

問 1　下線部**ア**の地形の名称《めいしょう》を**漢字 2 字**で答えなさい。

問２　下線部**イ**に関して、次の各問いに答えなさい。

(1)　下のグラフは、漁業別の生産量の変化を表すグラフです。**X**の線が表す漁業の種類を次の①～④の中から１つ選び、番号で答えなさい。

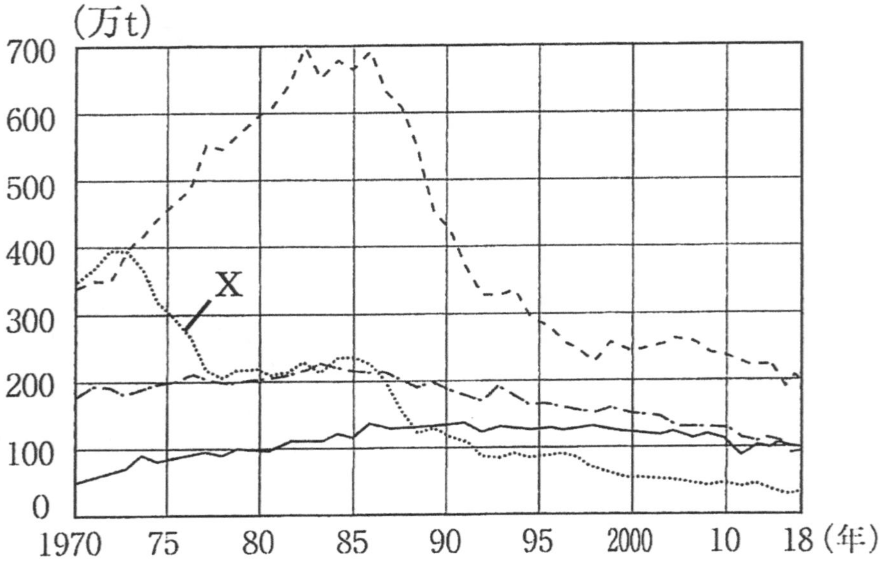

（「日本国勢図解」 2020/21 年版など）

①　遠洋漁業　　　②　沖合《おきあい》漁業　　　③　沿岸漁業　　　④　養殖《ようしょく》漁業

(2)　(1)の漁業の生産量が 1970 年代に大きく減り始めてしまったのは、沿岸から ［　　　　］ 海里の海で、外国の船がとれる魚の量が制限されるきまりがつくられていったことが関係しています。［　　　　］ にあてはまる数字を答えなさい。

問３　下線部**ウ**に関して、右の表はマグロの消費量が多い上位５位までのランキングです。山梨県をのぞいた上位４県のうち、海に面していない県を**２つ**選び、その県名を答えなさい。

一世帯当たりの年間マグロ消費量

消費量（g）	都道府県
4518	静岡県
4170	山梨県
3565	群馬県
3495	栃木県
3281	沖縄県

（総務省家計調査 2016）

問４　下線部**エ**に関して、次の各問いに答えなさい。

(1)　右の雨温図は沖縄県がふくまれる南西諸島《しょとう》の気候の特色をあらわしています。５月から６月にかけて降水量が多いのは梅雨の影響《えいきょう》によるものです。８月から９月にかけて降水量が多くなるのはなぜですか。その理由を簡潔《かんけつ》に説明しなさい。

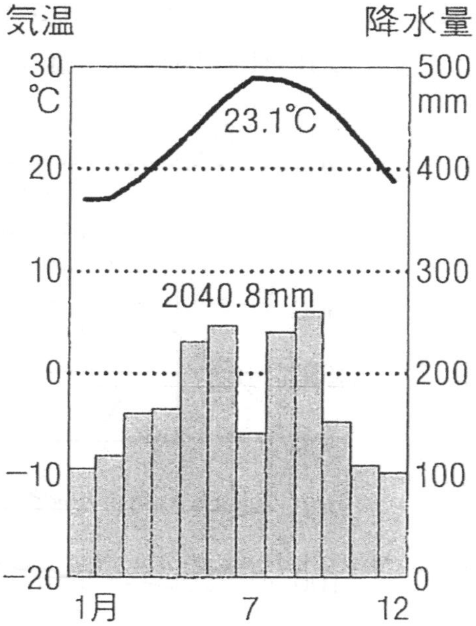

(2)　右の地図は沖縄県の土地利用の様子を表しています。の地域は、現在も他国によって土地が利用されています。主に何に土地が使われているか、答えなさい。

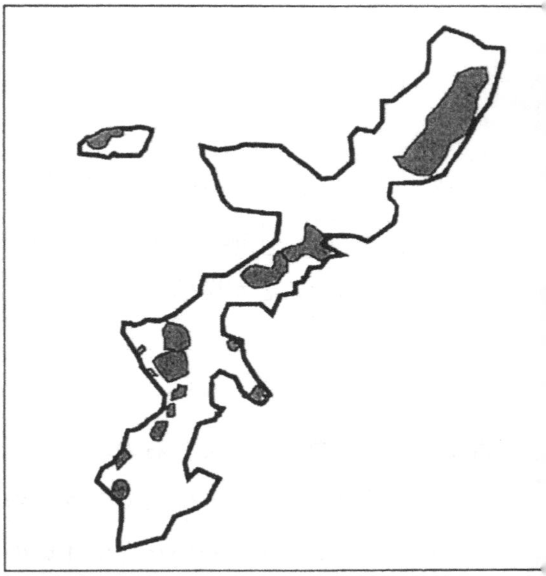

問５　下線部**オ**に関して、右の円グラフは寿司《すし》に欠かせない食材である米の収穫量を、地方別に表しています。次の各問いに答えなさい。

地方別の米の収穫量

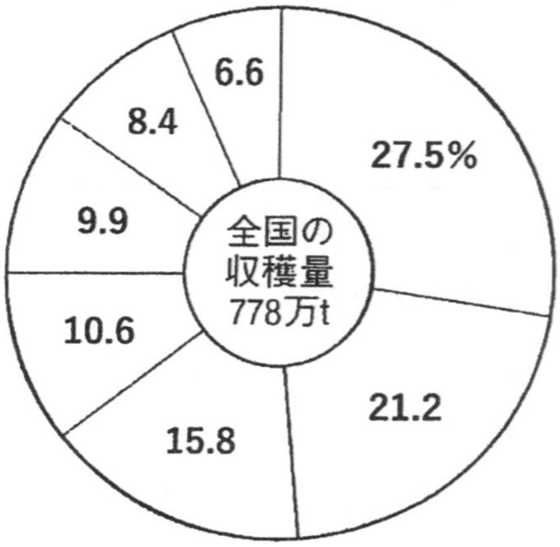

（作物統計調査 2018）

(1)　右の円グラフの中で米の収穫量が一番多い地方名を次の①～④の中から１つ選び、番号で答えなさい。

①　関東地方　　②　北海道地方
③　東北地方　　④　九州地方

(2)　また、その地方の米の収穫《しゅうかく》量をグラフ上の数値から計算して求め、収穫量として一番近い数値を次の①～④の中から１つ選び、番号で答えなさい。（単位は万ｔとします。）

①　200　　②　210　　③　220　　④　230

問６　下線部**カ**に関して、次の各問いに答えなさい。

(1)　山梨県の人口 100 人あたりの自動車保有台数は、全国で第一位です。その理由を**「交通」**という語句を用い、簡潔に説明しなさい。

(2)　昨年の８月 29 日に山梨県と静岡県を結ぶ高速道路が開通しました。その高速道路の名称を次の①～④の中から１つ選び、番号で答えなさい。

①　中央自動車道　　②　東名高速道路
③　中部横断自動車道　　④　関越《かんえつ》自動車道

2 次の文章はＳＤＧｓについての説明です。ＳＤＧｓとは、人類がこの地球で暮らし続けていくために、2030 年までに達成すべき 17 の国際目標のことです。後の問いに答えなさい。

17 の国際目標は、人間と地球にとって豊かな未来をつくるためのものです。そして、より大きな自由と、**ア 平和** を追い求めるものでもあります。持続可能な世界を築くためには、あらゆる面の貧困をなくすことが一番解決しなければならない課題です。すべての国と人々が協力しあってこの目標に取り組み、**イ 人々を貧困からときはなち、地球を守る** 必要があります。持続可能で、誰もが過ごしやすい世界を目指すためには、すべての国と人々の意識や行動の変化が大切なのです。そして、**ウ すべての人の人権を実現** し、ジェンダーの平等、そして女性も活躍しやすい社会を目指します。これらの目標はそれぞれがつながり合い、「経済」と **エ「社会」** と「環境」のバランスを保っています。これらの目標は、2030 年までの人類と地球が進むべき道しるべになるでしょう。

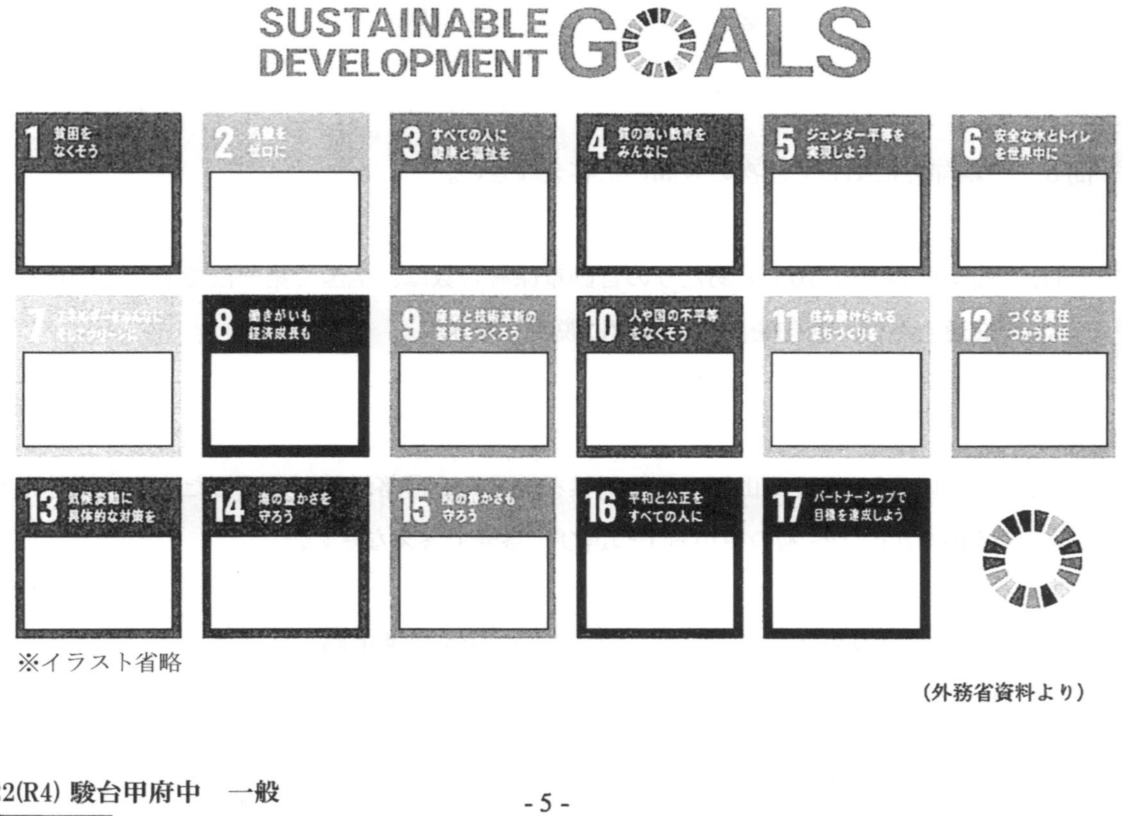

※イラスト省略

（外務省資料より）

問１　下線部**ア**に関して、日本では太平洋戦争が終わり、人々が平和を願う中で日本国憲法が 1946 年に公布されました。日本国憲法について、次の各問いに答えなさい。

(1)　日本は唯一《ゆいいつ》の被爆国《ひばくこく》として、「二度と戦争はしない」という原則を立てました。日本国憲法の３つの基本原則の１つであるこの原則を何というか、答えなさい。

(2)　次の一文は日本国憲法第 25 条で明記されている内容です。文中の空欄《らん》にあてはまる言葉を**漢字２字**で答えなさい。

「すべての国民は、健康で □ 的な最低限度の生活を営む権利をもつ。」

(3)　日本国憲法は 1946 年 11 月３日に公布されました。現在、11 月３日は何という祝日になっていますか。次の①～④の中から１つ選び、番号で答えなさい。

①　文化の日　　②　勤労感謝の日　　③　憲法記念日　　④　建国記念の日

問２　下線部**イ**は、ＳＤＧｓの「17の目標」の１番目にあり、早急な対応が求められています。また、ほかにもＳＤＧｓには以下の目標が挙げられています。次の３つの目標の中から１つ選び、どうしたらその問題を解決できるか、あなたの考える解決策を自由に答えなさい。

①　「**人や国の不平等をなくそう**」

10 人や国の不平等をなくそう

※イラスト省略

多くの国で格差が広がっていて、世界の最も裕福な人々が、世界全体の富の約３分の１を持っていると言われています。
どう解決しますか？

②　「**つくる責任、つかう責任**」

12 つくる責任 つかう責任

※イラスト省略

世界では、まだ食べられる食料が13億トンも捨てられていると言われています。
どう解決しますか？

③　「**海の豊かさを守ろう**」

14 海の豊かさを守ろう

※イラスト省略

年間800万トンのプラスチックゴミが海に流れ出ていると言われています。
どう解決しますか？

問３　下線部**ウ**に関して、世界ではすべての人にとって使いやすい形や機能を考えたデザインが生まれました。このようなデザインを何というか、答えなさい。

問４　下線部**エ**に関して、日本の社会では、国会・内閣・裁判所が国の重要な役割を分担するしくみが採用されています。このようなしくみを何というか、答えなさい。
また、それぞれの特徴として正しいものを次の①～⑥の中から**すべて**選び、グループ分けしなさい。

①　罪を犯した疑いのある人に対して有罪か無罪の判決を下す。
②　最高裁判所の長官を指名する。
③　内閣総理大臣を指名する。
④　衆議院の解散を決める。
⑤　弾劾《だんがい》裁判所を設置する。
⑥　法律が憲法に違反《いはん》していないかを調べる。

3 次の写真と会話文を見て、後の問いに答えなさい。

写真1

写真2

写真3

写真4

生徒：先生！　ニュース見ましたか？　7月27日に北海道・北東北の縄文遺跡群《いせきぐん》が世界文化遺産に登録されましたね。

先生：見ましたよ。 **ア 北海道、青森県、岩手県及び秋田県** は、世界自然遺産「白神山地」や「知床」があるなど、自然豊かなところです。この自然の恵《めぐ》みを受けながら定住した **イ 縄文時代** の人々の生活を今に伝える貴重な文化遺産ですね。

生徒：自然が豊かということと人々が定住したことは関係があるのですか？

先生：それはありますよ。縄文時代は採集・漁労・狩猟《しゅりょう》の時代です。ブナ林を中心とする森林が広がり、海洋では **ウ 暖流と寒流** とが交差し豊かな漁場が生まれました。食料を安定して確保することができたので、人々はこの地に定住をしたのですよ。

生徒：なるほど。食料を確保することができたというのが大きいのですね。

先生：ちなみに、日本にはまだまだたくさんの世界文化遺産があります。写真 1～4 を見てください。

生徒：見たことがあるものや、初めてみるものがあります。写真 1 は何ですか？

先生：写真 1 は中尊寺金色堂《こんじきどう》です。奥州《おうしゅう》の（　**あ**　）を拠点《きょてん》に活躍した藤原清衡《きよひら》が、争いのない平和な浄土をつくるために建てました。仏教の影響《えいきょう》を受けています。名前の通り、金色に輝《かがや》いていますね。また、この建物は 2011 年に登録されました。この年は、東日本大震災《しんさい》が起こった年でもあり、記憶《きおく》に残っています。

生徒：東日本大震災は私も知っています。災害と **エ 防災** について改めて考えさせられた出来事でした。

先生：そうですね。ちなみに、写真 2 も仏教の影響は受けていますよ。わかりますか？

生徒：これは知っています。慈照寺《じしょうじ》ですよね。銀閣はとても有名です。また、この建物の近くにある東求堂《とうぐどう》では（　**い**　）の部屋が見られるのですよね。

先生：よく知っていますね。違《ちが》い棚《だな》や障子《しょうじ》、たたみなどが用いられ、和室のルーツになりました。写真 3 はどうですか？

生徒：法隆寺《ほうりゅうじ》です。 **オ 聖徳太子** によって建てられたものですよね。

先生：そのとおりです。仏教を厚く信仰《しんこう》していたのがわかりますね。さて、写真 4 ですが、写真からではわかりにくいですね。何の遺跡かわかりますか？

生徒：何かの跡地《あとち》というのはわかるのですが、よくわからないです。なぜこれが世界文化遺産に登録されたのですか？

先生：写真 4 は、「長崎と天草《あまくさ》地方の潜伏《せんぷく》キリシタン関連遺産」として登録された原城《はらじょう》跡です。当時の幕府は絵踏みを行い、 **カ 貿易を制限してキリスト教を厳しく取り締まりました。** そのやり方に抵抗をした人々がこのお城に立てこもったのです。資料のような十字架《じゅうじか》も発見されているのですよ。

資　料

生徒：なるほど。当時の出来事を伝える貴重な遺産なのですね。歴史を伝えるものを大切に保管することが今を知ることにつながるのだとよくわかりました。他にもどんな遺産があるのか調べてみます！

問１　会話文中**（あ）**には地名が入り、**（い）**には日本独自の建築様式を示す言葉が入ります。**（あ）**は**漢字２字**で、**（い）**は**漢字３字**で答えなさい。

問２　下線部**ア**のうち、北海道と岩手県の道県庁所在地名をそれぞれ答えなさい。

問３　下線部**イ**の様子に関して説明した文として**誤っているもの**を次の①～④の中から**すべて**選び、番号で答えなさい。

① 近畿地方を中心に力をもった豪族《ごうぞく》（王）が現れ、大和政権が形成された。
② 食べた貝がらや動物の骨を捨てる場所（貝塚《かいづか》）を決め、生活していた。
③ 国を治めるための法律ができ、租《そ》・調・庸《よう》といった税もつくられた。
④ 身分や貧富の差はなかったと考えられ、土偶《どぐう》などがつくられていた。

問４　下線部**ウ**に関して、右の地図のように太平洋側を流れる暖流と寒流の組み合わせとして正しいものを、次の①～④の中から１つ選び、番号で答えなさい。

① 暖流―千島《ちしま》海流　　寒流―対馬《つしま》海流
② 暖流―対馬海流　　寒流―リマン海流
③ 暖流―リマン海流　　寒流―日本海流
④ 暖流―日本海流　　寒流―千島海流

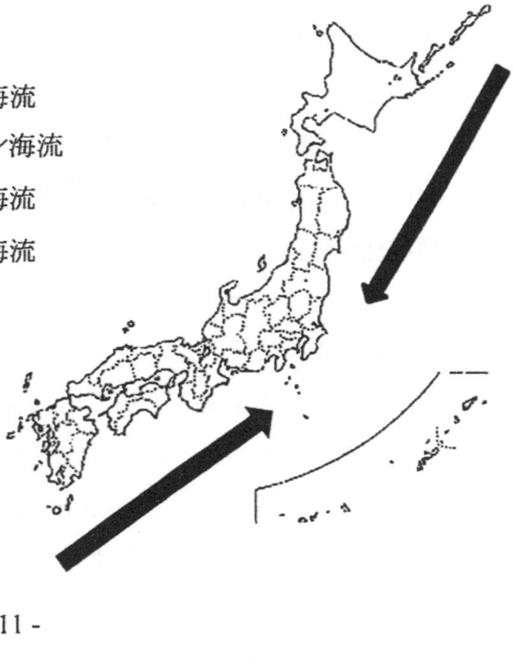

問５　下線部**エ**に関して、次の①～④の災害から１つ選び、その災害に対して、あなたが取り組んでいる、もしくは取り組みたい防災対策を自由に答えなさい。

①　洪水《こうずい》	②　地震《じしん》	③　大雪	④　台風

問６　下線部**オ**に関しての説明として正しいものを次の①～④の中から１つ選び、番号で答えなさい。

①　邪馬台国を治め、中国に使いを送り、皇帝から倭王の称号を得た。
②　日光東照宮を大規模に建て直し、参勤交代の制度を整えた。
③　家柄《いえがら》に関係なく能力や功績《こうせき》で役人を取り立てる冠位十二階を定めた。
④　朝廷から関白に命じられ、検地と刀狩《が》りを行い、身分を区別した。

問７　下線部**カ**の結果、幕府は、外国との貿易や交渉を行う場所を厳しく制限しました。このような幕府の政策はのちに何とよばれましたか。**漢字２字**で答えなさい。

問８　写真１～４の中で一番時代が古い文化遺産はどれですか。写真の番号で答えなさい。

このページに問題は印刷されていません。

このページに問題は印刷されていません。

四

問四

問五

問六

150

120

一

二

三

四

氏名

（配点非公表）

合計

受験番号

算数　解答用紙

（配点非公表）

2022 2	氏名		受験番号	

1

(1)		(2)		(3)		(4)	

2

(1)	才	(2)	m^2	(3)	ページ
(4)	時速　　　km	(5)	点		

3

(1)	度	(2)	個	(3)	秒後
(4)	cm^3	(5)			

【解答

4

2022

2

理　科　解　答　用　紙

（配点非公表）

氏名	

受験番号					

1

問 1							
問 2	ア		イ		ウ		エ
問 3		問 4					

2

問 1	A		B		C
問 2	B		C	問 3	
問 4		問 5			

【解答

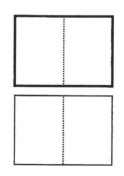

2022
2

社会解答用紙

（配点非公表）

氏名	

受験番号					

1

問1		問2	(1)	(2)
問3				
問4	(1)	(2)		
問5	(1)	(2)		
問6	(1)	(2)		

2

問1	(1)	(2)		(3)

【解答

問2				
問3				
問4	しくみ	国会	内閣	裁判所

3

問1	あ		い		

問2	北海道	岩手県	問3		問4	
問5	番号					

問6		問7			問8	

問5	

4

問1		問2		問3	と
問4					
問5					

5

問1	石の名前		
	理由		
問2		問3	
問4			

(2)	円

5

(1)	cm	(2)	秒後

(3)

（考え方）

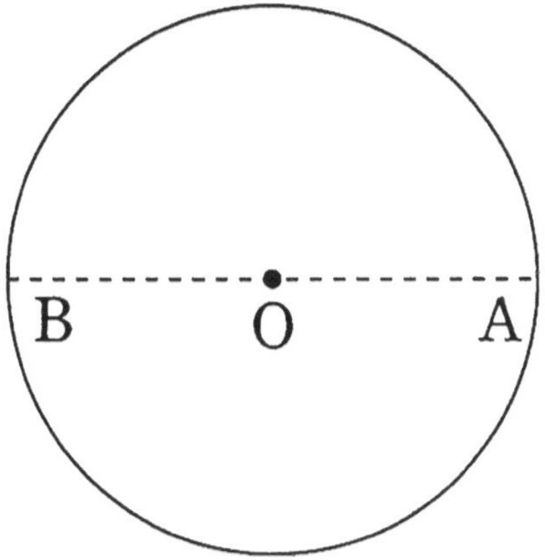

答

cm

2022
2

国語解答用紙

一

①

②

③

④

⑤

⑥

⑦

⑧

⑨

⑩

二

問一

問二

X

Y

問三

問四

問五

問六

三

問一

1

2

問二

(1)

A

B

(2)

(3)

点。

問三

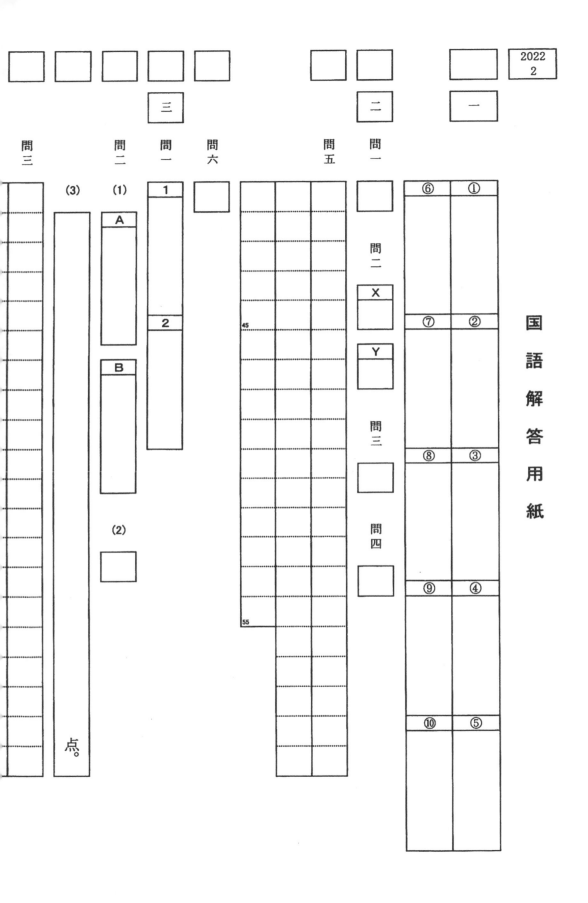